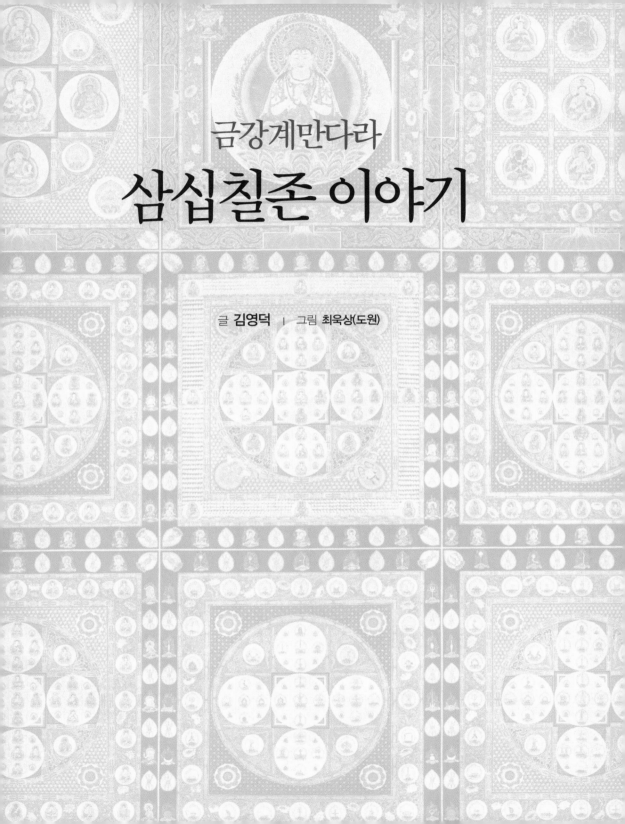

금강계만다라
삼십칠존 이야기

글 **김영덕** | 그림 **최욱상(도원)**

| 머리말 |

만다라가 우리나라에 알려진 지도 꽤 되었다. 그동안 만다라 관련 논문이나 책자도 많이 나왔고, 만다라를 응용한 심리치료도 행해지고 있다. 필자도 대학원 재학시절 만다라에 관심을 가졌고 그 중에서 『금강정경』에 의거하여 건립되는 금강계만다라가 깊은 흥미를 끌었다.

불교의 무수한 불보살이 만다라 상에서 체계적인 위치와 역할을 갖고 배치되는 것을 볼 때에 금강계만다라야말로 대승사상의 결정체라고 할 수 있다. 인도인들의 특성상 의인화하여 표현한 상징체계에 대승불교의 사상과 실천이 하나로 압축되어 있었던 것이다.

매우 복잡해보이는 만다라이지만, 금강계만다라의 주요 존(尊)은 37존으로 집약된다. 37존은 금강의 보리심을 전제로 하여 각각 37가지 삼매를 통해 출생한 불보살이다. 이미 대승불교에서 활약하던 불보살들로서 금강이라는 관정명을 받고 금강계만다라에서 다시 출현한 불보살들이다. 보리심을 바탕으로 하여 37존으로 확산되었고 이것은 다시 무수한 중생들의 보리심으로 퍼져나간다. 마치 부처님오신날 점등식을 할 때에 하나의 등이 켜지면서 사방으로 무수한 등불이 켜져서 온 하늘이 반짝이는 불빛으로 가득한 광경과도 같다. 어느 누구인지 기록은 없으나 일찍이 2천년 전 인도에서 이러한 만다라의 발상을 일으킨 분께 깊이 감사드리며, 실지성취라는 본래의 목적과 더불어 인류의 소중한 문화유산으로 길이 존속되었으면 하는 바람이다.

　필자가 금강계만다라의 37존에 관하여 박사논문을 쓴 지 벌써 30년 가까운 세월이 흘렀다. 그동안 37존에 관련된 논문을 수차례 발표하였고, 박사학위 논문을 각색하여 위덕대학교 출판부에서 『금강계삼십칠존의 세계』라는 단행본으로 출간하기도 하였으나, 부수가 너무 적고 한문체에다 글자가 깨알같이 작아서 일반 독자들이 보기에는 어려움이 있었다. 다시 책으로 출판하려고 하는 마음은 있었으나 오랫동안 잊고 지내다가 마침 밀교신문으로부터 연재를 부탁받고 "삼십칠존이야기"라는 제목으로 2017년 12월부터 2019년 11월까지 연재하였다. 연재한 글은 학위논문과 그동안 발표하였던 여러 글을 바탕으로 하되 쉽게 풀어 썼고 여기에 다른 내용을 보완한 것이다. 그리고 이해를 높이기 위해 삼십칠존의 그림과 수인을 포함하였다. 연재를 마치고 나니 그 양이 꽤 되었기에 원고의 앞에 전반적인 설명을 붙여서 책으로 내게 되었다.

　이 책을 내는 데에 주안점을 둔 것은 누구나 알기 쉽도록 하자는 데에 있었기에 가급적 어려운 표현을 쉽게 바꾸려고 했으나 원본 자체가 논문에서 비롯된 것인만큼 경전적 어투를 벗어나기는 힘들었고, 고유명사 등에서 바꾸지 못한 부분도 많다. 그래서 삼십칠존 각 존의 성격에 대해 어느 정도 이해가 가능하도록 부가적인 설명을 최대한 추가하였다.

　삼십칠존의 이해를 돕기 위해 본 책에 사용된 그림은 2013년 밀교문화연구원에서 개최한 무드라전(展)에 활용되었던 삼십칠존 도상들이다. 그림을 제공해주신 창원 심인당 도원 정사님과 37존의 디지털 시각화를 구현해주신 김경덕 교수님께 감사의 말씀을 드린다. 그리고 이 책의 출판을 흔쾌히 승낙하고 편집에 노고를 아끼지 않은 해조음 이주현 사장님과 디자인 직원에게 고마움을 표한다.

경자년 봄 경주에서
김영덕 두 손 모음

| 목차 |

V. 팔공양보살

VI. 사섭보살

I

·

금강계만다라 37존

1. 『금강정경』

금강계만다라는 『금강정경』에 근거해서 건립되는 만다라이다. 금강계만다라의 37존에 대한 서술은 『금강정경』에서 볼 수 있으므로 먼저 『금강정경』을 살펴보는 것이 순서이다.

『금강정경(金剛頂經)』은 밀교 최고의 경전으로 숭앙된다. 『금강정경』이라 하면 가장 기본되는 부분을 말하는 경우에는 '초회의 『금강정경』'을 가리킨다. 또한 여기서 여러 형태로 파생 전개된 경전들을 총괄하여 말할 경우에는 『이취경』, 『악취청정궤』 등을 모두 포함하여 『금강정경』 또는 '금강정계 경전군'으로 부른다. 모두 18회 10만송이나 되는 방대한 경이며, 모두 현존하는 것은 아니다.

『금강정경』은 7세기 말경 원초형태가 성립되고, 8세기 말부터 단계적으로 완성본이 성립되었을 것으로 추정된다. 성립지는 남인도설이 유력하다. 이 『금강정경』을 처음으로 중국에 전래한 사람은 서기 720년에 당나라에 들어온 금강지 삼장이다. 『고금강지삼장행기(古金剛智三藏行記)』에 의하면 금강지 삼장은 31세때에 남인도로 가서 용수의 제자로서 700세의 장수를 누린 용지를 만나 『금강정유가경』을 연구해서 바닷길로 중국으로 돌아왔다고 한다.

중국에 번역된 것으로는 불공(不空)역의 『금강정일체여래진실섭대승현증대교왕경(金剛頂一切如來眞實攝大乘現證大敎王經)』 3권본과, 시호(施護)역의 『일체여래진실섭대승현증삼매대교왕경(一切如來眞實攝大乘現證三昧大敎王經)』 30권본, 그리고 금강지(金剛智)역의 『금강정유가중약출염송경(金剛頂瑜伽中略出念誦經)』 4권본이 있으며, 이들 3본이 『금강정경』이라 불리는 경전군을 대표한다. 이 가운데 시호역 『금강정경』의 산스크리트본은 이미 발견되어 일부가 출판되어 있다. 현존하는 티베트본과 이 산스크리트본은 정확히 대응한다. 『대일경』은 『대일경소』라는 주석서가 있으나 『금강정경』의 주석서로서 일본과 중국에서 만들어진 것에는 완전한 것이 없다. 다만 금강지와 불공이 기술한 『금강정경의결』의 상권과 불공이 서술한 『십팔회지귀』가 있으나 둘 다 주석서라기보다는 간략한 해설에 가깝다. 이에 비해 티베트역으로 남아있는 붓다구희야 등 인도인들의 주석서는 완전한 것으로 이용가치가 높다.

『금강정경』의 주된 내용은 요가수행, 즉 대우주와 수행자가 종교적 체험 속에서 일체화를 자각하는 명상의 방법을 주제로 하여 설해진 경전으로 그 사상과 실천법에는 유가행이 바탕이 되어있다. 이를 체득하기 위하여 인계와 진언, 관상 등으로 제불을 염송·공양하는 작법이 주류를 이루고 있다. 『금강정경』의 서두는 고타마 싣달타의 정각의 순간부터 시작되며, 여기에서 일체여래에 의해 제시된 오상성신관(五相成身觀)의 수행법이 전개된다. 이 오상성신관의 수행을 시발점으로 하여 부처님의 몸을 원만히 한 금강계여래로부터 금강계만다라의 세계가 펼쳐진다.

2. 금강계만다라

37존으로 구성된 금강계만다라는 사실상 전체 구조가 9회로 되어 있는 금강계만다라의 초회인 성신회(成身會)를 가리킨다. 성신회 하나만 갖고 금강계만다라고 칭하기도 하지만, 성신회에 다른 8회 만다라를 합쳐 아홉부분으로 된 것을 금강계만다라, 또는 9회만다라라고 한다. 인도는 1회, 중국은 9회의 금강계만다라가 주류를 이룬다. 또한 중국과 일본 등지에서는 태장만다라와 금강계만다라가 동시에 발전되었으나 인도에서는 금강계만다라 이후 금강계만다라를 기반으로 더욱 발전하였기에 중국에서 보는 것처럼 태장과 금강계의 양계 구도는 없다. 티베트에는 후기밀교가 들어간 관계로 금강계만다라의 후속만다라만 발전되고 있는 것을 볼 때에 이러한 사실을 알 수 있다.

이 금강계만다라에서 중앙에 위치한 초회를 성신회(成身會)라고 하며 또는 갈마회(羯磨會), 근본회(根本會)라고도 하는데 전체 9회의 금강계만다라의 중심이된다. 갈마회라고 하는 명칭이 나타내듯이 초회만다라의 중심 이념은 활동성에있다. 존상의 수는 37존 외에도 5불의 세계를 표현하는 오지륜(五智輪), 네 모서리에서 받치는 지수화풍의 4대신, 제일 바깥 주위를 수호하는 나라연천, 범천, 제석천, 성천 등 외금강부의 20천과 불의 상반신만을 작게 표현한 현겁(賢劫)의천불 등 모두 1,061존으로 구성된다.

9회만다라의 구조는 중앙의 갈마회를 중심으로 볼 때에는 안에서 밖으로 향하는 힘의 전개가 있다. 이는 불과에서 범부의 마음으로 향하는 하향문(下向門)이 되고, 이것은 불보살에 의하여 구제된다고 하는 구경방편의 과정을 설명한것이다. 반면에 제9회인 항삼세삼매야회에서 중앙의 갈마회를 향하는 힘의 전개는 범부의 경지에서 부처님으로 향하는 상향문(上向門)으로서 수행을 통한 성스러운 세계로의 이행을 표현한다.

그러므로 9회만다라에서 근본 성신회는 향하문에 있어서는 모든 힘의 출발점임과 동시에 향상문에 있어서는 모든 힘의 종착점임을 알 수 있다. 힘의 출발점이라는 점에서 갈마회이고, 힘의 종착점이라는 불신이 성취된다는 의미에서 성신회이다. 그리고 가장 근본이 되는 회이므로 근본회라 한다.

이 성신회는 시간적으로 밀교의 근본사상을 터득하게끔 시설되어 있다. 만다라가 표시하는 것과 같이 중앙에는 대일여래가 범부와 부처가 둘이 아님을 상징하는 지권인(智拳印)을 결하고 오지(五智)의 보관을 얹은 천개 잎의 보배 연화좌에 결가부좌하고 있다. 그 사방에는 금강 · 보 · 법 · 업의 4바라밀보살이 배치되어 있다. 이것을 중앙의 윤원으로 하고 그 동방에 아촉불, 남방에 보생불, 서방에 아미타불, 북방에 불공성취불이라 불리우는 대일여래의 4불을 각각 윤원(輪圓)으로 싸서 배치하고 있다. 이 사방의 윤원 하나 하나에도 중앙과 같이 각각 4보살을 배치하고 있다. 이 5개의 윤원을 5해탈륜(解脫輪)이라고 한다.

이 5해탈륜을 다시 대원륜으로 둘러싸고 그 네 귀에 희·만·가·무의 내4공양보살을 배치하고 이 대원륜으로 지·수·화·풍의 4대천이 떠받쳐서 이 이상세계를 뒤에서 보호하는 모양으로 그려져 있다. 여기에다 인간의 무명(無明)을 정화(淨化)하는 뜻으로 그 외부에 방형의 세계를 만들고 거기에다 많은 현자를 나타내는 천불이 그려져 있다. 이것을 현겁의 천불이라고 한다. 현겁이란 현실세계를 말하는 것이며, 천불이란 정해진 숫자가 아니라 무량한 불신의 나툼을 보인 것이다. 특히 성신회에서는 현실적 인간완성의 대사업을 수행한다는 뜻으로 현재불만이 그려지고 과거 미래는 생략되어 있다.

이 방형의 세계의 네 귀에 향·화·등·도의 외4공양보살과 4대문에 해당하는 사방중앙에 구·삭·쇄·령의 4섭보살이 배치되어 있다. 또 그 외부에 외금강부라 해서 견고한 갑옷으로 몸을 보호한 장사가 영원한 행복을 수호하는 것과 같이 그려져 있다. 이것이 성신회 만다라의 구조이다.

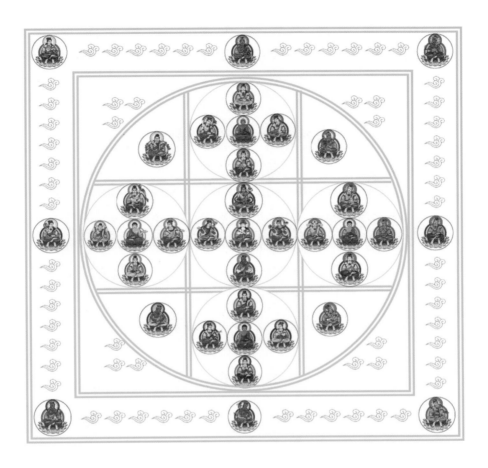

15

3. 5불과 5지

삼십칠존 가운데에는 5불이 중심이 된다. 5불이라 하지만 실은 비로자나불과 4불은 다르지 않다. 4불은 비로자나불을 네 방면으로 나누어서 본 것이기 때문이다. 이 5불이 각각 작은 하나의 원에 위치함으로 해서 금강계만다라 성신회에는 큰 원 안에 작은 다섯의 원이 배치된다. 이들 5불이 각각 중존이 되어 권속존을 거느리는 다섯 원을 5해탈륜(解脫輪)이라 한다. 금강계만다라의 구조에서 큰 원 안에 있는 중간의 다섯 원이 5해탈륜이다. 5해탈륜은 5지(智)의 경계를 뜻하며, 각각 동방 아촉불의 대원경지, 남방 보생불의 평등성지, 서방 아미타불의 묘관찰지, 북방 불공성취불의 성소작지, 중앙 대일여래의 법계체성지를 상징한다. 또 중앙 해탈륜을 여래부, 동방을 금강부, 남방을 보부, 서방을 연화부, 북방을 갈마부라 하여 5부(部)로 나누고 있다.

대일여래와 4불의 관계를 그림으로 보이면 다음과 같다.

중앙 대일여래는 삼세를 초월한 영원한 법신으로서 만다라의 총덕이며 제불의 근본이며 수행성불의 최종 목표가 되는 부처이다. 이 대일여래는 절대의 지혜 그 자체를 신체로 하고 있는 절대의 상징으로서 이치와 지혜가 완전한 보리심의 근본 덕을 나타낸다. 이것을

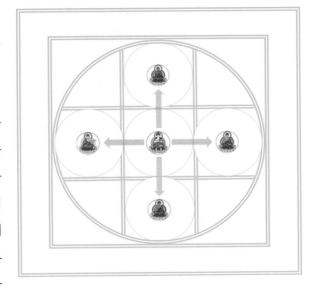

법계체성지라 하며, 이 절대의 지혜를 타인에게 수용시키기 위해서 사방에 4불을 시현한다.

동방 아촉불은 부동(不動), 무동(無動)이라 번역되며 대일여래의 대원경지를 인격화한 것이다. 중생 누구나 본래 지니고 있는 보리심의 견고부동한 것을 본성으로 한다. 동방 금강부는 보리심의 지혜와 덕을 별도로 세운 것이며 생사윤회하는 가운데에서도 멸하지 않고 때도 묻지 않으며 영원히 일체의 미혹됨과 어두움을 깨뜨린다. 따라서 아촉불이 주재하는 금강부의 제존은 모든 장애를 제거하는 성격을 가지고 있다. 무기인 금강저가 그 상징으로 악마를 제압하는 촉지인(觸地印)과 분노를 나타내는 흑색을 특징으로 한다. 인간의 내외를 둘러싼 장애를 제거하여 진리가 갖춘 영원성, 보편성을 명확히 하는 여래이다.

남방 보생불은 평등성지를 나타내며 수행의 덕, 복취의 덕을 관장한다. 앞에서 보리심이 발생해서 수행이 쌓이고 복덕의 보배를 생하는 것이다. 이 부처는

그 지덕인 복취의 활동을 나타내기 위해서 중생의 원을 듣고 보배를 베푸는 것을 상징하는 여원인(與願印)을 맺고 있다. 그것은 중생들의 물질적인 욕망을 충족시키는 것 뿐만 아니라 중생 안에 간직되어 있는 보배의 성품을 발견해 내도록 가르치는 것을 상징한다.

서방 아미타불은 무량수 · 무량광이라고도 한다. 대일여래의 묘관찰지에 의한 대자(大慈)의 덕을 영원히 무량으로 나타내고 활동하는 부처로 정인(定印)을 맺고 있다. 조용히 삼매 가운데에서 고통받는 중생들을 살피고 따뜻한 자비를 베풀며, 깨달음의 길로 들어가는데 방황하지 않도록 지켜주는 여래이다.

마지막으로 북방 불공성취불은 대일여래의 성소작지, 즉 모든 사업을 성취하는 덕을 관장한다. 중생교화의 실제적인 일을 상징하는 시무외인(施無畏印)을 맺고 중생의 공포를 제거하기 위하여 일체 사업을 성취하기 위해 활동한다. 북방 갈마부는 중생에 대해 쉴새 없이 교화의 사업을 이루고 성취시키므로 갈마부라 하는 것이다.

이와 같은 다섯 개의 윤은 깨달음의 세계에서 중생을 위한 방편행의 순서를 다섯으로 나누어 나타낸 것이다. 오륜의 중심은 중앙 해탈륜이고, 사방 4해탈륜은 중앙의 성격을 넷으로 나눈 것으로서 각각의 성격을 보인다. 그리고 그들 움직임은 모두 통합되어 5부가 구성되는 것이다.

4. 16대보살

대일여래의 완전무결한 본성을 네 부분으로 나눈 것이 4불이며, 이들 4불은 각각 4보살을 출생하니 모두 합해서 16대보살이 된다. 이는 16대보살 공덕의 전개를 나타내는 것이며 밀교행자가 실천해야 할 16가지 중요한 봉사생활의 덕목을 상징한다.

동방 아촉불은 대일여래에게서 받은 보리심의 덕을 살타(薩埵)·왕(王)·애(愛)·희(喜)의 4보살로 전개한다. 금강살타는 각자의 중생이 갖고있는 청정한 보리심을 일깨워준다. 금강왕보살은 자신이 보리심을 가지고 있음을 안 중생을 갈구리를 가지고 불도로 이끈다. 금강애보살은 활과 화살을 가지고 중생을 잡아 불도에 매진하도록 하며, 보리심을 양육시킨다. 금강희보살은 이상의 과정을 거쳐서 중생에게 기쁨을 주어 보리심의 덕을 완성한다. 이상 아촉불의 4보살은 발보리심의 4가지 덕이다.

남방 수행위인 보생불의 4친근 가운데 첫번째의 금강보보살은 중생의 마음속에 있는 본래의 보배를 발견하여 그것을 육성하고 인격을 완성하도록 한다. 둘째로 금강광보살은 선우로서 중생을 위해 교법을 설하고 미망을 각성시키며 두려움 없는 광명을 시여하고 스스로도 얻는 보살이다. 셋째 금강당보살은 스스로 재물의 보시나 무외시를 얻음과 동시에 이것을 널리 일체에 베푼다. 넷째 금강소보살은 이와 같이 서로 선우가 되어 보는 것 듣는 것 모두가 즐거움과 환희심에 잠겨서 웃는 모습을 하고 있다. 여기에서 보생불의 덕이 완성된다.

아미타불이 선정을 통해서 얻은 지혜의 덕을 구체적으로 나타낸 것이 법(法)·리(利)·인(因)·어(語)의 4보살이다. 금강법보살은 환희 가운데 법열을 향수하되 마음이 소란하지 않아 법열을 널리 다른 이에게 베푼다. 금강리보살은 이러한 법열의 마음을 가지고 일체유정에게 반야의 바른 지혜를 일어나게 하고 온갖 번뇌를 끊어 없애는데 용감한 보살이다. 금강인보살은 이 반야지를 인으로 해서 법륜을 굴린다. 그리고 금강어보살은 지혜의 비밀어를 가지고 그 경지를 중생들에게 설한다.

불공성취불의 활동적인 측면을 나타내는 업(業)·호(護)·아(牙)·권(拳)의 4보살이 있다. 먼저 금강업보살은 일체를 올바르게 관찰하고 교화하기 위한 활동을 실천한다. 금강호보살은 교화활동하는 데에 따르는 많은 장애를 극복하기 위해서 정진과 인욕을 상징하는 갑옷으로 몸을 보호하는 보살이다. 금강아보살은 부처님의 교화사업을 달성하는데 특히 고집이 세고 교화하기 어려운 존재를 설복시키기 위해 금강이 모든 번뇌를 부수는 것을 마치 모든 물건을 잘게 잘 부수는 어금니로 상징하고 있다. 금강권보살은 이와 같이 해서 여래의 교화활동이 완성됨을 수인으로 나타낸다.

이상 16대보살의 자리이타행에 의해서 대일여래의 덕이 현실세계에 구체적인 형태로 전개된다.

금강계37존 가운데에서 5불은 비로자나불과 4불이며, 16대보살은 4불이 가지고 있는 구체적인 4가지의 활동상이다. 따라서 16대보살은 4불로 집약되며, 다시 중앙 비로자나여래에 귀일된다. 이러한 5불과 16보살의 관계를 표로 보이면 다음과 같다.

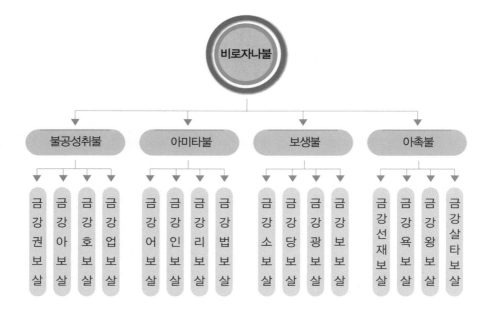

16대보살은 중앙 비로자나여래의 활동이 16가지로 전개된 것이라 할 수 있다. 16가지로 펼쳐진 것은 이 16보살이 근본은 같지만 각각의 활동과 사상이 서로 다르기 때문이며, 이들이 동일한 만다라 내에 위치하게 되는 것은 각각의 보살들이 서로 보완하는 밀접한 관계를 가지고 있기 때문이다. 『삼십칠존심요』에 '무릇 진언행을 닦는 사람은 반드시 16대보살의 삼마지의 차제가 각각 같지 않음을 알아야 한다. 삼매야심에서 서로 다름이 있다' 라 하는 것처럼, 동일한 보살의 동일한 활동이 아니므로 16대보살은 16가지 활동의 조합이라고 이해할 수 있다. 이것은 보는 시점에 따라 2가지로 나누어진다. 먼저 부처의 입장과 중생의 입장으로 보는 2가지 방법이다. 그것은 첫째, 향하문으로 불의 입장에서 불보살이 중생을 제도하는 16가지의 제도활동으로 보는 것과, 둘째, 향상문으로 수행자의 입장에서 보살이 되기 위해 행해가는 16가지의 수행과정으로 보는 것이다.

첫번째 입장은 16대보살의 공덕의 출생과 발전을 나타내는 것이며, 두번째 입장은 수행자가 실천해야 할 16가지 중요한 수행덕목을 나타낸다고 할 수 있다. 수행덕목을 실천함에 의해 수행자는 성불에 이르게 되는 것이다. 이것을 『대일경소』권3에서는 신해라하여 다음과 같이 설한다.

> 신해란 범음으로 아비목디(阿毘目底)라 한다. 분명하게 이치를 보고 마음에 의심이 없는 것이다. 마치 우물을 파는데 점차 진흙에 이르면 아직 물을 보지 못하였더라도 반드시 가까이에 있음을 아는 것과 같다.

이처럼 흔들림없는 확신을 갖고 계속 정진한다는 뜻임을 우물의 예를 들어 보여주고 있다. 즉 신해란 가르침을 확신하고 요해하며 나아가 향상하고자 하여 그 궁극의 목적에 이르기까지를 모두 칭함을 알 수 있다. 또한 자리이타이므로 스스로 확신함에서 더 나아가 다른 이도 믿게 하는 것을 말한다. 즉 참된 깨달음을 구하는 마음인 보리심을 일으켜서 그 깨달음을 얻기까지의 사이에 확신을 갖고 행하게 되는 온갖 수행을 통칭하여 신해라 한다.

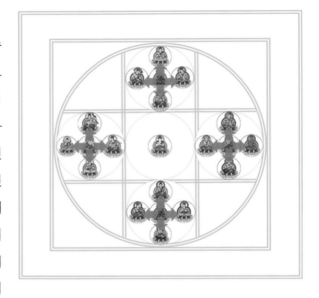

　이 16대보살의 신해행의 과정은 각각 밀접한 상호관계를 갖는 4류로 구분된다. 즉 보리심류, 공덕취류, 지혜문류, 대정진류의 네 그룹이다. 이것은 각 보살의 활동내용이 서로 연결되고 체계화되는 것의 첫 번째 분류이다. 먼저 4불의 각 4보살이 한덩어리가 되어 나타내는 4면의 방향이 있음을 알 수 있다.

　『금강정경의결』에서는 보리심류 4보살은 '일체제불의 금강보현행위(金剛普賢行位)를 성취함'을 상징하며, 공덕취류는 '일체제불의 금강관정위(金剛灌頂位)를 이루어 채우는 것'이며, 지혜문류는 '속히 일체여래의 전법륜위(轉法輪位)를 성취케하는 것'이며, 네번째로 대정진류는 '일체여래의 금강선교업용(金剛善巧業用)을 함께 얻음'을 상징한다고 한다. 이 네 종류의 삼마지는 혹은 일시에 행해 들어가거나 혹은 차례대로 들어가거나 혹은 좋아하는 데 따라서 그 하나에 들어갈 수 있다고 한다. 이상을 도표로 정리하면 아래와 같다.

보리심류4보살
금강보현행

공덕취류4보살
관정위

지혜문류4보살
법륜위

대정진류4보살
제불의 활동

이제 이들 네 조합의 각 네가지 구체적인 내용을 불공삼장이 기술한 『삼십칠존심요』에서 설하는 16대보살삼마지위를 통해서 알아보기로 하자.

먼저 보리심류 4보살의 신해는 다음과 같다.

동방 아촉여래의 4친근보살 중 제1의 금강살타보살은 『삼십칠존심요』에 처음 뜻을 발한 때로부터 견고하고 용맹하여서 삼마지의 지혜에 머물고, 자수용신의 광명이 혁혁하여서 널리 비추는 것이 끝이 없다. 5지의 금강저를 들고서 그 자리에 앉아서 자신만만하고 자재한 모습이 바로 금강살타라고하여 수행자가 보리심을 일으켜서 깨달음을 구하는 모습을 보이고 있다.

살타의 바른 경지를 증득하였을지라도 견혹(見惑)이 아직 제거되지 않았으면, 일체유정을 어떻게 교화하겠는가! 모름지기 사섭의 법을 행하여 이것을 제도해야 한다. 보리심을 일으켜 자재를 얻어 일체를 포섭하는 보리심의 덕을 금강왕보살이 상징한다.

비록 구소(鉤召)할지라도 아직 대비의 마음을 갖추지 않았으므로, 반드시 일체유정에게 애념을 발하여 구호해야 한다. 일체중생을 한없이 사랑하고자 하는 욕심을 금강욕보살, 또는 금강애보살이라 한다.

이 뛰어난 행으로 말미암아 지극히 기뻐하고 좋아하게[善哉] 된다. 곧 일체의 선법인 착한 입, 착한 뜻, 착한 몸의 세 가지 비밀한 마음을 획득한다. 삼선(三善)의 법문으로 삼업이 청정하다. 선한 공덕이 한량없고 가이없음을 찬탄한다.

이것이 바로 금강희보살, 또는 금강선재보살이라 불리는 보살의 근본사업이다.

이상의 4보살은 모두 금강부 가운데 아촉불의 권속이다. 이들 모두를 일체여래의 마하삼마야살타라 부른다. 그 활동의 목적은 보리심이 최대한 발휘될 수 있는 여건을 조성하는 데에 있다.

그 다음 공덕취류 4보살의 신해는 다음과 같다.

앞 단계 금강선재보살의 선한 법에 의할지라도 서원은 아직 원만하게 채운 것이 아니다. 모름지기 잠깐 사이에 관정하여 그 몸을 보배로 장엄하여야 한다. 남방 보생불의 4친근 중 제1의 금강보보살은 발보리심을 바탕으로 하여 수행의 덕을 쌓고 만 가지 공덕의 보배를 가지는 경지를 상징한다.

그러나 관정을 받았을지라도 아직 위광을 얻지 못하였다. 반드시 태양의 둥근 광명을 얻어 뚜렷하게 천 개의 세계를 비추어야 한다. 그리하여 중생의 어두운 미혹을 깨우쳐 지혜로써 두려움 없는 광명을 베풀고 스스로도 즐기는 것을 금강광보살로 상징한다.

더 나아가 이미 광명이 광대하여 공업이 넓고 높아서, 남에게 주고 베푸는 데에는 모름지기 보시바라밀이 있어야 한다. 수행의 덕을 깃발처럼 높이 들고 널리 일체에 베푸는 것을 금강당보살이 상징한다.

그리하여 이미 보시의 이익을 입었으면, 희열심을 이루어야 한다. 서로 좋은 벗이 되어 모두가 불법을 만난 기쁨에 잠기는 것은 금강소보살의 경지이다.

이상은 보부 가운데의 4보살로서 이는 일체여래의 대관정살타(大灌頂薩埵)이다. 그 활동의 목적은 보리심을 가진 개체가 그 보배의 성품을 발휘하면서 상호 조화를 이루게 하는 데에 있다.

다음 지혜문류 4보살의 신해는 다음과 같다.

원을 잘 만족할지라도 흩어질까 두렵다. 흩어짐에 여섯 가지가 있어서 마음을 제지하지 못한다. 모름지기 삼마지법을 닦아서 그 마음을 수승한 수행과 미묘한 이치와 대비방편에 머물게 해야 한다. 즉, 무량수불의 4친근의 제1인 금강법보살은 공덕을 바탕으로 하여, 그 법의 기쁨을 향수하고 또한 널리 다른 이도 향수할 수 있게끔 방편을 베푸는 것을 의미한다.

법의 원만함을 깨달았을지라도 묶인 번뇌를 아직 보내지 못하였다. 금강리보살은 이러한 법열의 마음을 가지고 일체유정에게 반야의 바른 지혜를 일어나게 하고 일체의 번뇌를 끊는데 용감하다.

그 번뇌를 끊었으면 모름지기 묘법을 전해야 한다. 발심하자마자 곧 법륜을 굴리는 보살로서 중생들이 구체적으로 번뇌를 단제하도록 지혜를 인으로 함을 금강인보살이 상징한다.

묘법을 이미 굴렸어도 모름지기 바로 언어와 문자를 초월한 본래 공함에 들어가야 한다. 즉, 비밀어를 가지고 그 경지를 설하는 것이 금강어보살이다.

이상의 4보살은 연화부의 일체여래 대지삼마야의 살타이다. 그 활동의 목적은 중생들로 하여금 지혜를 증장시키고 번뇌를 없애는 데에 있다.

그 다음 대정진류 4보살의 신해는 다음과 같다.

불공성취불의 4친근의 제1은 금강업보살이다. 언어의 지혜에 통달할지라도 제불의 사업과 중생의 사업은 아직 성취되지 않았다. 곧 일체 작용의 선교문에 들어가 성취되는 광대한 공양을 일으켜, 허공을 창고로 삼아 유정을 이익하며 안락하게 한다. 금강업이란 바르게 일체를 관찰하고 바르게 정법을 펼쳐서 교화하는 활동의 온갖 공덕을 의미한다.

이미 사업을 갖추었으면 견고한 정진으로 이것을 잘 사용해야 한다. 만약 정진하여 닦지 않으면, 마구니는 곧 편리를 얻어 수행자로 하여금 뒤로 물러서게 한다. 그러므로 정진의 갑옷을 입고서 만 가지 행을 지니며, 마음을 닦아서 법문을 수호하고, 퇴전하지 않게 한다. 곧 자비로 보호함이 광대하여서 게으름을 없애고, 견고하고 용맹스러운 지혜를 지켜, 순식간에 궁극의 보리를 이루지 않음이 없는 것은 금강호보살이다.

정진을 이미 갖추었어도 천마(天魔)와 온마(蘊魔) 및 번뇌마(煩惱魔) 등이 있다. 모름지기 이들을 굴복시키기 위해 금강야차의 모습을 보이고 두려워할만한 모습을 지으니 불꽃이 혁혁하고 분노가 위력있고 용맹스럽다. 금강의 어금니를 지니고 자기 입속에 두며, 일체중생의 무시부터의 무명을, 그리고 모든 집착의 견해를 깨물어서 이것을 없애며, 대비방편을 일으키는 역할을 금강아보살이 담당한다. 특히 완고하여서 교화하기 어려운 대상을 교화하기 위해 금강이 모든 번뇌를 부수는 것을 마치 어금니가 모든 물건을 잘게 잘 부수는 것으로 상징하고 있다.

이 용맹한 위력에 의해서 해탈의 이치를 도와 이루고, 윤회에 고통받는 중생을 비밀의 금강으로 구제한다. 크나큰 방편, 삼밀의 가지(加持), 비밀한 인(印)을 마음에 전하고, 삼마지에 머물며 일체의 법요로써 결박을 풀고, 고통에서 벗어나며 즐거움을 주고 사무량심에 머문다. 이것이 금강권보살의 역할이다.

이상 업·호·아·권의 4보살은 불공성취여래의 4가지 방면의 활동내용이다. 갈마부 가운데에서 4보살의 삼마지를 모두 일체여래의 갈마지(羯磨智)라 이름한다. 갈마부 4보살의 활동 목적은 대정진을 성취함에 있다.

지금까지의 내용대로 낱낱의 16대보살을 모두 연결하면 다음의 구조가 된다.

금강살타보살	→	금강왕보살	→	금강욕보살	→	금강선재보살	→	금강보보살	→	금강광보살	→	금강당보살	→	금강소보살	→	금강법보살	→	금강리보살	→	금강인보살	→	금강어보살	→	금강업보살	→	금강호보살	→	금강아보살	→	금강권보살

26

이상과 같은 16대보살의 순차적인 신해에 의해서 여래의 교화사업은 달성되고, 이 세계에 장엄한 만다라세계가 전개되는 것이다. 여기에서 16대보살의 신해행을 보면 대승보살도의 집약일뿐만 아니라, 그 낱낱의 보살도가 염주를 실에 꿰듯 절묘하게 연결되어 있음을 알 수 있다. 낱낱의 행은 서로 떨어져 있는 단독의 행이 아니라, 그 앞 뒤의 행을 돕거나 도움을 받는 행으로써 하나로 통일되어 있는 것이다.

5. 16공양보살

비로자나불과 4방4불 사이에 행해지는 16공양보살의 상호공양은 비로자나불과 4불과의 긴밀한 관계를 보여준다. 여기에도 16대보살과 마찬가지로 낱낱이 떨어져 있는 단독의 행이 아니라 서로 연관되어 있는 행이다.

16공양보살의 첫째 그룹은 4바라밀이며, 4바라밀의 첫째는 금강바라밀이다. 아촉여래에 의해 금강과 같은 보리심을 상징하는 금강바라밀이 대일여래에게 공양된 것이다.

이어서 보생여래는 내심에서 허공과 같은 광대한 창고라는 의미의 공덕삼마지지를 증득하고 허공보광명을 유출하여 두루 시방세계를 비추고, 일체중생으로 하여금 공덕을 원만하게 한다. 돌아와 일체의 보살을 인하고, 삼매야지를 수용케 하기 위하여 금강보바라밀의 모습이 되어 대마니보를 지니고 비로자나여래의 오른쪽 월륜에 머문다.

그 다음은 관자재왕여래가 내심에서 대연화지혜의 삼마지지를 증득하고 이 삼마지지로부터 법바라밀보살의 모습을 이루고 대연화를 지니며, 비로자나여래의 뒤쪽 월륜에 머문다. 관자재왕여래, 즉 아미타여래는 연화광명을 유출하여 널리 시방세계를 비추어 일체중생의 객진번뇌를 깨끗이 하기 위하여 법바라밀의 모습을 대일여래에게 공양하는 것이다.

그 다음에 불공성취여래는 내심에서 갈마금강대정진의 삼마지지를 증득하고 이 삼마지지로부터 갈마광명을 유출하여 널리 시방세계를 비추고 일체중생으로 하여금 일체의 게으름을 없애고, 대정진을 이루게 한다. 그리고 갈마바라밀보살의 형상을 이루고 갈마금강을 지니며, 비로자나여래의 왼쪽 월륜에 머문다.

이 4바라밀은 각각 근본이 되는 부처의 지혜를 받아 그것으로 공양의 작업을 완성한다. 이들 4바라밀의 공양을 그림으로 보이면 다음과 같다.

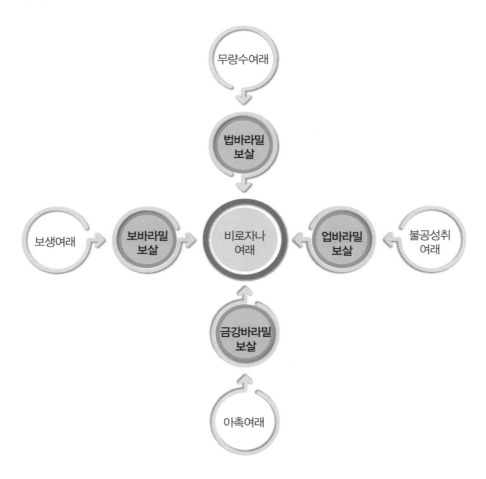

이상의 4불의 공양에
응해서 대일여래는 4불을
위해서 희·만·가·무
의 4보살을 시현한다. 이
것을 내공양4보살이라 하
며, 중앙 대원륜의 네 모
퉁이에 배치되어 있다.

『삼십칠존심요』에, 비
로자나불은 곧 보리심관
에 머물고, 둥근 광명을
환하게 비추어 적열하고
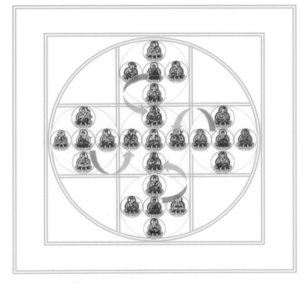
장엄한 갖가지 공양을 유출한다. 이것이 금강희희보살의 대보리심의 묘용이다.
아촉여래의 만다라의 왼쪽 월륜에 머문다고 아촉여래의 공양에 보답하기 위한
비로자나불의 공양인 금강희희보살의 출생이 설해진다. 대일여래가 아촉여래에
게 금강희희보살의 모습으로 그 견고한 보리심을 찬탄하는 것이다.

금강희희보살의 공양을 갖추고 나서 비로자나불은 내심으로부터 금강보만을
유출하여 그 체를 장엄하게 꾸민다. 곧 온갖 보배를 모아서 사용하여 장엄한다.
보배덩어리의 광명은 복덕이 원만하고, 다섯 가지 보시의 원으로 잘 만족시키
며, 남방 보생여래 만다라의 왼쪽 월륜에 머문다. 비로자나여래가 금강만보살의
모습으로 보생여래의 보시생활을 찬탄하는 것이다.

보만으로 공양하고 나서 곧 비로자나는 내심으로부터 대비방편을 유출하여
삼마지심에 머물고 찬탄하는 노래를 불러, 공양을 베풀고 나서 64종의 범음(梵
音)을 획득하고 걸림없는 설법에 머문다. 그 음성은 맑고 고와서 온갖 음악과,

퉁소와 거문고, 공후로써 잘 공양하게 한다. 이것은 바로 음성으로 불사를 하는 것이다. 법의 이익을 주는 말씀은 본체가 공하며, 진여는 응연하며, 법계는 청정하다. 이것은 금강가보살의 공양하는 언어의 지혜이다. 관자재왕여래 만다라의 왼쪽의 월륜에 위치한다. 비로자나여래

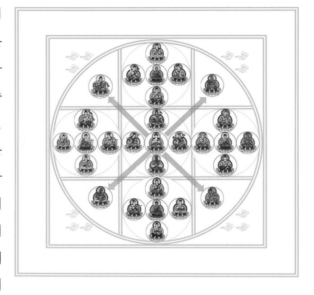

가 아름다운 목소리를 가진 금강가보살을 공양하여 사람들에게 설법하는 아미타여래의 지혜를 찬탄하는 것이다.

가영을 갖출지라도 아직 신통을 획득하지 못하였으므로, 곧 비로자나불은 내심 가운데에서 여래사업과 중생사업을 유출한다. 선교지(善巧智)와 자수용지(自受用智)를 내어 갖가지로 공양하고 금강무인(金剛舞印)을 결하며, 광대의궤로서 대신통을 나타내며, 묘한 춤으로 장엄함으로서 불사를 삼는다. 티끌처럼 많은 불국토에서 공양함이 갠지스강의 모래알처럼 많다. 삼매문에 드나드는 것이 걸림이 없다. 이것은 금강무보살의 묘용으로서 불공성취여래 만다라의 왼쪽 월륜에 머문다. 이것은 비로자나여래가 신통한 춤을 추는 금강무보살로써 불공성취여래의 왕성한 교화활동을 찬탄하는 것이다.

이상이 4바라밀의 공양에 보답하기 위해 대일여래가 4불에게 베푸는 내공양이다. 이들이 공양되는 방향을 도시하면 다음과 같다.

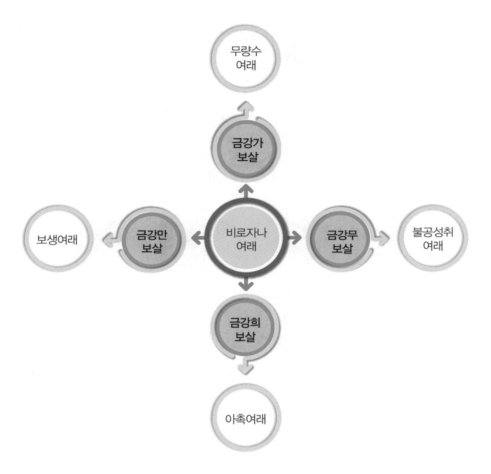

이상 내4공양은 4불이 4바라밀을 공양한 것에 보답하기 위하여 중앙 비로자나불이 시현한 보살이다. 4불은 내4공양으로 그 힘을 증가시켜 각자의 사명완수에 정진하며, 다시 외4공양을 시현한다.

아촉여래는 내심 중에서 분향보살을 유출하여 비로자나여래를 공양한다. 그 향은 구름과 바다처럼 법계에 두루하여 보고 듣고 깨달아 아는 자는 기쁨을 생하고, 모든 부처의 몸 가운데 들어가 열락하고 환희한다. 이것은 금강분향보살이

짓는 대불사공양이다. 아
촉여래는 대일여래의 덕
을 펼치기 위해 범부의 번
뇌를 다 태워버리는 금강
향보살의 모습으로 대일
여래의 공양에 보답한다.

　아촉여래의 향공양 후
에 보생여래는 내심에서
미묘한 깨달음의 꽃을 유
출하여 이로써 비로자나
여래께 봉헌한다. 금강의

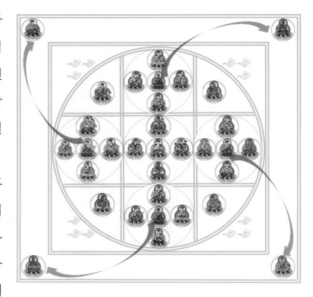

보배연꽃으로 말미암아 그 꽃이 펼치는 광명은 그 색이 곱고 아름다우며, 복덕
의 덩어리로 갖가지로 장엄하여 유정에게 안락의 원을 베푼다. 이것은 금강화보
살의 묘용이다.

　꽃으로 공양하고 나서도 아직 광명을 얻지 못하였으면, 곧 아미타여래가 내심
가운데에서 금강지혜의 등불을 유출하여 비로자나여래를 섬기고 공양한다. 광
명을 뚜렷이 비추어 여래의 오안(五眼) 청정을 획득한다. 지혜의 태양은 그 등으
로 말미암는다. 이것은 금강등보살이 지혜로 비춤이다. 즉 아미타여래는 무명을
제거하는 등으로 비로자나여래에 공양한다.

　등불을 공양하고 나서도 아직 청량을 얻지 못했으면, 곧 불공성취여래는 내심
중에서 금강도향보살을 유출하여 향인(香印)을 지니고 비로자나여래께 공양한
다. 이 묘한 도향은 일체유정의 막히고 열나는 질환을 없애고 여래의 오분법신
(五分法身)인 계·정·혜·해탈·해탈지견을 획득하여 그 몸을 장엄한다. 또한

맑고 시원한 보리심을 증득하여 광대하고 원만하다. 이것은 금강도향보살의 공양이다.

이들 4불에 의한 외4공양보살의 모습을 도시하면 다음과 같다.

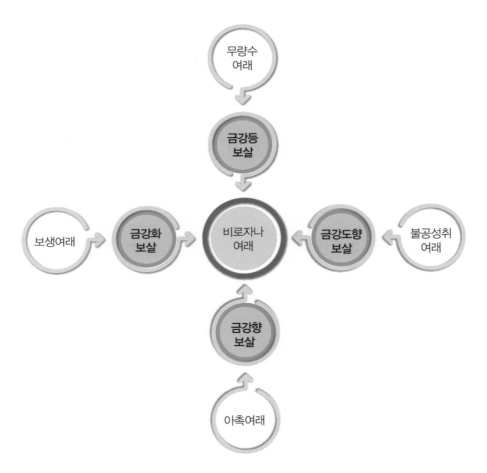

이상 내4공양과 외4공양을 합하여 8공양보살의 공양이 완성된다. 이들 8공양보살은 4불의 활동상을 더욱 증장하고 장엄하여 놓은 활동상으로 상호공양의

공덕이 강조되어 있다. 이와 같은 4불의 공양으로 대일여래는 보다 큰 힘을 얻어 널리 네 가지 지혜의 활동을 모든 곳에 베풀고 일체중생에게 법계의 실상을 깨닫게 하기 위해서 구·삭·쇄·령의 사섭4보살을 시현한다.

8공양을 모두 마쳤어도 사섭의 일은 아직 원만하지 않다. 곧 비로자나는 내심 가운데에서 금강구보살을 유출하여 이로써 소집한다. 무릇 구(鉤)란 사섭의 뜻이 있다. 애어(愛語)·보시(布施)·이행(利行)·동사(同事)이다. 이로써 무량의 중생을 제도한다. 다시 다루기 힘든 온갖 마구니가 있으면 이로써 항복시킨다. 또한 미친 코끼리와 같이 광폭한 마음을 제압하여 모두 순순히 따르게 한다. 곧 이 대보리심은 광대하고 원만하며, 견고하고 아주 날카롭고 결코 물러서지 않는다. 또한 일체의 현자와 성자를 불러서 도량에 내려오게 하고, 진언행을 하는 모든 보살이 빠르게 성취를 증득하게 한다. 이것은 금강구보살의 소집의 지혜이다.

이미 구의 뜻을 갖추었어도 이끌어들여 포섭하는 일은 완전하지 않다. 곧 비로자나불은 내심 가운데에서 금강삭보살을 유출하여 일체번뇌와 무명과 망상과 혼미하고 어두운 마음을 그치게 한다. 일체 고통의 순환을 묶고, 해탈을 얻게 한다. 다시 선정과 대보리심으로 평등히 이끄니 모든 대중이 모두 모여서 티끌처럼 많은 불국토에 모두 다 강림하여 만다라도량에서 함께 불사를 짓는다.

밧줄[索]의 뜻을 이미 성취하였어도 제지(制止)의 이치는 아직 행하지 못하였다. 곧 비로자나불은 내심 가운데에서 금강쇄보살을 유출한다. 그 쇄는 제지의 뜻이다. 일체의 모든 악취문을 닫고 대자비를 일으켜 일체유정을 구호한다. 일체의 갖가지 인(印)을 맺고 여래의 심부름꾼으로서 해탈하여 대열반을 얻는다. 다시 티끌처럼 많은 바다와 같은 모임의 여래로 하여금 이 도량에서 삼마지심에 머물러 함께 장엄한 부처님 회상에 모여 대불사를 짓는다.

비록 자물쇄[鎖]의 뜻인 제지의 일을 갖추었더라도 편입(遍入)의 지혜는 완전히 통달하지 못하였다. 곧 비로자나불은 내심 가운데에서 금강령보살을 유출한다. 빛나는 경쇠를 지니고서 이를 공양하여 무량의 미묘한 소리를 발생한다. 일체의 성중으로 듣는 자는 환희하지 않음

이 없다. 제불의 아자(惡字)의 종자는 일체여래의 몸과 마음 가운데에 편입하니 밝기가 맑은 거울과 같다. 무량한 유정의 몸 가운데에 대지(大智)를 씨뿌리고 모든 부처님 계신 곳에서 사신(捨身)하여 종이 되어 섬기고 공양하며, 삼마지 가운데에서 적열하고 환희한다. 이것은 금강령보살의 묘한 메아리이다.

이들 16공양보살의 마지막인 사섭보살은 비로자나불이 4바라밀의 매개적 속성에 의해서 5불 16대보살로 모습을 나투고, 다시 8공양의 장엄상을 갖추고 나서 중생구제를 하는 구체적인 절차를 보여주는 보살이다. 다시 말해 열여섯가지 모습으로 인격적 개발을 한 중생에게 이 세상을 살아가는 구체적인 방향을 보여주는 모습이다. 이들을 도표로 보이면 다음과 같다.

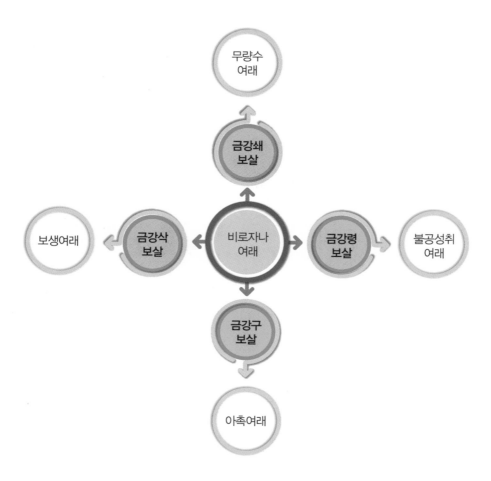

사섭보살의 명칭인 구·삭·쇄·령은 원래 인도의 고대인이 동물이나 야수를 잡아 길들이는 순서였다. 그것을 불도로 중생을 끌어 들여서 보리심을 일깨우고, 깨달음에 이르게 하는 방법으로 응용했던 것이다. 곧 물건을 잡아당기는 갈고리로 끌어당기고, 매는 밧줄로 붙들어, 쇠사슬로 꽉 잠가 마지막에 방울로 상대를 즐겁게 한다는 것이다. 이것은 바로 사섭보살의 삼매야형이 된다. 금강구는 외원 동쪽에 갈고리, 금강삭은 외원 남쪽에 밧줄, 금강쇄는 외원 서쪽에 쇠사슬, 금강령은 외원 북쪽에 방울로써 각각 불러옴[召請]·이끔[引持]·견고하게 묶음[堅留]·환희하게 함[歡喜]의 일을 상징하고 있다.

이들 사섭보살은 만다라의 4문에서 외부에 있는 중생을 불교화시키는 역할을 담당하고 있지만 본래는 만다라를 구성하는 성곽의 수호신 역할을 하였다. 4문을 지키는 것은 원래 4천왕이 맡고 있었는데, 금강계만다라에서 4섭보살로 바뀌어 다음의 『삼십칠존심요』에 보이듯 수호와 동시에 중생을 만다라에 끌어 들이는 역할도 담당하게 되었던 것이다.

> 일체여래의 바다처럼 광대한 체성의 4지(智)로부터 금강구·삭·쇄·령 등의 사섭보살을 생한다. 이들은 불러옴·이끔·견고하게 묶음·환희하게 함의 일을 함으로서 일체도량에서 모든 가르침을 받드니, 사람들과 천상세계가 이것을 얻고 이로서 해탈의 대중을 모으며, 성현이 이것을 사용하여 어리석은 대중들을 접한다. 곧 탑의 네 문밖에 그 활동작용을 사용하여 위(位)에 머무는 자들이다. 4보살의 지혜를 일으키는 것에 말미암는다.

이와 같은 역할에 의해 삼십칠존의 대의가 마무리된다. 대비로자나불과 4불 사이의 공양관계는 이것으로 끝이 아니라 무한히 반복되겠지만, 그 마지막 단계는 4불의 구체적인 활동 방법을 보여주는 사섭보살로 마감되는 것이다.

이상의 상호공양을 통해 출생한 정문(定門)의 16공양보살의 전체구조를 도표로 보이면 다음과 같다.

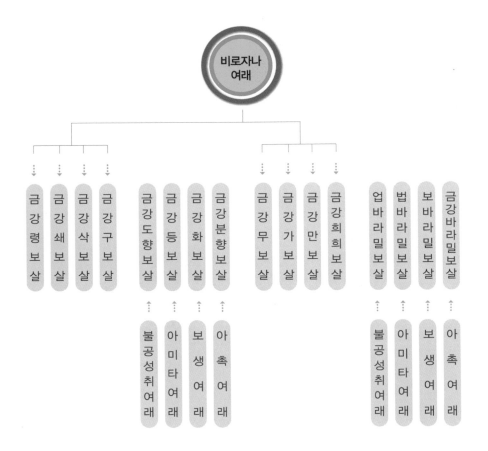

이들 16공양보살의 행도 앞의 16대보살과 마찬가지로 모두 연결된 구조를 갖는다. 하나씩 떨어져 있는 것이 아니라 16가지 공양행의 조화에 의해 공양의 이상을 실현함을 나타내고 있다.

이상과 같이 전체 37존 가운데 5불과 16대보살과 16공양보살에 대하여 그 구조와 상호관계를 살펴보았다. 이들 불보살은 바로 구체적인 여래의 행으로서 그 행은 부사의업상(不思議業相)이며, 진여에 바탕한 무루행(無漏行)이다. 행하되 행함이 없고 행에 집착이나 잠재여력을 남기는 일이 없다. 공성에 바탕한 실천행의 구체적인 모습과 활동이 보살로 표현되는 것이다.

이와 같은 5불 사이의 상호공양은 금강계만다라를 움직이는 원리이고, 이 원리의 구현을 표현한 것이 금강계만다라의 내용이다. 여기에서 대비로자나불과 4불 및 16대보살·16공양보살과의 관계는 전체와 부분의 관계가 상호 반영·영향의 관계가 있음을 상징적으로 보여준다.

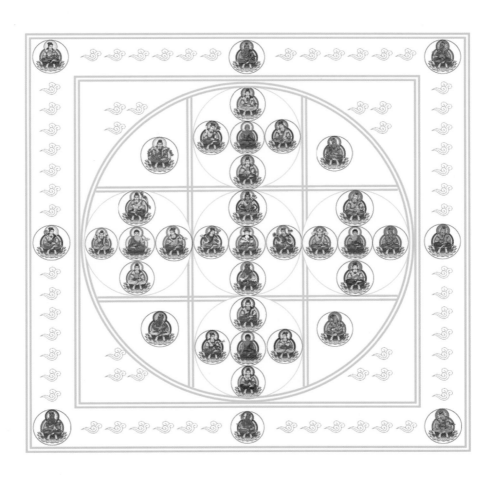

6. 상호공양

이상과 같이 37존이 나타내는 바는 상호공양과 상호협조의 정신이다. 공양과 협조는 실로 밀교수행자들이 실천해야 할 참된 수행덕목이다. 남을 위해 봉사하는 활동인 공양은 바로 부처의 활동이며, 상호공양과 상호협조의 정신이야말로 금강계만다라의 핵심이다. 따라서 수법과 관법 모두가 공양법을 기준으로 한다. 이 공양은 공급자양의 뜻으로 해석되나 원래는 존경하는 마음으로 부처님께 공양한다는 뜻이다. 과보나 공덕 등의 막연한 댓가를 바라는 공양이 아니다. 이것은 곧 찬탄하는 마음이고 감사하는 마음이며 존경하는 마음이다. 이러한 마음을 가질 때 참된 공양이 우러나는 것이며, 공양을 받은 여래의 자비도 역시 공양이 된다.

이러한 공양은 지금까지 살펴본 것처럼 만다라상에서 중앙 대일여래를 공양하기 위해 사방사불이 시현한 4바라밀보살과, 대일여래가 그것에 보답하기 위해 시현한 내공양4보살, 그리고 4불이 다시 여기에 대한 답례로서 외공양의 4보살을 유출하고, 대일여래가 또다시 사방사불을 위하여 사섭의 4보살을 시현하는 것으로 나타난다. 또 만다라상의 투쟁의 모습은 9회 중에서 제8회 항삼세회와 제9회 항삼세삼매야회에 나타나고 있다. 9회 중 7회까지는 금강여래가 자비의 상을 시현한 만다라였으나, 제8,9회에서는 금강살타가 분노의 모습을 나타내어 대자재천 등 사납고 교화하기 어려운 삼계의 제천을 항복받는 만다라이기 때문에 투쟁의 뜻이 표현되어 있는 것이다. 이상 자비와 투쟁의 양면을 갖고 있는 금강계만다라는 여래가 중생을 대하는 것이 어떠하다는 것을 보여주고 있다. 우리가 그 뜻을 이어받아 상호공양과 협조의 정신으로 생활한다면 그것이야말로 참다운 공양인 것이며, 만다라의 이상이 실현될 때 이 국토는 장엄한 만다라의 밀엄정토(密嚴淨土)가 이룩될 것이다. 이제 이와 같은 의미를 지니고 있는 금강계만다라의 37존 각각에 대해서 알아보자.

II

·

오여래

1. 『오여래』

① 비로자나여래
❋ 내 마음에서 항상 빛나는 부처님 ❋

법신불 비로자나(毘盧遮那)라고 하면 우선 『화엄경』을 떠올릴 수 있다. 비로자나는 『화엄경』의 교주로서 이 경에서 여러 가지 방면으로 표현되어 있기 때문이다. 형상이 없어서 볼 수도 취할 수도 없는 법신불이건만 『화엄경』의 비로자나불은 중생을 교화하려 무수한 화신으로 출현한다고 한다. 그러나 『화엄경』에서는 법신 비로자나여래가 직접 법문을 설하는 묘사는 볼 수 없다. 그 대신 빛을 냄으로써 수없는 보살대중을 깨우친다.

『화엄경』의 비로자나불은 미간의 백호상으로부터 큰 광명을 놓으니 그 이름을 여래출현이라 한다. 다시 입으로 큰 광명을 놓아 시방의 온 허공과 같은 법계에 있는 세계들을 비추며 오른쪽으로 열 번 돌아서 여래의 가지가지 자유자재함을 나타내고 한량없는 보살 대중을 깨우치며, 보현보살의 입으로 들어간다. 빛으로부터 출발했던 여래의 출현이 보현보살의 입을 통해 구체적인 법문으로 이어져 중생들이 한량없는 이익을 이룬다는 것이 상징적인 방법으로 표현되어 있다.

이와 같이 『화엄경』에서는 여래가 빛으로 출현한다고 하지만 설법은 다른 보살을 통해서 할 뿐이다. 법신불이 형상도 없으며 몸도 없다는 원칙을 지키고 있으나 밀교경전이 성립함에 이르러 무형의 법신관은 수용법신 비로자나로 일대 변혁을 겪는다. 형상이 나타나기 위해서는 비로자나불과 중생 사이의 감응이 필요하다. 『대일경소』 「주심품」에는 중생의 마음을 감(感)이라 하고 불심(佛心)을 응(應)이라 하는 감응(感應)의 인연으로, 즉시에 비로자나부처님의 중생들이 보기 좋아할 몸을 나타내어 듣기에 알맞은 법을 설한다고 한다.

진리 그 자체인 비로자나부처님은 시방삼세 역시 진리로서 하나이므로 평등하게 온 우주에 충만하여 없는 곳이 없다. 따라서 감응이 있는 곳은 어디나 화신으로 현현하게 되는데 다만 감응하고자 하는 그 마음이 열리는 것에 따라서 알 수 있게 되는 것이다.

일반적으로 불교에서 설하는 연기의 가르침은 모든 것이 서로 연결되어 있다는 상호관계 가운데의 삶을 알려준다. 이것이 있으므로 저것이 있고 이것이 없으므로 저것이 없다고 하는 것처럼 원인이 있으면 조건이 있고 두 가지 이상이 만나서 지어가는 것을 관계 속의 삶이라 할 수 있을 것이다. 그러나 이것은 어디까지나 모든 것들이 실제로 있는 것처럼 착각하는 중생의 입장에서 설한 것일 뿐, 관계 가운데의 삶이 아니라 삶 그 자체가 앎으로 구성되어 있는 것이다. 마치 일정한 형상을 갖지 않는 하늘의 구름을 보고 구름이 흘러간다고 알지만 구름은 실체가 없고 실제로는 흘러감이 구름인 것이다. 중생이란 생각을 싣고 나르는 구름일 뿐이다. 그 구름이 아래쪽 땅을 보면 산도 있고 바다도 있고 나무도 있다고 여기지만 위쪽 하늘을 보면 태양의 광명뿐이다. 분별의 견해를 넘어 열린 마음으로 비로자나불을 향할 때 중생이라는 고정된 틀을 벗어나 밝은 지혜의 흐름, 비로자나를 감응하게 되는 것이다. 그때 비로자나불이 가까이 곧 내 마음에 있는 것을 알게 된다. 그것은 다시 말하면 모든 것이 변화한다는 흐름을 고정된 틀로써 착각했던 중생의 앎이 아니라 틀이란 없고 끊임없는 변화의 흐름뿐임을 알아가는 것으로써 이것을 빛이라고 표현할 수 있을 것이다. 그래서인지 비로자나라는 명칭도 빛과 관련된다. 비로자나여래는 범어로 Vairocana-tathāgata 이며 그 뜻을 풀이하면 모든 장소에 두루함·광명이 두루 비춤·두루 비추는 여래라고 한다. 밀교경전에서 보통 칭하는 대일여래라는 명칭은 마하바이로자나여래를 의역한 것이다. 마하에는 크고, 많고, 훌륭하다는 의미가 있고 비로자나에는 두루 밝게 비추는 광명, 즉 태양의 의미가 있다. 『금강정경』에는 비로자나여래와 마하비로자나여래의 구별이 명확하게 설해져 있는데 비로자나여래는 경의 교주이며 만다라의 중심에 위치하는 주존이다. 마하비로자나여래는 만다라그 자체, 즉 금강계만다라를 예로 들면 비로자나여래를 포함한 5불·4바라밀·16대보살·8공양·4섭·현겁천불·항삼세명왕 등 만다라 전체 존들의 본성이고일체 현현하는 것들의 배후에 있는 원동력, 또는 생명의 부여자라고도 말할 수 있는 편재자이다. 이것을 말을 바꾸어 표현하면 일체여래라 할 수 있을 것이다.

이와 같은 마하비로자나여래를 대일여래라고 번역한 것은 선무외(善無畏)삼장이 최초이다. 선무외의 제자 일행이 기록한 『대일경소』에는 '범음으로 비로자나는 태양[日]의 다른 이름이다' 라고 하여, 대일여래라는 명칭을 준 이유를 설하고 있다. 태양이란 지구상의 모든 생명체가 태양의 에너지를 그 근원으로 하기에 그 어느 것보다 가장 위대하고 절대적인 것이고, 그러한 존재에 여래를 결부시켰던 것이다. 그러나 세간의 태양으로 비유할 수 없고, 단지 그 적은 부분의 상만을 취하는 까닭에 대(大)의 명칭을 더하여 마하비로자나라 한다고 하여, 상대적인 현실계의 태양과는 다른 절대적인 광명의 특질을 강조하고 있다. 그것은 현실계의 태양에 없는 세 가지 특성이 대일여래에게 있기 때문이다. 즉 모든 어둠을 없애어 두루 밝은 뜻[除暗遍明]이다. 세간의 해는 방향을 나눔이 있어 만약바깥을 비추면 안은 밝게 하지 못하여 한쪽에만 있고 다른 한쪽에는 미치지 못한다. 또한 오직 낮에만 빛날 뿐 밤에는 빛을 내지 못한다. 여래의 지혜의 햇빛은 이와 같지 않아 모든 곳에 두루하여 크게 밝음을 비춘다. 안과 밖의 차별이 없고 낮과 밤의 다름이 없다. 또한 해는 염부제로 가서 일체의 풀과 나무, 수풀이 그 성분을 따라 각각 자라나니 세간의 온갖 일이 이로 인하여 성장한다. 여래

| 비로자나여래 |

의 해의 빛은 법계를 두루 비추어 평등하게 무량한 중생들의 갖가지 선근 및 세
간과 출세간의 수승한 사업을 개발시키므로 이로 인하지 않고서는 성장할 수 없
다[能成衆務]. 또한 두터운 구름이 해를 가리더라도 이 또한 맹풍이 구름을 흩어
서 해의 빛이 드러남을 막을 수 없으며, 이때 해가 처음 생겨남이 아닌 것처럼
불심의 해도 또한 이와 같다. 오직 무명과 번뇌와 희론의 겹겹 구름이 덮힌다 하
여도 이로써 구경의 제법실상삼매를 줄일 수 없으며, 원만하고 밝아 끝이 없으

므로 더할 바도 없는 것이다[光無生滅]. 이것은 대일여래의 보편적인 성격, 자비 방편과 지혜반야라고 하는 것이다.

이와는 달리 금강지(金剛智)삼장은 『금강정경의결』에서 비로자나를 최고로 높이 드러난 광대한 눈의 뜻이라 하였으며, 또한 제불보살이 이를 의지하여 밝게 보며, 제불보살이 이 가운데에서 출생하며, 일체의 현성이 이 가운데 머문다고 표현하여 일체불보살의 근본인 비로자나의 의미를 강조하고 있다. 이들 주석가의 명칭 외에 두루 비추는 금강, 장애가 없는 금강이라 하는 밀호가 있으며 관정명으로 금강계여래가 있다.

『금강정경』에서 일체의성취보살은 일체여래 즉 대일여래의 각성된 가르침에 의해 선정의 경지에서 오상성신관을 수행하여 그에 의해 올바른 깨달음을 증득하는데, 그때 일체여래에 의해서 관정을 받아 '금강계'라는 관정명을 수여받는다. 일체의보살마하살이 일체여래로부터 받는 금강계의 관정은 금강이라는 명칭이 말해주듯이 여래의 절대의 경지를 보인 것이다. 여기에서 금강계란 다섯 가지 지혜를 원만구족한 부처님이다. 일체여래의 신밀·구밀·의밀의 세계, 금강계를 현증한 일체의성취보살은 금강계라고 하는 명호로써 관정되고, 금강계보살이라 불린다. 일체허공계에 편만한 일체여래와 동등한 위를 얻은 보살은 일체여래에 대해 자신에게 일체여래 금강의 몸을 현증하는 뜻을 선언한다. 일체여래의 경계를 얻고 부처의 몸을 원만히 하고, 다시 일체여래의 가지를 입어 모든 지혜를 갖추고 금강계여래로 되는 것이다. 금강계여래가 머무는 도량은 대우주 그 자체로서 모든 경계가 그대로 여래의 세계로써 신·구·의 삼밀의 작용으로서 구현되는 세계가 금강계이다. 그것을 깨달아 알고 모든 곳에 무애자재하게 머무는 것이 금강계여래라는 명칭이다.

따라서 금강계여래, 즉 비로자나여래가 머무는 자리는 어느 곳이나 금강좌이며, 동시에 사자좌이기도 하다. 이것은 사자가 온갖 짐승들의 왕으로서 모든 동물 가운데에서 두려움없이 다니는 것을 비로자나불이 제법의 왕으로서 제법 가운데 변화무애한 것에 비유한 것이다. 그리고 '색은 흰 거위와 같고 형태는 맑은 달과 같다. 일체의 상호가 모두 다 원만하다. 머리에 보관을 쓰고 머리털을 늘어뜨리 며, 비단같은 묘한 천의를 허리에 두르고 소매를 끌어서 웃옷으로 삼는다'고 그 형상을 설하고 있는데 이것은 전통적인 석가여래와는 다른 보살의 모습이다.

비로자나여래의 인계는 지권인으로서 보리인·여래권인 이라고도 한다. 지권인에서 왼손은 소우주, 오른손은 대우주를 상징한다. 왼손과 오른손을 합하는 것에 의해서 '이치와 지혜가 둘이 아님'·'중생과 부처 가 동일함'·'미혹과 깨달음이 한몸인 이치'를 나 타낸다. 삼매야형은 금강계자재인이라고 이름되는 탑 인이다. 삼매야회에서는 가로로 누운 오고저 위에 탑을 놓 고 있다. 대일여래의 상징을 탑으로 한 것은 전통적인 불타의 세계와 깊은 관계 가 있음을 시사하고 있다.

② 아촉여래
❋ 동방 묘희세계의 부처님 ❋

아촉여래(阿閦如來, Akṣobhya-tathāgata)는 보리심이 금강과 같이 견고하여 움직이지 않음을 상징하기 때문에 부동불이라 하며, 무동불(無動佛)·무노불(無 怒佛)·무진에(無瞋恚)라고도 한다. 정토사상을 설하는 가장 오래된 경전 중 하나인 『아촉불국경』 2권에서 다음과 같은 아촉여래의 기술을 볼 수 있다.

"동방으로 천개나 되는 불국토를 지나 아비라제라는 이름의 세계가 있는데, 그 세계의 부처는 '집착하는 바 없이 바르고 평등하게 깨달으신 대목여래(大目如來)'라 하였다. 모든 보살을 위해 육바라밀에 관한 설법을 할 때에 한 비구가 자리에서 일어나 옷을 바르게 하고 오른쪽 무릎을 땅에 대고 두 손을 맞잡고 대목여래께 여쭈었다. '오직 바라옵나니 귀하신 분 가운데 귀하신 분이시여. 저는 지금부터 위없는 바르고 참된 도를 구하고자 하여 성냄과 음욕 등을 끊어 정각을 성취할 때까지 정진하겠나이다.' 그 비구는 대서원을 세운 다음 오랜 겁 동안 정진하여 성도한 뒤, 불가사의한 무량한 세계 가운데에서 지금도 설법하고 있다. 그를 아촉이라 이름하며, 아촉여래가 있는 곳은 성냄이 없으므로 아촉지(阿閦地)라 한다."

여기에서 대목여래를 향해 대서원을 발한 비구가 바로 아촉보살이며, 이 비구가 성불함에 의해 아촉불이라는 명칭을 얻게 되어 현재까지 동방 묘희세계에서 설법하고 계시다 한다.

그리고 『비화경』에 의하면 아촉불과 아미타불의 관계를 엿볼 수 있다.

"과거 항하의 모래알보다 많은 아승기겁을 지나서 산제람이라고 하는 불세계가 있었다. 그때 대겁의 이름은 선지였고, 그 겁 중에 전륜성왕이 있었는데 이름은 무쟁념으로서 4천하를 다스렸다. 그리고 보해라는 대신이 있었으며 그에게 한 아들이 태어났는데 그는 32상을 갖추고 영락으로 몸을 꾸미고 80종호를 차례로 장엄하였으며, 백 가지 복덕으로 모습을 성취하여, 항상 광명이 한 길만큼 비추니, 그 몸의 원만구족함이 마치 니구로나무와 같아서 아무리 보아도 싫증나지 않았다.

그가 태어날 때에 백천의 모든 천신이 와서 함께 공양하였으므로 이름을 보장이라 하였다. 그 후로 장성하여 머리와 수염을 깎고 법복을 입고 출가하여 아뇩다라삼먁삼보리를 이루고 명호를 보장여래라 하였다. 그리고 무쟁념왕과 그의 아들들이 부처를 공양하고 정각 구하기를 서원하였으며 그 뒤 왕은 아미타불이 되고 아홉 번째의 왕자인 밀소가 아촉불이 되었다고 한다.”

여기에서 아촉불과 아미타불의 밀접한 관계를 알 수 있다. 실제로 아촉불이 불교계에 등장한 것은 아미타불과 거의 비슷한 시기로 여겨지고 있다.

이상의 경문 등에 의하면 아촉여래와 그 나라는 성냄과 음욕 등의 번뇌를 여읜 오묘한 기쁨의 경지를 의미한다고 볼 수 있다. 인간의 내외적 장애를 제거하며, 진리가 갖춘 영원성 · 보편성을 명확히 밝히는 역할을 담당하는 부처로 수행자의 깨달음을 향한 마음이 동요되지 않도록 그 마음을 진정시키는 여래이므로 아촉불을 부동불이라고도 한다.

아촉여래의 명호를 칭념하면 분노가 가라앉고 동요됨이 없는 굳건한 보리심을 내게 된다는 공덕이 있어 한때는 아촉여래에 대한 신앙도 대단했다. 또한 아촉여래를 신앙함으로써 마음이 선해지고 상쾌해지며, 혹은 말할 수 없는 즐거움으로 환희의 세계에 몰입할 수가 있다고 하므로 이 세계를 선쾌, 또는 묘희국이라고도 한다.

| 아촉여래 |

　묘희란 절대적인 기쁨을 나타내며 그것은 우리의 참모습이 바로 여래라는 것을 알게 될 때의 기쁨이다. 여래에서 여(如)는 참으로 평온한 연기실상의 세계에서 세계와 함께 흘러가는 우리 자신의 모습이기 때문이다.

　온 우주 전체가 연기실상의 관계 가운데 전개되는 하나의 생명체임에도 불구하고 여기에서 자기와 남을 떼어내어서 나와 남이라는 분별 속에 자기라는 집착을 전개시키는 힘이 어리석은 마음이다. 이러한 마음에 따라 탐내는 마음이 저절로 일어난다. 탐내는 마음은 세계와 나를 하나로 보지 못하고, 개별화되며 고정된 모습만을 자기의 삶으로 여겨서 자기 것으로 만들려는 힘에 의해서 생겨난다. 자기 것으로 만들려는 힘 속에는 대상이 되는 상대와 내가 다르다고 구별하는 힘도 함께 지니고 있다. 그래서 다른 사람이 가져서는 안되고 내가 가져야 한다는 생각을 하게 된다. 우리가 원하는 것을 가지려는 힘은 탐내는 마음으로 전개되고, 싫어하는 것을 배척하는 힘은 결국 성내는 마음으로 드러나는 것이다.

그러나 성내는 마음에 대해 이 마음이 흔들리지 않는 부동불의 경지에서는 우리의 삶을 총체적으로 보게 되며 실상으로 흐르는 힘이 강해질수록 연기의 흐름 속에서 참된 생명을 살아가는 나의 본모습을 보게 된다. 그리하여 언제나 크고 원만한 거울과 같은 마음에서 온 우주가 하나인 원만하고 참된 성품을 보게 된다. 이것이 무명의 분별로부터 근본적인 연기의 삶으로 전환되는 지혜와 자비의 세계이며 또한 아촉불이 상징하는 묘희의 세계인 것이다.

일찍부터 불교계에 등장한 아촉불은 후에 밀교의 만다라에 편입되었으며, 그 뒤에도 성내는 마음을 없애는 아촉불의 성격은 그대로 계승되면서 독특한 역할이 주어졌다. 밀교에서는 오지여래 중 사방사불의 하나로서, 금강계만다라 성신회에 37존 5해탈륜이 있는데 그 중 동방 월륜의 주존으로 있으면서 비로자나여래의 대원경지와 본래 갖추어진 견고한 보리심의 덕을 나타낸다. 아촉불이 동방에 자리잡은 것은 인도인들의 사고방식에서 동방이 수행의 최초단계를 상징하기 때문이다.

태장만다라에서는 동방의 보당불과 같은 서원을 갖고 있는 부처님이라 그와 동체로 한다. 인도의 후기밀교에서는 대일여래에 대신하여 오불 가운데의 중존으로 되기도 하였다. 이 여래의 형상은 태장계에서 청색의 몸에 왼손 다섯손가락으로 옷의 끝을 잡아서 가슴에 대고, 오른손은 손가락을 펴서 손바닥을 무릎에 얹고, 손가락끝이 땅을 가리키는 촉지인을 결한다. 금강계에서는 왼손을 금강권으로 결하고 배꼽 앞에 둔다. 이것도 항마부동의 뜻을 나타낸다. 독존으로서는 거의 조상되지 않고 있다.

아촉불을 중심으로 한 금강부의 제존은 깨달음에 방해가 되는 장애를 제거하는 성격을 지니고 있다. 금강부의 제존은 무기인 금강저로 번뇌를 물리치는데, 그 중 아촉불은 항마촉지인으로 마귀를 제압한다. 불전에 의하면 석존이 성도할 때, 석존의 성도를 두려워한 마신들이 박해하고 유혹하며 방해하자 석존이 대지를 가리키며 자기의 보리심을 일으켜 마신을 항복시켰던 인계이다. 『약출염송경』에는 '아촉불의 촉지계를 결하면 마음의 부동을 얻는다' 고 하며, 『제불경계섭진실경』에는 '파마인을 결함으로써 모든 마귀과 온갖 번뇌를 꼼짝 못하게 한다. 이것은 비나야가와 모든 악마를 멸하는 인이라 이름한다' 고 그 결인의 공덕을 설하고 있다. 성내는 마음을 제거하는 아촉불의 금강부는 다시 그 성냄이라는 마음의 작용을 수행으로 활용하여 번뇌를 제거하는 것이기에 금강저라는 무기를 들고 마군을 항복시키는 역할을 수행하는 것이다.

『약출염송경』에는 '그 동방에 코끼리자리가 있는데 아촉불이 그 위에 앉는다고 관하라' 고 하여 이 부처의 자리를 밝히고 있다. 코끼리가 의미하는 것을 『금강정경의 결』에 의해 알아보면, '코끼리의 힘은 모든 짐승의 힘보다 강하기에 금강부왕은 거기에 머물며 그 위에서 견고한 힘을 나타내 보이는 것' 이며, '코끼리는 제석천의 탈 것으로 우주의 대생명을 나타내는 것' 이다.

그렇다면 아촉불은 절대의 힘, 우주의 대생명의 무한한 흐름을 상징적으로 보여준다고 할 수 있다.

삼매야회에서는 연꽃 위에 가로로 누운 오고저가 있고 그 위에 세로로 오고저를 두고 있다. 아촉여래의 색은 『제불경계섭진실경』에 '자신과 산천초목 모두를 청색으로 관하라' 라고 하는 기술을 통해서 청색임을 알 수 있다. 청색은 항마를 상징한다.

이상과 같이 아촉여래의 색, 인, 좌, 방위 등은 이 부처가 대일여래의 성격 가운데 분노 · 항마 · 용기 등의 부분적 성격을 지녀받았음을 보여준다. 그리하여 『성위경』에는 '최초에 무상승(無上乘)에서 보리심을 발하고, 아촉불의 가지에 의하여 원만하게 보리심을 증득한다' 고 아촉불의 역할을 밝히고 있다. 결국 아촉불이 상징하는 부동과 아촉불의 묘희세계는 인간의 마음속에 있는 크나큰 장애인 성냄을 가라앉히고 흔들림이 없는 굳건한 보리심을 내는 절대적인 기쁨의 세계를 상징하고 있다.

3 보생여래

❀ 공덕의 보배로 장엄한 부처님 ❀

요즈음 같이 오랫동안 불경기에 시달리다보면 누군가 우리에게 재물을 듬뿍 가져다 주는 꿈이라도 꾸어야 할 것 같다. 그런데 여기 다양한 성격을 지닌 금강계 37존 가운데 재보의 성격을 지닌 부처님이 계시다. 바로 보생여래(寶生如來)로서 온갖 보배를 쏟아내는 마니보처럼 무한한 복덕으로 가난에 허덕이는 일체 중생의 갈망을 성취시키신다. 보생여래는 대일여래의 평등성지를 담당하며 금강보·금강광·금강당·금강소의 네 보살을 거느리고 일체 재물과 보배를 맡아 중생들에게 평등한 가르침을 펴는 여래이다. 이렇듯 보배를 생겨나게 한다는 의미로 보생여래(Ratna- saṃbhava-tathāgata)라 하는데, 또는 마니주를 높은 장대에 매달아 보는 이로 하여금 바라는 바를 성취케 한다는 보배깃발의 부처님, 즉 보당불(寶幢佛)이라고도 하며, 보배와 같은 훌륭한 모습의 부처님으로 보상불, 또는 보배와 같이 뛰어난 부처님이라는 뜻의 보승여래 등으로 호칭된다. 공통되는 점은 마니보배가 상징하는 최고의 복덕과 공덕으로써 모든 중생들의 소원과 수행을 원만하게 성취시킨다고 하는 점이다. 일체중생의 소원을 이루게 하고 삼계법왕의 관정을 수여하여 행자로 하여금 평등하게 하므로 밀호를 평등금강, 또는 대복금강이라 한다. 삼매야형은 보배구슬이며 종자는 ja, trāh이다.

보생여래가 무한한 재보를 베푸는 것은 이 여래가 여원인을 결하고 있다는 데에서도 알 수 있다. 『제불경계섭진실경』에서는 보생여래가 여원인을 결한 다섯 손가락 사이로부터 여의주를 비처럼 뿌리는데, 이 여의주는 천상의 의복·천상의 묘한 감로·천상의 묘한 음악·천상의 보배궁전을 비뿌리고, 나아가 중생의 온갖 좋아하는 바를 가득 채운다고 한다.

이 여원인은 보배를 베풀어 중생들의 물질적인 욕망을 충족시켜주는 것뿐만 아니라 보리심을 발하여 모든 공덕을 중생들에게 베푼다는 의미도 포함된다. 따라서 여원인을 맺는 보생여래는 사람이나 자연, 각각의 사물 속에 숨겨져 있는 불성을 발견할 수 있도록 도와주는 공용을 갖는다. 또한 지혜와 자비의 복덕을 모아서 몸을 장엄하게 하기 때문에 보생여래를 '공덕장엄취신보생불'이라 하고, 이 보배를 가지고 온갖 공덕을 만족시키고 불타의 위에 오르게끔 관정을 주기 때문에 보생여래의 지혜를 관정지라 한다.

관정이란 밀교의 법을 전하기 위해 관정을 받는 자의 머리와 이마 위에 물을 흘리는 것이다. 부처의 지혜를 상징하는 지혜의 물을 붓는 것은 여래의 지혜를 모두 이어받는다는 것을 상징한다. 관정을 통해서 부처님의 세계에 입문하게 되며 나아가 부처님의 위를 계승할 자격을 얻는다는 것이다. 이렇게 할 수 있는 근거는 중생들 모두가 보배와 같은 여래장을 갖추고 있기 때문이다. 『보리심론』에서는 일체중생이 본래부터 금강의 성품을 갖추고 있는 보살이지만 탐진치의 번뇌에 얽매여서 그 불성을 드러내지 못한다고 한다. 중생들에게는 나면서부터 이와 같은 여래장성이 본래부터 갖추고 있으므로 누구나 성불할 수 있다는 것이다. 이것을 각성시키는 것이 바로 보생여래의 관정지로서 중생들에게 갖추어진 그 무엇보다 귀중한 보배와 같은 불성을 드러내게 한다.

정말 가치있는 보배란 물질적으로 부귀와 풍요를 가져다주는 금과 은이 아니다. 실제로 지금 당장 보배로 인하여 현실적인 가난을 극복한다고 하더라도 그 재물이 영원한 행복과 안락을 보장하지는 못한다. 없으면 갖고 싶고, 가지면 더 갖고 싶은 것이 중생의 욕심이다. 그 욕심은 끝가는 데가 없으므로 욕망의 충족 또한 끝날 줄을 모른다. 물질보다 더욱 중요한 것은 정신적 행복이다. 재물의 유무에 관계없이 일체로부터 벗어난 자유로운 정신만이 일체의 고난에서 벗어나는 유일한 길이 된다. 그러므로 중생들이 간절히 바라는 것이 현실적인 보배라면 보배와 같은 덕성의 발견은 더욱 절실하다 아니할 수 없다. 보생여래의 보배는 사실상 이러한 출세간적인 재보에 속하는 것이다.

또한 분별하는 중생의 마음으로 일체를 본다면 현실적인 풍요와 가난이 눈에 띄겠지만 보생여래의 눈으로 볼 때 일체는 평등한 것이다. 수행자가 부처의 마음을 체득하여 스스로에게 부처와 같은 무한한 보배같은 성품이 있음을 알아채고 그 자체로 풍부함을 만끽한다면, 그때 더 이상의 보배는 필요치 않을 것이다.

보생여래는 이러한 보배가 원래부터 중생 누구에게나 평등하게 갖추어져 있

| 보생여래 |

음을 아는 지혜를 갖추고 계신다. 그래서 보생여래는 금강계만다라에서 비로자
나여래의 평등성지를 나타낸다. 평등성지는 여래와 중생의 본질적인 평등의 세
계를 여는 지혜이다. 수행자가 부처의 마음을 체득하여 무한한 보배같은 성품을
드러내고, 원만한 인간성이 형성된 것을 보이는 지혜이다.

　이처럼 모두가 보배의 성품을 가지고 있어서 평등하며 누구나 무한히 베푸는
보생여래와 같은 모습을 갖추고 있건만 중생들은 이러한 사실을 알지 못하고 자
기만의 세계에 빠져 살아간다. 세상이라는 것이 넓은 것 같지만, 중생들은 자기

하나만의 삶인 닫혀지고 비좁은 곳에 갇혀 있다. 나 하나의 삶 가운데에서 탄생과 죽음, 생겨남과 사라짐, 젊음과 늙음, 미움과 사랑 등 여러 가지 구조를 절대화시켜 버리는 것이 중생의 삶이다. 이러한 차별의 견해는 모든 것을 자기와 남으로 나누어보는 분별의 견해에 말미암는다. 실제로 온갖 사물들은 따로따로 개별화하거나 특성화될 수 없는데도 불구하고 우리는 사물들을 개별·특성의 관점에서만 이해하려고 한다. 개별·특성화시키기 때문에 사물들이 분별되어 존재하게 되며 이어서 중생삶의 변주가 시작되는 것이다.

그러나 수행을 통해서 모든 사물들을 개별·특성화시키는 데에서 떠나면 중생들의 삶 자체가 모두 연결된 하나로서 서로가 서로를 지탱해준다는 자비의 열린 세계가 펼쳐진다. 그런 관계 속에는 나라던가 남이라는 주객의 분별이 존재할 수 없다. 남이니 나이니 하는 차별심을 떠나 일체 모든 법과 자기나 다른 유정들을 반연하여 모두가 평등한 성품임을 관찰하고 대자대비심을 일으키며, 중생들을 위하여 가지가지로 교화하여 이익하게 하려는 마음이 일어나니 이러한 지혜가 바로 평등성지이다. 그래서 이 지혜를 모든 중생을 널리 제도하는 지혜라고 한다. 무아에서 노닐기 때문에 평등하게 포섭하지 못할 것이 없고 모두가 한 몸이라는 지혜로써 한량없는 중생을 바른 깨달음의 세계로 인도하는 것이다.

여기서부터 밀교가 다른 가르침과 구별되는 특징이 성립한다. 보통 여래장이라는 개념은 『보성론』등에서 설하는 것으로 여래장의 객진번뇌를 떠나야만 일체유정이 성불할 수 있다고 한다. 본래부터 갖추고 있던 공성으로서의 여래장이 발현됨에 의해 일체유정은 무명에 의해 본성을 덮었던 어리석음에서 구제되어 여래가 된다. 여래장의 법성은 공성이다. 그 공성을 발현함으로써 여래가 되는 것이다.

그러나 밀교에서는 객진번뇌를 떠난 공성의 체득에만 머물지 않는다. 『오비밀궤』에, "나는 응당 금강살타의 대용맹심을 발하리라. 일체유정은 모두 여래장성을 갖추고 있으며, 보현보살이 일체유정에 두루한 까닭이니라. 나는 일체 중생이 금강살타의 경지를 증득하게 하겠노라."고 하는 것처럼 밀교의 수행자가 큰 용맹심을 일으켜 일체중생을 구제하고자 함에는 일체중생 누구나 여래장성을 갖추고 있다는 가능성만을 강조하는 것이 아니다. 수행의 보살로 표현되는 보현보살의 활동적인 형상을 지닌 방편의 화신을 나투어 누구나 성불할 가능성이 있음을 전해주어야 하기 때문에 유정 자신의 80종호로 꾸며진 비로자나불의 화신으로서 일체 불보살의 형상을 설한다.

　보생여래의 형상에 대해서는 금강계만다라의 회상에 따라 약간의 차이가 있다. 성신회에서는 온몸이 황금색이고 왼손은 주먹을 쥐어 배꼽 아래에 두고 오른손은 밖을 향해 펴고 있는데, 무명지와 소지는 조금 구부리고 나머지 세 손가락은 펴서 여원인을 결하고 있으며 연화좌 위에 결가부좌하고 있다. 이 보생불의 형상은 태장만다라의 동방 보당불, 또는 개부화왕불, 『시아귀의궤』의 보승여래, 『구발염구경』의 다보여래, 『이취경』의 일체삼계주여래와 동체라고 여겨졌다. 『약출염송경』에는 그 남방에 위에서 설한 바와 같은 마좌(馬座)가 있다. 보생불이 그 위에 앉는다고 관하라 하며 보생불의 방향과 자리를 설명하고 있다. 말이란 일천(日天)이 타는 동물로 빛과 지혜를 순식간에 수여하는 움직임을 보인다. 또한 모든 세간에서 존귀하고 길상한 것으로 말보다 앞서는 것이 없기 때문이다. 이 부처를 황색으로 표현하는 것은 지·수·화·풍·공의 5대 중에서 지대에 해당하는 것으로 간주되기 때문인데, 이것은 대지가 식물을 성장시키고, 온갖 금·은·보석을 내장하고 있는 것과 마찬가지이다.

❹ 무량수여래

❈ 이상적인 세계의 부처님 ❈

현실의 세계가 고통이 많고 힘겨울수록 누구나 이 모든 고통을 훨훨 벗어버린 꿈과 같은 이상적 세계를 동경하며 그러한 세계의 실현을 갈망한다. 그러나 그 세계에 대한 강렬한 바램이 있을지라도 그 바램이 현실적으로 온전히 구현되는 것까지는 기대하지 않는 듯하다. 그것은 대개 이상적이라고 하면 현실과는 동떨어진 것을 추구하였기에 바램 자체가 목적이고, 먼 세계에 동경의 대상으로 남게될 것을 미리 전제하였기 때문일 것이다.

불교에서도 이상적인 세계에 대한 동경이 오래전부터 있어왔다. 그 세계는 고통받는 현실과 달리 마음에 편하게 즐거움을 받아야 하므로 안락(安樂)이어야 하고, 그 이상의 즐거움이 없는 곳이기에 극락(極樂)이어야 할 것이다. 그러나 불교에서는 이상적인 세계가 꿈으로만 남지 않는다. 불도를 수행하는 자들에 의해 이 세계에 가고자 하는 바램이 신앙으로 정착되어 왔으며 실현가능한 일로써 제시되었다.

불교에서는 오래전부터 이와 같은 이상적 세계로 서방의 극락정토를 들고 있다. 그리고 그 이상적인 세계에는 역시 이상적인 부처님이 계실 것이다. 그리하여 고통과 불행이 없는 절대안락의 세계가 그 부처님으로부터 전개되어 나갈 것이라고 하게 되었다. 그 세계의 부처가 다름아닌 아미타여래이다. 아미타여래는 무량광불(無量光佛) 또는 무량수불(無量壽佛)이라 하는데, 이것은 무량한 수명, 무량한 광명의 뜻으로 무한한 시간과 무한한 공간을 의미한다. 또는 무량청정불 · 무량불 · 감로불 · 진시방무애광여래라고도 하는 한량없는 광명의 부처, 한량없는 생명의 부처로 극락세계의 교주이다. 극락은 서방으로 십만억국토를 지난 곳에 있다고 하는데, 서방이란 인도인의 관념으로 볼 때 해가 지는 곳에 있으므로 미래를 의미한다. 따라서 중생들이 미래에 갈 곳으로서 극락세계는 서방에 위치하는 것이다. 이 아미타불이 서방불이라는 것은 『아미타경』이나 『법화경』과 기타 많은 경전에서 설해져 있으며, 『최승왕경』·『다라니집경』 등에서 사방사불을 설하는 경우에도 모두 동일하게 아미타불을 서방불로 하고 있다. 태장만다라와 금강계만다라에서도 서방에 위치하고 있음은 물론이다.

『무량수경』에 의하면 아미타불은 원래 오랜 옛적 과거세에 인도의 왕족으로 태어나 세자재왕불의 감화를 받은 법장비구가 2백 10억의 많은 국토에서 훌륭한 나라를 택하여 이상국을 건설하기를 기원하고 또 48가지 서원을 세워 자기와 남들이 함께 성불하기를 소원하면서 장구한 수행을 지나 성불한 부처님이라고 한다. 48원의 하나 하나는 한결같이 남을 위하는 자비에 가득 찬 이타행으로 되어 있고, 그것은 보살행의 구체적인 표현이다. 48원의 내용은 크게 네 가지로 요약된다.

첫째 아미타불 자신에 대한 것, 둘째 아미타불의 국토에 대한 것, 셋째 그 불국토에 태어난 이에 대한 것, 넷째 앞으로 불국토에 왕생하려는 이에 대한 것 등으로 되어 있다.

『무량수경』에서 법장비구는 48원이 이루어지지 않으면 결코 부처가 되지 않을 것을 밝히고 있으며, 48원 하나하나는 완전무결한 이상세계를 이룩하고자 세운 서원으로서 법장비구는 가지가지 보살행을 닦은 뒤 48원을 모두 이루어 아미타불이 되었으며, 48원이 모두 성취된 세계가 곧 극락정토이다.

이러한 아미타불에 관한 신화는 석가모니의 성도라는 역사적 사실을 근거로 하고 있지만, 성스러운 성품의 정도가 보다 강한 존재로서 올려놓기 위해서 석가모니의 생애에서 현실적인 부분들이 빠지고 이상적인 모습이 강화되었다. 이와 같은 아미타불은 이른바 인간에게는 일찍이 없었던 모습으로, 비현실적이고 상상적인 존재이다. 석가모니불은 진리의 법칙, 그 자체가 역사 가운데에 인간의 모습을 취하고 나타난 화신이지만, 아미타불은 법장비구가 과거세에 선행을 행한 공덕의 보은으로 출현한 보신, 즉 이상적인 여래상이다.

이상적이라고 하면 대개 현실과 거리가 먼 것으로 성취되지 못할 것을 사람들이 미리 전제한다고 하였지만, 대승불교에서 타력신앙의 대상인 아미타불은 누구든 이 부처의 명호를 부르기만 하면 정토에 왕생한다고 하는 사실에 대해 누구도 그 성취불가능을 전제하지 않았기에 그토록 오랜 기간, 수많은 사람들에 의해 신앙되어 올 수 있었던 것이다. 즉, 성취가능한 이상세계가 바로 극락정토요, 그 세계의 부처가 아미타여래이다.

그 이상의 성취가능성은 아미타불의 다른 이름인 관자재여래, 또는 관자재왕여래란 명칭을 통해서도 짐작할 수 있다. 관자재보살과 뗄 수 없는 관계에 있음을 알려주는 이 명칭은 아미타불에게 자비라는 특성이 있음을 알려준다. 중생에 대한 무한한 대자대비로 중생들로 하여금 극락이라는 이상적 경지에 이르게 하는 것이다.

이 여래에 대한 신앙은 적게 잡아도 약 2천년의 기간을 헤아릴 수 있으며, 그동안 인도를 비롯한 중국과 한국, 일본 등지에서 수억에 가까운 사람들에 의해 신앙되었다. 대장경 가운데에서도 아미타불과 직접 관련되거나 간접적으로 연관된 경론은 거의 270여부에 달하며, 최근의 연구까지 더한다면 매우 방대한 양이 된다. 이것은 이 여래가 오랫동안 넓은 지역에 걸쳐서 수많은 사람들에게 영향을 끼쳤음을 의미한다.

정토의 교주이며 이상적 세계의 보신으로서 자비를 상징하는 아미타불은 밀교의 들어와서 증보리심을 상징하는 부처로 그 성격이 변화된다. 『금강정경』에

| 무량수여래 |

의한 아미타불은 다섯 지혜 가운데 묘관찰지가 구현된 것으로 지혜로운 방편이 강조되고 있다. 『대일경소』 제4권에 이 부처는 대일여래의 방편지이며 중생계가 다함이 없으므로 방편 또한 다함이 없다. 그러므로 무량수라 한다고 설하고 있다. 결국 최대의 자비는 절대의 경지를 체험케 하는 것이며, 성불에 이르게 하는 것이라 할 수 있다. 그렇다고 하여 중생에게 힘을 가하여 강제로 성불시키는 부처님은 어디에도 없다. 자기 자신의 마음속 성품이 바깥의 연을 만나서 변화할 때에 세속적으로는 구원이며 출세간적으로는 성불에 이르게 되는 것이다. 내

부로부터 자기 변화가 전제되지 않으면 바깥에서 만나게 되는 외연은 그저 미미한 힘일 뿐이다. 즉 스스로 자각하지 않는 한 불도성취란 기대할 수 없다. 그렇기에 대승불교에서 자비를 상징하는 아미타불이 할 수 있는 최대의 역할은 중생들 마음속에 자기 변화를 일으킬 수 있는 힘이 있음을 일깨워주는 일이 될 것이다. 그래서 아미타여래는 밀교에 들어와서 그 자비를 더욱 철저히 수행하기 위해, 대일여래의 방편지로서 안으로 제법의 실상을 비추고 밖으로 중생의 근기를 비추어 그 덕이 무량무변하며 중생에게 이익을 주기 위하여 설법하는 부처님으로 등장하게 된 것이다.

중생의 능력을 묘하게 관찰하여 그에 맞추어 설법하는 특성으로 인해 설법으로 온갖 의심을 끊는 부처님이 바로 아미타여래이다. 이와 같은 중생구제의 염원을 상징하는 부처로 그 무한한 애정을 연꽃의 붉은 색으로 나타낸다.

붉은 연꽃 색이 상징하는 서방의 세계는 바른 지혜와 무한한 사랑을 나타내는 연화부의 세계로써 흡사 연꽃이 진흙 속에서 생겨나도 그 진흙에 물들지 않는 것처럼, 일체가 자성청정의 생명체이고 모두가 하나의 몸인 것을 미묘하게 관찰하는 묘관찰지의 경지를 가리킨다. 연화부는 중생의 마음 가운데에 본래 정보리심의 청정한 이치가 이미 구족되어 있으므로, 생사윤회에 빠져있을지라도 물들지 않고 더럽혀지지 않는 것을 연꽃에 비유한 것이다.

이와 같은 역할을 『약출염송경』에서는 아미타불의 공작좌로 상징하고 있다. 아미타불의 자리를 공작좌로 한 것은, 공작이 독사를 잡아먹기 때문에 재난이나 액운의 제거를 상징하는 것으로 볼 수 있다. 『금강정경의결』에서는 세간에서 공작새를 상서로운 날짐승으로 여기는데, 이 날짐승은 아름다우며 갖가지 색을 갖추고 있기에 전법륜왕은 이를 자리로 삼아 대법륜을 굴린다고 한다. 인계에 대해서는 『제불경계섭진실경』에 모든 산란한 마음을 없애는 수인이라고 한다. 이

인을 맺고 나서 서방 무량수여래의 삼매에 들어 나의 몸과 무량세계의 모든 부처님과 보살들과 온갖 중생, 그리고 산천초목 모두가 붉은 연꽃의 색이라고 관하면 행자 및 모든 중생으로 하여금 산란한 마음을 제거하여 삼매에 들게한다고 설한다.

본래 청정한 중생에게는 그 청정을 드러내주면 되는 것이다. 그래서 서방 아미타불은 그 지혜의 덕과 설법을 통하여 중생들의 의혹을 끊어주기 위해서 사방에 4친근의 네 보살을 시현하니 이들이 연화부의 대표적 존이다. 이들 네 보살의 활동을 통하여 중생 마음속 성품이 변화되도록 돕는 대자대비한 덕이 세계에 무한하게 펼쳐진다.

⑤ 불공성취여래
※ 반드시 성취하는 부처님 ※

어떠한 일이 지나고 나면 대개의 사람들은 지나온 일을 돌이켜보며 기대한 바에 얼마나 충족되었는가를 알게 된다. 그의 돌이킴 속에는 과거의 노력에 대한 자부심 못지않게 반성이나 후회가 따라온다. 혹 이런 생각을 하는 경우도 있을 것이다. '그때 그 일을 성취하지 못하여서 그에 들어간 노력은 정말 쓸모없는 헛된 일이었다'고. 이런 생각이 들게 되면 쓸데없이 낭비한 노력에 대한 아쉬움과 함께 앞으로는 반드시 성취하겠다는 자각이 생겨나게 된다. 그러나 그러한 생각과 달리 우리는 어떠한 일에 맞닥뜨릴 때 이것을 성취할 수 있을지, 또 실패하여 헛된 일이 되는지 잘 알지 못한다. 그리하여 거듭 실패를 반복하는 가운데 지혜가 생겨나서 점점 그 실패의 횟수가 줄어들지언정 완전한 성취를 이루기는 쉽지 않다. 정말 완전한 성취는 어려운 것인가!

우리는 이 방면의 지혜를 금강계오불 가운데 불공성취여래에게서 구해보기로 하자. 불공성취는 아모가싯디(Amogha-siddhi)라 음역하고 불공대모나라고도 의역한다. 이 여래의 명칭에서 불공이라 함은 그 완성이 공에 지나지 않는 것임을 나타내지만, 다시 말하면 반드시 성취하는 것이란 의미를 지닌다. 일체의 번뇌를 끊어 없애고 중생교화의 사업을 원만히 성취해서 헛됨이 없기 때문이다. 만일에 중생 가운데 교화의 목적을 달성하지 못할 중생이 있다면 헛된 일이 있을 수 있겠지만 일체중생실유불성(一切衆生悉有佛性)이라 하듯이 일체의 중생은 모두 불성을 지니고 있으므로 어떠한 경로와 방법으로든 교화에 임하는 것은 완전한 성공의 가능성을 가지고 행하는 사업이 된다. 불공성취여래는 바로 이렇게 절대로 헛되지 않은 중생교화사업을 펼치는 부처님이다.

사방사불의 하나로서 금강계만다라의 북방 월륜에 머무는 불공성취여래는 석가여래, 그리고 태장만다라의 천고뢰음여래와 동체이며 근본서원을 같이 한다. 불공성취불이 석가여래와 동체이면, 여기에서 굳이 이 부처의 유래에 대하여 살필 필요는 없다. 그것은 초기의 『아함경』을 비롯한 대부분의 불교경전이 주존을 석가모니로 하고 있으며 그 유래가 널리 알려져 있기 때문이다.

태장만다라에서 석가여래를 천고뢰음여래라고 하는 것은 석가여래의 설법을 천계에 있는 북이 저절로 울려서 우레와 같은 소리를 내는 것에 비유한 것이다. 보통 부처님의 설법을 사자후라고 하는 것은 백수의 왕인 사자가 모든 짐승들을 제압하는 것처럼 부처님의 논설이 모든 외도들을 압도하기 때문이다. 그러나 땅에서 울리는 사자후보다 하늘에서 울려퍼지는 천고뢰음은 보다 강조된 표현으로서 중생들에게 벅찬 감동을 주어서 불도로 이끈다는 설법에 의한 중생교화활동을 상징하고 있다.

　이와 같이 불공성취여래의 활동성이 강조되는 것은 불공성취불이 대일여래의 성소작지(成所作智)를 인격화한 존으로서 사업성취의 덕을 담당하였기 때문이다. 성소작지란 온갖 행위를 지어 행하는 우리들의 눈·귀·코·혀·몸으로 행하는 감각적인 모든 인식을 돌려서 얻은 지혜이다. 이 지혜는 십지 이전의 보

| 불공성취여래 |

살과, 이승, 범부 등을 위하여 시방에서 삼업으로 여러 가지 변화하는 일을 보여 각기 이로움을 얻게 하는 지혜로서 석가모니불이 출세하여 중생을 교화하신 것이 바로 성소작지의 실현인 것이다. 중생들로 하여금 보고 듣고 느끼고 알게 하는 사업은 현실적으로 중생들과 똑같은 행위이지만 불공성취란 명칭이 말해주듯이 그 완성은 공(空)에 지나지 않는 것이면서도 중생들을 위한 감화가 반드시 성취하는 것이란 의미를 지닌다. 곧 여래의 무한한 활동과 공덕을 구체적인 가르침을 통해 나타내는 부처로서 이로 인해 일체의 번뇌를 단멸하고 사업을 원만 성취해서 헛됨이 없기 때문에 불공성취여래라고 한다.

이와 같은 양상을 『금강정경』에서는 비로자나여래가 가장 뛰어난 갖가지의 활동을 성취하는 삼매에 들어 어깨위로부터 다섯 가지 색의 광명을 내어 북방의 한량없는 세계를 비춘다고 불공성취여래의 활동과 공덕을 상징적으로 표현하고 있다. 『화엄경』의 「여래현상품」에서 설하는 것처럼 여래가 각종 다양한 방법으로서 광대한 여래 몸의 모습을 드러내는 것은 중생으로 하여금 무한한 감동을 주어 신심을 구족하게 하고 불도로 이끌어 들여 성취하게끔 하려고 하는 것이다. 그래서 밀호를 실지금강, 또는 성취금강이라고도 하며, 『성위경』에는 불공성취불의 가지에 의하여 모든 불사와 중생들을 위해서 행하는 이로운 일을 모두 다 성취하는 불공성취불의 묘용을 설하고 있다.

그 묘용은 인계를 통해서도 볼 수 있다. 불공성취불이 맺는 시무외인은 설법을 통하여 중생이 가지고 있는 두려움을 제거하도록 하는 것과 깨달음을 향해서 정진하게 하는 활동적인 성격을 나타낸다. 이 인계를 두려움이 없다는 뜻의 무포외인이라고도 하는데 『제불경계섭진실경』에는 이 여래의 인이 무포외인인 이유를 다음과 같이 설명하고 있다.

"어떤 인연으로써 무포외라 이름하는가 하면 네 가지 뜻을 갖추었으므로 무포외라 부른다. 첫째는 중앙의 비로자나여래가 무명의 암흑을 멸해서 반야바라밀 등의 다함없는 허공계를 꿰뚫는 광명을 출생하기 때문이다. 둘째는 동방의 부동여래가 온갖 비나야가와 악마, 귀신 등을 굴복시켜 모두 꼼짝못하게 하기 때문이다. 셋째는 남방의 보생여래가 빈곤과 궁핍을 제거하여 천계의 궁전, 천계의 음식, 천계의 의복, 천계의 음악을 보시하여 모두 다 원만하게 하기 때문이다. 네째는 서방 무량수여래가 수행자에게 삼매의 큰 즐거움을 주기 때문이다. 비유하면 시방허공이 한량없고 다함없음과 같고, 또한 중생이 한량없고 다함없음과 같으며, 역시 번뇌가 한량없고 다함없음과 같아서 이와 같이 유가행자의 삼매의 큰 즐거움도 역시 한량없고 다함없다. 이와 같이 네 가지 뜻을 구족하고 원만케 하는 것이다."

즉 오불에서 앞의 네 분 부처님의 활동이 다섯 번째 불공성취여래의 활동에 의해서 구족하고 원만하게 되는 것이다. 『대일경』에 보리심을 인으로 하고 대비를 근으로 하며 방편을 구경이라고 하였듯이 금강계만다라의 오불이 출생하는 것은 궁극적으로 설법을 통해서 중생이 가지고 있는 생사에 대한 근본적인 두려움을 포함한 모든 번뇌를 제거하여 깨달음에 이르도록 함에 있다. 모든 번뇌를 제거함이란 바로 열반의 성취이며, 궁극의 깨달음에 이르는 것을 의미하므로, 불공성취여래는 깨달음으로 향해 나아가는 활동을 통하여 마음에 어떠한 공포도 없는 자재를 성취하도록 하는 최상의 행위를 보인다.

삼매야회에서 보여지는 이 여래의 삼매야형은 오고저 위에 갈마저가 있는 형태이다. 오고저는 좌우의 오고(五鈷)를 통해서 부처와 중생의 오지(五智)가 본래

하나임을 나타내며, 갈마저는 현재 진각종의 심인당
난간에서 보여지는 형태로 열십자[十字]로 된 금
강저이다. 십자는 사방으로 확산되는 구조이기
에 갈마저가 상징하는 것은 여래의 활동이 중생
을 향해서 빛이 사방으로 퍼지듯 무한히 발산되
는 모습이다.

불공성취여래가 속한 갈마부는 그 명칭에서 알 수 있듯
이 불보살이 중생을 위하여 일체의 교화사업을 성취하는 것을 담당한다. 이것을
삼무진장엄(三無盡莊嚴)이라 하는데 신ㆍ구ㆍ의의 삼밀활동에 의해 제각기의
역량[業]으로, 중생을 교화하여 이상적인 세계를 창조하겠다는 서원이다.

그 서원을 성취하기 위하여 북방 불공성취불은 일체 사업성취의 활동을 나타
내는 네 보살을 사방에 시현한다. 즉 앞에는 금강업보살, 오른쪽은 금강호보살,
왼쪽은 금강아보살, 뒤쪽은 금강권보살 등 네 보살을 둔다. 이들 갈마부의 네 보
살은 주존인 불공성취불의 성격에 따라 일체의 사업성취의 덕을 관장하며, 중생
에 대해 끊임없이 일체의 사업을 이루고 성취시킴을 나타낸다.

이 여래의 좌에 대해서는 『약출염송경』에 '그 북방에는 위에서 설한 바와 같
은 가루라좌가 있는데 불공성취불이 그 위에 앉는다고 관해야 한다' 라고, 불공
성취불의 방위와 자리를 알려주고 있다. 가루라는 하늘을 나는 새로 무한한 자
유의 활동을 의미한다. 『금강정경의결』에서는 '이 새의 위력이 사대해에 머무는
모든 용들을 항복시키므로 불공업왕(不空業王)은 이로서 자리를 삼아 지혜의 활
용을 나타낸다' 라고 하여 불공성취여래의 자리를 가루라로 삼은 근거를 보이고
있다.

실로 다함없는 중생계를 교화하는 것은 어려운 일임에 틀림없으나, 불공성취

여래와 같은 지혜와 능력으로 임할 때에 중생 모두를 성불케하고자 하는 것은 결코 헛되지 않을 것이다. 또는 아직 그러한 능력을 갖지 못한 우리 중생들일지라도 우리가 행하는 일체의 활동에서 중생교화를 염원하며, 그 일체의 공덕을 중생교화에 회향코자 한다면, 그 모든 활동이 최상의 가치를 부여받게 될 것이 틀림없을 것이다.

Ⅲ

사바라밀보살

1. 사바라밀보살

6 금강바라밀보살
❋ 크고 둥근 거울과 같은 금강의 지혜 ❋

거울이란 참 편리한 물건이다. 우리는 스스로의 얼굴을 보기 위해서 거울을 보며 또는 반대편의 모습을 보기 위해서 거울을 보기도 한다. 자신의 모습을 볼 수 있는 방법으로는 사진도 있으나 사진이란 지나간 나의 모습이므로 현재의 내 얼굴을 확인하기 위해서는 거울이 반드시 필요하다. 눈은 모든 것을 보지만 거울을 통하지 않고서는 눈이 눈을 보지 못하는 것처럼 나의 모습을 볼 재간이 없다. 우리는 거울 속에서 나의 시선과 반대방향으로 되비추어주는 영상을 보면서 그 거울 속의 모습이 나의 모습과 일치한다고 생각한다. 우리는 이렇게 시선을 반대방향으로 돌릴 때 우리 자신을 볼 수 있다. 반대로 향하는 시선이 자신을 보게 하는 것이다. 그렇다면 거울을 볼 때 외에는 자신에게 향해지는 반대로 향하는 시선은 따로 없는 것일까?

다른 이들이 나를 볼 때에 그 시선은 나의 방향과는 정반대이다. 알고보니 내가 마주치는 모든 존재들은 나의 시선과 마주치는 방향에 있었다. 하나의 예를 들어보자. 집에서 키우는 강아지가 집에 돌아오는 나를 정겹게 맞이한다. 평소에 강아지에게 먹이를 주고 놀아주고 잘 대해주었던 것이 강아지의 환대로 돌아온 것이다. 강아지의 눈에 나는 마음 좋은 사람, 가까이 하면 여러 가지로 이로운 존재로 비추어졌던 것이다. 우리 이웃이나 직장의 동료들도 마찬가지이다. 내가 해준 대로 모든 것을 반영한다. 좋은 친구와 좋은 동료는 알고보면 내가 좋은 친구였고 좋은 동료였기 때문이다.

그러고 보니 세상 모든 존재들은 거울처럼 각각 모든 존재를 비추어낸다. 그러나 그 비춤에는 차별이 있다. 자신이 좋아하는 대로, 그리고 자신이 알 수 있는 한계까지만 나의 거울은 비추어낸다. 여성과 남성, 또는 소년과 장년의 기호도에 따라 대상 가운데 일부만이 비추어지고, 컴퓨터를 잘 다룰 줄 모르는 사람이 컴퓨터에서 나오는 정보를 제대로 비추지 못하지만 전문가는 모두 파악하는 것처럼 우리는 아는 대로 대상을 비춘다. 알고 보니 모든 것이 그와 같아서 우리는 좋아하는 것만, 그리고 아는 것만 비추는 자신만의 차별화된 거울을 갖고 있었다. 그 차별화된 능력 덕분에 우리는 세상이 괴롭기도 하면서 즐겁기도 하며 모든 것이 다 내 뜻대로 되지 않는다고 알고 있다. 또는 무엇인가를 갖기 위해서 노력하다가도 헛된 욕심 때문에 눈앞의 일을 제대로 보지 못하고 낭패를 겪기도 하였다. 사라져갈 것이 뻔한 데도 계속 붙잡으려고 애를 쓰다가 결국은 놓치고 말았다. 우리가 지니고 있는 거울은 이렇게 밖에 보지 못하는 가엾은 거울이었기에 우리는 세상의 모습을 제대로 보지 못하고 세상을 원망하며 아집만 키우고 살았다.

만일 모든 것을 차별없이 수용하고 어떠한 영상에도 물들지 않는 크고 깨끗한 거울이 있다면 어떠한 작용을 할 것인가?

아마도 다음과 같은 특징을 드러낼 것이다. 첫째, 모든 사물을 거짓 없이 있는 그대로 비추어 낼 것이다. 둘째, 온갖 사물의 선과 악·아름다움과 추함·흑과 백·크고 작음·길고 짧음·물들음과 청정을 차별없이 모두 비추어 낼 것이다. 셋째, 어떠한 사물이 다가와도 거부하지 않고, 사물이 가버려도 붙드는 일이 없을 것이다. 넷째, 아무리 많은 사물을 비추어도 거울 자체에는 변함이 없을 것이다. 다섯째, 대상이 나타나면 시간적 차이를 두지 않고 즉각적으로 비추며, 대상이 가버릴 때에도 곧바로 대상의 자취를 남기지 않을 것이다.

이와 같은 특징을 갖는 거울은 부처님의 가르침을 전하는 데에 줄곧 사용되어 왔다. 거울 속의 영상은 실체가 없는 것이므로 무자성·공에 비유되었으며, 거울 속의 영상은 빛·거울·대상이 인연화합하여 나타난 것이므로 연기의 이치에 비유되었다.

그리하여 거울은 지혜의 상징이 되었다. 지혜로운 거울이라면 우리가 간직했던 분별로 얼룩진 거울이 아니라 모든 존재를 다 쓸어안는 청정하고도 큰 거울이어야 할 것이다. 원래 강아지가 거울이고, 이웃도 거울이며, 모든 사람들이 거울일 때에 우주의 모든 존재는 거울이 되어 모든 것을 서로 서로 겹겹이 비추고 있었다. 낱낱의 거울은 각각의 차별화된 경계를 비춘다고 여겼지만 사실은 모든 것을 이미 비추었던 것이다. 각각의 거울이 분별을 떠난다면 모든 거울을 다 포용한 거대한 크고 둥근 거울이 되어 온 우주 전체를 비출 것이다. 이와 같이 모든 것을 비추는 크고 둥근 거울과 같은 지혜를 불교에서는 대원경지(大圓鏡智)라고 한다.

그 지혜는 밝은 거울처럼 무심이며, 물든 바 없어서 주관과 객관에 집착하지도 않고, 청정한 까닭에 보는 것을 그대로 비출 수 있는 지혜이다. 또한 어느 것에도 물들지 않기에 쉽게 더러워지지 않는 부동의 성격을 지닌다. 이 성격이 강조되어서 금강이라는 또 하나의 특징을 부여할 수 있다.

금강이란 가장 견고한 물질을 찾던 고대인도인들의 고뇌에서 파생된 개념이다. 현재 강인한 금속을 대표하며 우리 주변에서 흔히 볼 수 있는 것으로 철이 있다. 무기를 만들거나 기구를 사용할 때에 사람들은 주로 철을 사용하지만 철의 경우에도 녹이 슬고 불에 녹으며 더 강한 물질을 만나면 깨진다. 여기에서 철보다 더 견고한 물질에 대한 바램이 나온다. 요즘에는 철보다 가볍고 강한 물질이 여러 가지 개발되어 있지만 그 옛날 인도에서는 그러한 물질을 쉽게 구할 수 없었다. 그리하여 보석처럼 견고하면서 쉽게 부서지지 않는 금속에 대한 열망은 가장 견고한 물질이라는 금강(金剛, vajra)이라는 개념으로 전개되었다. 이 금강은 무엇으로도 이를 파괴할 수 없으며, 다른 모든 것을 파괴할 수 있는 힘을 가지고 있다고 한다. 이것은 일종의 상징으로서 견고하여 무엇이든지 깨뜨리고 어떤 물건한테도 깨지지 아니함을 금강에 비유할 뿐이지 지구상에는 몹시 단단하여 결코 파괴되지 않는 물질은 존재할 수 없다. 텅 비어 있는 공한 성품이야말로 형체가 없기에 무엇도 이를 깨뜨릴 수 없으며, 세상의 그 어떤 것이라도 자체의 고정된 성품이 있는 것이 아니라 인연 따라 생성되는 공한 것이기에 무엇이든지 이룰 수 있다. 불교도들은 이러한 점에 착안하여 세상에서 제일 강한 것으로 공성(空性)을 금강이라 하였고, 금강으로 만들어진 무기인 금강저가 세상의 모든 물질들을 부수는 것을 불교의 가르침인 공(空)이 모든 외도들을 무찌르는 것에 비유한 것이다. 따라서 경론 가운데에서는 금강견고·금강불괴 등으로 부르고 견고함의 비유로 사용한다.

　따라서 지구상에 있는 물질로 금강이라는 이름을 가질 것은 없다. 다만 그 특징 가운데 하나를 담아서 보석 가운데 다이아몬드를 금강석이라 하기도 하였다. 이 보석은 현존하는 가장 단단한 보석으로서 다른 보석들을 연마하는 데 사용할 정도로 강인하다. 또한 무색투명한 물질로 햇빛이 비치면 여러 가지 빛깔을 나타내므로 그 기능이 자재한 것에 비유가 된다. 이 특징을 가져오면 금강으로 만들어진 거울은 어떤 유혹에도 흔들리지 않고 삼라만상을 있는 그대로 비추어낼 수 있는 부동의 거울이라는 상징성을 일부나마 반영할 수 있다.

　이와 같이 다이아몬드처럼 견고하고도 보석처럼 빛나며 자재한 거울과 같은 지혜, 대원경지를 바탕으로 하는 보살이 금강바라밀보살이다. 그 지혜는 거울에 한 점의 티끌도 없이 삼라만상이 그대로 비추어 모자람이 없는 것과 같이, 원만

| 금강바라밀보살 |

하고 분명한 지혜이며, 마치 금강이 견고하여 어떤 물질이든 깨뜨리지 못할 것
이 없는 힘을 가지고 있는 것처럼 어떤 단단하고 미혹한 번뇌일지라도 다 깨뜨
리는 지혜이다. 밀교에서는 이것을 특별히 금강의 지혜라고 한다. 금강바라밀보
살은 대일여래를 모시는 네 보살 가운데 대표가 되는 보살로서 여기서 금강은
견고한 보리심으로 '비로자나불의 생명'을 상징한다. 이 금강과 같은 우주 생명
은 견고하다고 하여 고정된 것이 아니라 늘 깨어서 움직이는 것이다. 이 보리심

은 대비로자나의 신구심금강으로 온 우주에 충만한 것이며, 우주에 충만한 금강과 같은 보리심이 구체적으로 표현된 것이 금강바라밀보살이다.

『인왕반야다라니석』에서는 '이 보살은 금강륜을 지니고 있다. 비로자나불이 성불하시고 나자, 이 보살이 여래께 금강승의 법륜 굴리시기를 청한다. 이 법륜반야선에 올라타고 생사에 유랑하는 이 언덕에서 한량없이 수많은 중생들을 싣고서 머무름 없는 저 열반의 언덕에 이르게 한다'고 하는데, 중생들을 열반에 머물게 한다는 것은 윤회를 초월하여 불국토에 태어나게 하는 것이므로, 금강바라밀은 비로자나불의 한 측면인 아촉불의 속성인 보리심의 활동을 나타내며, 이 금강바라밀에서 일체의 보리심여래가 출생한다고 할 수 있다. 이것은 아촉여래가 내심에서 금강바라밀인을 증득하고 그 금강바라밀인으로부터 일체세계에 티끌처럼 많은 여래신을 출현하고, 이 몸으로써 스스로 성취한 바의 대원경지를 완성한다는 것으로 금강바라밀의 묘용이 된다. 동방 아촉불이 시현한 금강바라밀은 비로자나불의 앞 월륜에 머무르며 금강과 같은 정보리심의 활동을 체로 하고 일체중생의 대보리심을 맑히는 작용으로 대일여래에 공양한다. 인계와 관상이 다 아촉불과 같은데 이것은 아촉불의 서원에 바탕하여 보리심의 활동을 촉진하는 매개의 공능을 구체화한 것이다.

7 보바라밀보살

※ 모든 것에서 평등하게 보배의 성품을 보는 지혜 ※

불교경전에서 자주 보이는 마니라는 용어는 산스끄리뜨 mani의 음역으로 보배구슬의 총칭이다. 마니가 중국인들에게 낯설기 때문에 여기에다 보주라는 한자가 혼합된 것이 마니보주이니 이 두 낱말은 같은 보배라는 뜻이다. 이 구슬은 용왕의 뇌 속에서 나온 것이라 하며 일반적으로 마니에는 불행, 재난을 없애고 혼탁한 물을 맑히는 등의 덕이 있다고 한다. 특히 생각대로 진귀한 보물을 낸다고 하는 보배구슬을 여의보주, 또는 여의주라 하며, 이것을 마니보주라 하기도 한다. 여의보주는 그것을 지니는 사람의 모든 소망을 이루어 준다는 보배구슬로서 보통 지장보살과 용이 지니는 지물로서 불상이나 불화 등에 등장한다.

그런데 보배라고 하면 불교의 이미지와 먼 것이 아닌가 하고 생각해볼 수 있다. 왜냐하면 출가자는 돈이나 보배를 저축하지 못하게 하기 때문이다. 그러나 보배를 갖지 못하게 하는 것은 수행하는 데에 장애가 없도록 하기 위함이고, 실제로는 모든 불보살과 법이 숭고하고 존귀함을 형용하는 데에는 언제나 보배를 사용한다. 예컨대 부처님의 자리를 보좌라고 칭하거나 모든 불보살의 장엄한 모습을 보배의 모습이라 하며, 진여청정한 불성을 보배의 성품이라 하고, 부처님과 부처님의 가르침, 그리고 부처님 법을 따르며 전하는 스승, 이 셋을 삼보라 하거니와 이 셋은 우리에게 없어서는 아니될 귀중한 보배이다. 또한 여러 경론 중에는 모든 불보살 및 그 국토를 각종 영락과 보물로 장식하는 일을 서술하고 있다. 그 가운데에 5보라는 명칭이 경론 가운데 널리 보인다. 5보는 글자 그대로 다섯 종류의 보물을 가리킨다. 즉 금 · 은 · 호박 · 수정 · 유리이다. 밀교에서는 단을 건립하고 수법을 행할 때에는 반드시 5약 · 5향 · 5곡과 5보 등을 단 아래에 매장하며, 혹은 관정할 때에 5보를 단의 5병 속에 넣는다. 이렇듯 보배를 사용하는 것은 불법의 가치가 높고 귀함을 상징적으로 드러내는 방법이기도 하다. 그런데 불교의 가르침에 의하면 세상 모든 존재는 보배와 같이 모두 귀한 존재들 뿐이다. 그 하나의 예로서 꽃을 들어보자.

꽃은 아름답기에 장식용으로 수요가 많다. 그래서 기념할만한 날에는 꽃으로 장엄한다. 꽃집에 가면 여러 가지 꽃들마다 독특한 개성을 갖고 꽃말을 가지고 있는 경우가 있으며, 각각 의미가 다르기에 사람들은 그 꽃 중에서 기념일에 알맞은 꽃을 사간다. 꽃값도 각기 달라서 크고 아름답거나 많은 사람들이 애호하는 꽃, 기르기 힘든 꽃 등은 값이 꽤 나간다. 값이 나가는 것을 가치라고 하거니와 꽃집의 꽃은 각각의 경우에 따라 그 가치가 매겨진다.

그런데 산과 들에 피어나는 꽃 중에는 절대로 꽃집에서 팔리지 않을 꽃들이 허다하다. 장식하기에 알맞지 않거나, 별로 아름답지 않거나, 어떤 꽃인지 잘 보이지 않는 등등의 이유로 그저 봄철에 피어났다가 별 관심없이 사라지고 마는 꽃들이 많다. 이런 꽃을 구입하기 위하여 값을 지불하는 경우는 없다. 그렇다면 꽃에도 꽃집주인이나 꽃을 사가는 사람의 입장에서 가치가 있는 꽃과 없는 꽃으로 나누어 볼 수 있을 것이다. 그러나 이름 없는 꽃일지라도 그 꽃이 어떻게 해서 생겨났는가 생각해보면 우리는 불교에서 말하는 연기의 가르침에 따라 다음과 같은 내용을 유추할 수 있을 것이다.

언제인가 그 꽃의 씨앗이 그 자리에 자리 잡아 토양과 기후와 수분이라는 조건을 충족한 뒤에 싹이 피어나 꽃을 피운 것이다. 그 꽃만 그러한 것이 아니라 모든 꽃이 다 평등하게 인(因)과 연(緣)을 갖추어 꽃으로 피어났다. 인연으로 생겨 일어난 모든 것들은 그 자리에 있어야 할 당위성을 갖는다. 들판에 피어난 어떤 꽃이라도 그 자리를 차지할 권리를 지닌 존재라는 것이다. 이 사실을 모르는 꽃집 주인은 하찮게 여겨지는 꽃들을 뽑아버리고 그 자리에 자신의 관점에서 가치가 나갈 꽃씨를 뿌릴지 모른다. 이러한 의미를 모든 존재에 결부시켜보면 세상의 어떤 것이든 우리 눈앞에 보여질 때에는 존재해야 할 당위성을 지닌 것이지만, 이름없는 꽃을 뽑아버리는 꽃집 주인처럼 그 존재의 지속여부를 결정짓는 인간의 행위는 탐욕 등 욕망에 의해 움직여지는 것일 뿐이다. 연기적인 사고방식으로 바라본다면 실로 모든 것은 존재해야 할 당위성을 지니며 무한한 가치를 가진 보배처럼 귀한 존재이다.

그 보배는 세간의 금은방에서 사고파는 보배와는 다르다. 불교에서 보배는 또 다른 깊은 의미를 지니고 있다. 모든 존재가 연기한다는 것은 그 자체로 불변하는 특성이 없이 인연따라 변화함을 말하는 것으로 고정된 성품이 없다는 뜻이다. 중생이라 하여 중생의 성품이 있는 것이 아니며, 보살이나 부처라 하여도 고정된 성품이 있는 것이 아니다. 그래서 중생은 부처가 될 수 있다. 이러한 가능성을 여래장이라고 하거니와 중생은 모두가 평등하게 여래장을 품은 존재이다. 불교경전에서 많이 사용되는 보배의 개념은 바로 보석과 같은 여래장을 의미한다. 『화엄경』에서 중생과 마음과 부처가 무차별이라고 설하고 있는 것처럼 모든 것은 평등하다. 현상적으로 차별되어 보일지라도 모든 것의 평등한 근원을 바라보는 지혜가 바로 보바라밀의 평등성지이다.

밀교에서 다섯 가지 지혜의 하나인 평등성지는 제7 말라식을 돌려서 얻은 무루의 지혜이다. 우리 삶의 전체를 보지 못하고 그 가운데 어느 부분이나 사회가 요구하는 것만을 절대화시키는 것이 말라식의 작용이다. 말라식의 자기화는 크게 아치·아견·아만·아애의 네 가지이다. 자기 삶을 제대로 보지 못하는 것을 아치라 하는데 자기 삶에 대해서 무지하며 진정한 깨달음의 삶도 보지 못한다. 그런 삶 속에서 나와 너라는 대립개념이 생기는 것이 아견이다. 그리고 나는 잘

났네, 너는 못났네 하면서 나를 감싸는 것이 아애이다. 서로서로 비교하는 가운데에 자신을 높게 세우는 것이 아만이다. 이와 같이 말라식이 번뇌로서 다양하게 차별된 견해를 일으켜 고뇌를 받는데 이 차별된 견해를 떠나 평등성을 비추어 보는 지혜를 평등성지라 한다. 이 지혜는 남방 보생불의 지혜로서 보생불로부터 파생된 보바라밀보살의 지혜이기도 하다. 그 지혜는 일체 모든 법과 자기나 다른 유정들을 반연하여 평등 일여한 이성을 관하고 남이니 나이니 하는 차별심을 여의어 대자대비심을 일으키며, 보살을 위하여 가지가지로 교화하여 이익케 하는 지혜이다. 이른바 제7식이 무아에서 노닐기 때문에 평등하게 포섭하지 못할 것이 없다. 그리고 동체지로써 한량없는 중생을 정각의 세계로 인도한다. 그래서 『금강정경』에서는 평등성지 보바라밀의 밀호를 '평등금강'이라 하며 중생들 모두에게 부처가 될 가능성이 있음을 자각시키기 위해 금강보배의 관정을 펼치는 보바라밀의 출생을 다음과 같이 밝히고 있다.

"이때에 보생여래는 대비로자나여래십과 일체여래의 지혜로 인하여서 곧 보바라밀다삼매로부터 출생한 금강보배의 삼매에 드신다. 이 삼매 가운데에서 곧 큰 보배의 광명을 나타낸 지금강자는 이 보배광명 가운데에서 일체세계에 극히 미세한 티끌처럼 많은 여래상을 이루고, 금강보배의 형상을 출현시키고 대비로자나여래의 오른쪽 월륜 가운데에 머문다."

이 글에 의하면 보바라밀다삼매에서 금강보의 형상을 출생하는데, 이것은 결국 보바라밀과 일체여래의 금강보배삼마지로부터 전개되는 보배관정의 신변을 설한 것이다. 일체여래심으로부터 보금강녀를 출생하자마자 바로 보광명을 내고, 그 보광명으로부터 저 바가범지금강이 일체세계의 먼지처럼 수많은 여래의

| 보바라밀보살 |

상호신을 출현하는 것이기 때문에 일체여래와 지금강자가 서로 인이 된다는 뜻을 나타내고 있다. 그리고 여기에서의 일체여래지는 평등성지이다. 보생불이 내심에서 보바라밀을 증득하고, 이 보바라밀인으로부터 수없이 많은 법계와 같은 몸을 시현하며, 이 몸으로써 스스로 이룬 바의 평등성지를 완성하신다고 하는 것으로, 말을 바꾸면 보생불의 시현인 보바라밀은 보리심의 활동으로 생겨나는 무량의 복력을 갖고 대일여래에 공양함을 상징하는 존격이다.

여기에서 보란 재보로써 비로자나불의 장엄상
을 상징하는 말이다. 따라서 보바라밀은 비로자
나불의 무진장엄상과 보생불의 속성인 공덕취
의 활동을 나타낸다. 앞에서 금강바라밀이 무한
한 보리심여래를 출생시키듯이, 빛나는 보배관정
의 활동을 일체화한 이 보바라밀에서 일체의 공덕취

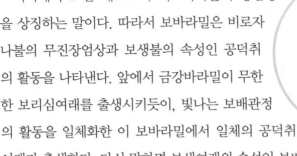

여래가 출생한다. 다시 말하면 보생여래의 속성인 보배를 가지고 공양하는 보시
바라밀의 가르침을 나타낸 보살이 보바라밀이다. 그래서 수인도 보생불과 같다.
금강계만다라 성신회에서 보바라밀의 존상은 왼손으로 보배를 얹은 연화를 가
지며 갈마의를 입고 있다.

⑧ 법바라밀보살
❊ 오묘하게 관찰하는 지혜 ❊

우리가 대상을 바라보면서 느끼는 것은 한결같지 않다. 봄철에 피어나는 하얀
목련을 바라보면서 누군가는 슬픔을 느끼기도 하고 또 다른 사람은 맑고 정갈한
꽃이라 하면서 기뻐하기도 하며, 또는 아무렇지도 않은 사람 등 여러 가지의 인
식이 있을 수 있다. 우리는 이것을 통해 각 개인의 받아들임은 현저한 차이를 갖
고 있음을 알 수 있다. 만일 어떤 사람이 붉은 장미를 보고서 좋은 일이 있었다
면 그 기억이 붉은 장미를 볼 때마다 떠올라 장미가 특별히 아름다운 꽃으로 인
식되기도 한다. 그러나 정반대의 경우도 생각해 볼 수 있다. 장미가시에 찔려서
아파본 사람은 장미를 볼 때마다 고통스러운 기억이 떠올라 장미의 아름다움에

는 관심을 가질 수 없는 경우도 있을 것이다. 보는 것만이 아니다. 김치와 같이 매운 음식을 먹을 때 느끼는 감각은 이를 좋아하는 사람에게는 즐거움을 주지만 그렇지 않은 경우 고통스러운 일이 된다.

이렇듯 시각을 비롯한 모든 감각에는 내가 들어가 있다. 내가 본다거나 내가 듣는다, 내가 느낀다 등은 모두 자기의 경험을 바탕으로 해서 대상을 본다는 말이다. 우리가 보는 대상에 나의 기억이 겹쳐진다는 것은 나를 분별해서 대상을 인식한다는 것이 된다. 그래서 사람들은 아는 만큼 보이고, 좋아하는 만큼 보이고, 자기 그릇만큼 보여서 주관적인 감각수용에 의해 외부대상을 인식하는 것이다. 결국 우리가 감각을 통해서 외부대상을 받아들이는 것은 '나' 라는 분별과 함께 하는 일이 된다.

시각에 '나' 라는 분별이 들어가 있기 때문에 남의 시선에 신경을 쓰며, 청각에도 '나' 라는 분별이 있기 때문에 다른 사람 앞에선 음악을 듣더라도 이 음악을 듣는 것이 자신의 이미지를 훼손하지 않도록 고상한 음악을 들으려고 한다. 후각, 미각, 촉각도 마찬가지이며 의식도 모두 '나' 라는 분별에 의지한다. 그래서 이 여섯 가지 마음은 항상 자아에 물들어 있다. 자아에 물들어 있다는 것은 있는 그대로 감각을 수용하지 못한다는 말이다.

그렇다면 자아에 물들지 않은 순수의식은 어떻게 인식하는가? 먼저 대상이 되는 존재는 어떠한 모습인지 수많은 불교경전에 설해진 바에 의하면 모든 물질적이거나 비물질적 존재는 실체가 없는 공(空) 그 자체이다. 마치 김춘수시인의 시에 나오는 꽃과 같은 존재이다.

내가 그의 이름을 불러주기 전에는
그는 다만 하나의 몸짓에 지나지 않았다.

내가 그의 이름을 불러주었을 때

그는 나에게로 와서 꽃이 되었다.

　나의 눈앞에 나타난 모든 것들은 내가 바라볼 때 존재로서 인식되는 것이다. 세상에 있는 모든 것들은 물질이든 마음이든 끊임없이 흐르는 변화로 존재하며 우리가 그 대상을 인식할 때에 그 대상은 우리에게 존재로 다가온다. 인식은 그러한 대상에 모습을 주고 의미를 주고 명칭을 주어서 끊임없는 흐름을 정지시킨 채로 인식한다.

　그러나 그 모든 것들은 인연따라 생겨난 것이며 변화하는 것이며 사라지게 되어 있다. 다만 하나의 몸짓에 불과한 것이고 모두 허상이기 때문이다. 우리가 눈과 귀와 코, 혀, 몸이라는 감각기관을 통해서 얻은 의식은 순수하게 대상 그 자체가 아니라 전부 우리의 마음 깊숙한 곳에 자리잡은 과거 인식의 그림자로서 '나'라는 분별이 겹쳐진 것이다. 그리하여 그 대상이 환상과 같은 것임을 알지 못하고 실제로 있는 것이라 착각하여 스스로 일으킨 인식에 속박된다. 인식주관과 인식대상이 속박되어 자재하지 못하니 이것을 대상을 분별하는 속박이라 한다. 주관도 환상이고 객관도 환상인데 환상인 줄 모르고 분별 속에 속아서 산다.

　즉 '나'라는 의식이 있으면 우리들의 의식에 영향을 주어 보는 대상마다 '나'라는 분별이 들어가 반응한다. 그래서 반응하는 대상을 인식하는데 인식하는 내용들이 전부 다 분별망상이다. 일체의 법은 모두 허깨비 같고 꿈과 같아서 있는 것도 아니고 없는 것도 아니므로 말을 떠나고 생각이 끊어져 말을 따르는 자가 말하거나 헤아릴 수 있는 것이 아니다.

　이러한 분별망상을 떨쳐버리기 위해서는 다시 우리의 의식을 수행의 주체로 활용해야 한다. 의식은 바뀌어야 하지만 우리는 의식을 통해서 깨닫기 때문이다. 의식 가운데 '나' 라는 의식을 놓아버리고 대상을 인식하면 대상이 환상인줄 알게 된다. 환상이라고 알게 되면 '나' 라는 의식이 힘을 잃고 소멸해버리며, 이때 인식하는 대상을 알고 구별하지 않는다는 것이다. 수행을 통해서 자기 몸도 환상이고 보이는 세계도 환상이라는 것을 알면 절대로 물질이나 형상에 걸리지 않고 모든 것을 새롭고 자유롭게 본다.

이렇게 의식이 자유롭게 관찰하는 것을 묘관찰지라 한다. 묘(妙)란 연기하는 일체의 법은 있는 것도 아니고 없는 것도 아니기 때문에 묘하다. 관찰이란 산란한 경계의 모습을 그치고 인연으로 모든 것이 생겨나고 사라지는 모습을 있는 그대로 관찰하는 것이다. 의식에서 순수함이 익숙해지면 이전에 있었던 '나' 라는 개념을 덧붙인 복합적 인식이 아니라 사물을 대함에 분별없이 바로 관찰이 명백해져서 있는 그대로 알 수 있는 지혜가 생긴다. 이 지혜가 묘관찰지이다. 이때 보이는 대상은 환상이면서 언제나 새로운 것이기도 하다.

그래서 '마음이 항상 새로우면 어떠한 것이라도 항상 새로운 것을 맛볼 수 있다' 고 함은 이와 일맥상통한다. 우리가 의식으로 포착하는 모든 것은 그 순간 세상에 없었던 새로운 상태이기 때문이다. 그래서 모든 존재는 저 나름의 귀한 가치를 지니고 있다. 이러한 가치를 가꾸어가며 살려가는 것은 매번 새로운 마음이 새로운 것을 알아가는 것이다.

묘관찰지는 서방 아미타불의 지혜로서 비로자나불의 수용지혜신을 나타내며, 그 수용신의 성격을 계승하여 법바라밀보살이 출생한다. 『성위경』에는 법바라밀보살의 출생에 대해 다음과 같이 설한다.

"비로자나불은 내심에서 대연화지혜삼마지지를 증득하고, 자수용인 까닭에 대연화지혜삼마지지로부터 연화광명을 유출하고, 두루 시방세계를 비추고 일체중생의 객진번뇌를 맑히며, 돌아와서 한 몸에 거두어지며, 일체보살로 하여금 삼마지지를 수용케 하기 위한 까닭에 법바라밀보살의 형상을 이루고 비로자나여래의 뒤쪽 월륜에 머문다."

법바라밀보살은 바로 비로자나여래의 연화광명이 그 출생의 근거가 된다. 연화광명이 시방세계에 방사되면서 모든 중생들의 객진번뇌를 청정하게 함이 그 작용이다. 『삼십칠존심요』에서도 '모든 부처의 법금강으로서 자성청정하기에

| 법바라밀보살 |

모든 탐염을 청정하게 한다'고 설한다. 이 법바라밀은 본래 자성이 청정한 까닭에 그 경지에서는 모든 탐욕과 물들음을 모두 청정하게 하는 특성이 있다. 일체의 법은 본질적으로 우주의 생명적 나툼이므로 청정하거나 더럽다거나 하는 상대적인 가치를 떠나 절대청정하다. 절대청정한 가운데에서 성립되는 무한한 관계는 인연의 얽매임이 아니라 즐겨야 할 기쁨이 된다. 이렇게 아는 것이 수용지혜라 할 수 있다.

따라서 법바라밀은 아미타불의 속성인 수용지혜의 활동, 즉 아미타불이 일체법의 청정함 가운데에서 무한한 자비를 나투는 법열의 활동을 의인화한 것이다. 이 보살은 청정심의 법열의 경지를 상징하며 이것으로 대일여래에 공양한다. 이 법바라밀에서 일체의 지혜문여래가 출생하여 중생의 객진번뇌를 청정하게 하는 법을 설한다. 항상 새로운 마음으로 모든 법을 언제나 새롭게 관찰하여 바른 것과 삿된 것을 정확히 분별하고, 중생의 근기를 맞추어 부사의한 능력을 나타내며, 그들이 무엇을 원하며 무엇을 즐거워하는가에 따라 막힘이 없는 말솜씨로써 온갖 오묘한 법을 말씀하여 중생들로 하여금 깨닫게 하여 절대안락에 들어가게 하는 지혜가 법바라밀의 묘관찰지인 것이다.

『제불경계섭진실경』에 '서남각의 법바라밀천은 무량수여래에 속한다. 인계와 관상이 다 무량수여래와 같다'고 하는 것처럼, 인상은 아미타불과 같은 법계정인이다. 성신회의 존상은 육색의 천녀형으로 갈마의를 입고 미타정인을 한 형상에 불경을 담은 상자를 얹은 연화줄기를 가지고 있다. 공양회에서는 독고저를 얹은 연화줄기를 양손에 들고 있다. 기타 다른 존상과 삼매야형도 법열의 기쁨을 잘 표현하고 있다.

⑨ 업바라밀보살
✽ 모든 것을 성취하는 지혜 ✽

흔히 인생을 빗대어 빈손으로 왔다가 빈손으로 가는 나그네에 비유한다. 수많은 재산을 불려놓은들 저세상으로 갈 때에는 아무것도 가져갈 수 없다는 말이다. 가족이나 친구도 마찬가지이고 아무도 동행할 수 없다. 혼자 왔다가 혼자 가는 것이 우리네 인생이다. 그럼에도 불구하고 옛날 왕들은 무엇인가 가져가고 싶었던 것 같다. 그래서 고대 왕들의 무덤을 파면 수많은 부장품이 나오고 심지어 저승길에 함께 동행하도록 순장한 자들의 유골도 나온다. 부질없는 짓이기는 하나 가져갈 수 없음에도 가져가고 싶어하는 것은 오늘날에도 완전히 사라진 것은 아니다. 저승길 노잣돈이라고 하는 형태가 오늘날까지 면면히 이어져 오는 것을 보면 놓고 가는 것들에 대해 많은 아쉬움을 가지고 있는 것이 분명하다.

정녕 저 세상으로 떠날 때에는 아무것도 가져가지 못하는 것일까? 그렇지 않다. 중생들은 윤회하는 가운데 지어놓은 수많은 업이 있다. 대인관계에서 발생하는 선악업과 생활하면서 지은 수많은 업이 다음 생으로 연결된다. 불교의 가르침에 의하면 짊어지고 가는 주체가 없이 업 그 자체가 갈 뿐이며 업에 의하여 전생과 금생 그리고 후생이 이어진다.

업이란 갈마(羯磨)라고도 한다. 행위와 의지에 의한 말·동작·생각과 그 세력, 즉 심신의 활동과 일상생활을 의미하며, 일반적으로 신체와 말과 생각의 셋으로 구분한다. 선업이나 악업을 지으면 이것이 업의 인이 되어 업의 과보가 생긴다. 그리고 과보와 동질성의 습기가 잠재여력으로 남아 업장이 된다. 육체 위에 드러난 눈·귀·코·혀·몸의 다섯 가지 감각기관을 통해서 욕락에 빠지고 이것에 집착함으로써 생겨난 업은 갖가지 망념을 통하는 동안 번뇌로 더욱 무거

워진다. 그 업에 의해서 스스로도 고뇌하고 타인을 괴롭히며, 갖가지 죄나 장애를 지으며 생사에 윤회하는 것이다. 무릇 태어난다는 것은 내가 원해서가 아니라 업이라는 부모가 나를 태어나게 한 것이며, 죽는다는 것도 내가 바란 것이 아니라 업이라는 귀신이 나를 죽인 것이다. 그러므로 수행하는 사람은 우선 이와 같은 업의 구속을 물리치고 마음의 광명을 밝혀 온갖 괴로움의 덩어리인 생사에서 초탈해야 한다. 그것은 업으로부터 벗어나는 방법이면서 동시에 업을 잘 활용해야 하는 일이기도 하다.

불교경전에서는 악한 과보를 받지 않도록 악업을 짓지 않고 선업을 지으라고 설한다. 『율장』에 나오는 수많은 금지조항들은 수행하기에 적합한 좋은 습관을 유지할 수 있도록 온갖 악한 행위를 막기 위한 것이다. 그래서 이것도 하면 안되고, 저것도 할 때에는 조심하는 습관이 길러진다. 수행을 하는 데에 있어서 반드시 필요한 일이기는 하나 이러한 태도는 자기자신은 청정하게 할지라도 타인에 대해 수동적 경향을 보일 것이 틀림없다. 무엇인가 새로운 업이 생겨나는 것을 기피하기 때문이다.

이것을 능동적 경향으로 바꾸는 것이 업바라밀이다. 나쁜 일은 피하고 좋은 일만 하고 싶어하는 것이 중생이므로 무엇인가를 두려워한다면 중생을 위한 보살행은 불가능하다. 나쁜 일을 당했을 때에 의기소침해하거나, 좋은 일을 만났을 때 의기양양하던 그 모든 것으로부터 벗어나 우리가 당면한 모든 일들은 나쁜 일이거나 좋은 일이 아니라 그냥 일이며 인연따라 온 것으로 담담한 마음으로 마주해야 하는 것이다. 모든 일에 당당히 맞설 수 있는 것, 이것이 업바라밀이 우리에게 알려주는 진실이다.

『금강정경』에 이르기를 "삼계 속에는 분별할 것이 하나도 없으므로 탐욕을 보고 떠나는 것 또한 죄가 된다. 왜냐하면 물들음 속에 청정이 깃들어 있기 때문이다. 그러니 그 어떤 것에도 집착해서는 안된다. 이와 같이 물들음과 청정을 하나로 아는 자야말로 해탈한 자이다"라고 하고 있다.

행위이기는 하지만 과보를 바라지 않는 행위가 불보살의 부사의업이다. 그래서 물들음과 청정에 얽매이지 않고 모든 것에도 집착하지 않는다. 금강계37존 가운데 업바라밀은 바로 이러한 부사의한 삼밀의 교화행을 상징하는 존격이다. 중생들의 삼업을 여래의 삼밀로 전환시키는 방법에 의하여 우리의 행위는 고양된다.

『성위경』에는 다음과 같이 업바라밀보살의 삼마지를 설한다.

> "비로자나불은 내심에서 갈마금강대정진삼마지지를 증득하고, 자수용인 까닭에 갈마금강대정진삼마지지로부터 갈마광명을 유출하며, 두루 시방 세계를 비추어서 일체중생의 온갖 게으름을 없애고, 대정진을 이루게 한다. 돌아와서 한 몸에 거두어지며 일체보살로 하여금 삼마지지를 수용케 하기 위한 까닭에, 갈마바라밀형을 이루고, 비로자나여래의 왼쪽 월륜에 머문다."

여기서 갈마는 금강갈마로써 대정진을 나타내는 말이다. 따라서 갈마바라밀 이란 비로자나불의 끊임없는 창조의 활동을 상징한다. 그것은 우주대생명이 변화를 지어내는 모습을 갖추고 있음을 나타내는 것으로 불공성취여래의 속성인 변화·창조의 활동이다.

업바라밀이 상징하는 성소작지는 북방 불공성취여래의 지혜로서 온갖 행위를 지어 행하는 전5식, 즉 눈·귀·코·혀·몸이라는 감각기관을 통해서 받은 인식을 돌려서 얻는 지혜이다. 이 지혜는 10지 이전의 보살과, 이승, 범부 등을

| 업바라밀보살 |

이롭게 하기 위하여 시방에서 삼업으로 여러 가지 변화하는 일을 보여 각기 이익하게 하는 지혜이다. 우리들의 다섯 가지 감각기관으로 하여금 일에 따라서 응용하여 지혜로써 움직이면 어긋남이 없다. 눈으로 보든지 귀로 듣든지 육근 가운데 어떤 것을 받아들일 때 바르게 받아들여 두 모습이 없는 것이 성소작지이다.

신라의 원효는 이 성소작지가 부사의한 일을 만들어낸다고 하여 부사의지라고 하였다. 부처의 신체적 구조는 중생과 크게 다를 바 없지만 중생을 교화하고 그들의 중죄를 소멸시키는 등 훌륭한 과보를 생각으로 헤아릴 수 없는 부사의한 것이라고 하였다. 이러한 작업의 지혜로부터 비로자나불의 작변화신을 나타내므로 업바라밀이라 한다.

이 세상은 환상이기에 주체의 자발적 의지에 의하여 무엇으로든 변형이 가능하다. 변화의 몸을 지어내는 것만이 아니라 우주가 그의 몸이므로 전체의 변형이 가능하다는 것이다. 금강계만다라의 제존이 모두 비로자나여래의 대비에 의해 투영된 영상이기에 그 영상으로 나타난 몸은 자재하게 일체세계에 투영되며, 일체제불과 일체불국, 그리고 모든 세계를 그 몸에 받아들이기도 한다. 심지어는 외만다라에 지옥이 편입되기도 하는데 이것은 중생교화활동을 펼칠 수 있는 곳이야말로 보살이 머물러야 할 곳이기 때문이다. 구경방편이기에 밀교에서 모든 예토는 정토로 바꾸어나가야 할 국토로서 모든 예토를 변화시킴을 목적으로 한다. 그러므로 밀교의 정토는 바로 정토로 만들어야 할 사바세계에 있다. 구경방편이므로 중생교화사업이 바로 정토이다. 구경이 방편인 밀교의 이상세계는 보살들이 활동할 수 있는 무대로서 모든 중생들이 불성을 지녔음을 보고 이를 교화하는 것이 구경이며, 중생이 무한하므로 비로자나불의 성소작지를 나타내어야 할 국토도 무한하다.

마치 중생이라는 꿈을 꾸는 자가 깨닫고 보니 모두 꿈과 같은 환상인줄을 알게 될 때, 더 이상 꿈과 같은 중생놀음은 끝난다. 그러나 그 꿈속에는 이것이 꿈인줄 모르고 꿈속에 헤매고 있는 무수한 중생들이 있다. 그들을 위하여 다시 꿈속으로 들어가 함께 꿈을 꾸면서 중생들을 교화하는 것은 부사의한 업의 활동으로 생명의 창조활동인 신변유희이다. 행위는 있되 업으로부터 자재한 것이 업바라밀의 부사의한 신변유희이다. 업에 구속되지 않으며 업을 두려워하지도 않고 적극적 행위로써 그때그때의 상황에 맞춘 지혜를 운용하는 것이 업바라밀의 정진이며, 신변유희로써 모든 것을 성취하는 지혜의 활동이다.

업바라밀은 법명을 업금강녀라 하며 밀호는 '성취금강'이라 한다. 갈마삼매로부터 출생한 업바라밀의 대금강갈마상은 『염송결호법보통제부』에 '일체여래갈마바라밀작불사업관정지'라 표현되듯이, 활동성을 가지고 공양하는 정진바라밀을 현실에 표현하는 보살이다. 이 보살은 불공성취여래의 시현인데, 불공성취라는 명칭에서 나타나듯이 보리심의 일체활동을 불공, 즉 헛되지 않게 교묘히 성취하는 능력을 지니며 이것으로 대일여래에 공양한다.

『제불경계섭진실경』에 '서북각의 갈마바라밀천은 불공성취여래에 속한다. 인계와 관상이 다 불공성취여래와 같다'고 하듯이 불공성취여래와 동일한 인계 및 관상에 주한다. 이 보살의 삼매야형은 무한한 활동성을 의미하는 갈마금강저이다.

IV

•

십육대보살

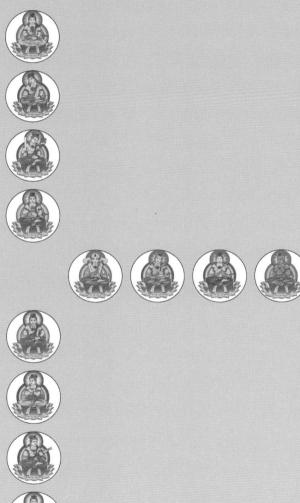

1. 보리심사보살

⑩ 금강살타보살
❊ 금강과 같은 보리심을 지닌 보살 ❊

금강살타보살은 『대일경』과 『금강정경』에서 대일여래의 설법을 듣는 대중의 대표로 나오는 비밀주금강수를 말한다. 이 보살의 명칭은 금강살타 외에도 금강수 · 집금강 · 지금강 · 보현살타 · 금강주비밀왕 등이 있다. 범어명칭이 vajra-sattva이므로 '금강과 같은 보리심을 지닌 유정' 이라고 해석할 수 있다. 『인왕반야다라니석』에는 '금강수란 손에 금강저를 지니고 안으로는 대보리를 갖추었으며 밖으로는 모든 번뇌를 부수어 깨뜨림을 나타낸다. 그러므로 이름을 금강수라 한다' 고 하며, '금강살타란 진실법을 깨달으며 깨닫고 나서 중생들의 세계에 머물면서 일체중생을 깨닫게 하므로 금강살타라 이름한다' 고 한다. 이러한 의미가 강조되어 『금강정경의결』에는 '집금강이란 바로 일체여래와 모든 보살의 견고한 보리심이다' 라고 한다.

그리고 『이취석』에, '금강수보살마하살이란 이 보살이 본래는 보현보살로, 비로자나불의 두 손으로부터 친히 다섯 가지 지혜를 상징하는 금강저를 수여받고 곧 관정을 받았으므로 이를 이름하여 금강수라 한다' 라 하고 있는 것에서 알 수 있듯이, 금강살타는 보현보살의 다른 이름이며 그 성격을 계승한 존격이다.

이상 여러 경궤에 등장하는 금강살타의 명칭과 표현은 모두가 한결같이 보리심을 지니고 중생교화에 임하는 강인한 성격의 존재를 암시하고 있다. 이토록 강력한 금강살타의 등장에는 분명 금강살타를 요구했던 시대적 요청을 예상할 수 있다. 불퇴전의 금강과 같은 보살은 분명 교화하는데 힘들었던 시대를 반영

한다. 금강살타를 비롯한 수호존은 불보살이 교화하기 어려운, 즉 평범한 수단으로는 교화하기 어려운 중생들을 교화하기 위해서 분노상을 나타낸 것이다. 이들은 역사적인 불타였던 석가모니불, 또는 역사적 불타를 보편화, 이상화함으로써 성립되었던 과거불, 미래불, 사방불 등 교리적 개념을 불격화한 데서 비롯된 불보살과는 다르다. 인도에서는 힌두교로부터, 불교가 수용된 지역에서는 토착종교와 타종교의 영향을 현저히 받은 존격이다. 특히 힌두교에서 도입된 수호존이 불교에 들어와 불교의 수호존이 되었다. 힌두교의 신들과 수호존은 외형적으로 유사하기 때문에 수호존과 호법존이 혼동되기도 하지만, 티베트만다라에서 수호존으로 분류되는 존격의 대부분은 인도에서 무상유가탄트라 즉 후기밀교성전의 본존이다. 인도에서 다른 종교의 교도를 조복시키기 위한 목적으로 성립된 분노존은 불교전래와 더불어 티베트에도 소개되었다. 그런데 티베트에서는 조복시켜야 할 힌두교가 존재하지 않았다. 중국과 한국도 마찬가지이다. 이들 나라에서는 힌두교의 신들을 조복시킨다는 테마가 등한시되고 힌두교신과 비교된 번뇌나 악의 퇴치라는 종교적으로 승화된 해석이 적극적으로 수용되었다.

『금강정경』에서 금강살타의 출생을 살펴보면 금강살타는 일체여래의 대보리심과 그 보리심에 바탕한 보현행이 보현대보살의 몸을 생하는 바탕이 되며, 보현대보살삼매로부터 일체여래의 신통유희와 보현의 몸이 시현되는 것이다. 『금강정경』의 계송에서 '보현은 견고한 살타로써 자연적으로 생한다. 저 견고한 본래의 무신(無身)으로 말미암아 금강살타신이 출현한다'고 하듯이, 출생의 근거가 물질적인 실재가 아니라, 가장 견고한 공(空)으로부터 생하는 법이의 자연신이므로 금강과 같이 견고한 금강살타신이 되는 것이다.

즉 일체중생이 가지고 있는 보리심의 본체가 견고함이 금강에 비유되었다. 일체중생은 이 금강살타의 가지력에 의해서 발심하는 것으로, 대일여래를 깨달은

분의 총체로 하면, 금강살타는 미혹한 범부의 총체로서 우리들을 대표하는 존이다. 따라서 대일여래의 설법을 듣는 중생의 대표가 되고 밀교의 가르침을 중생에게 전하는 중요한 중개자이기도 하다.

이 금강살타가 바로 밀교에서 설하는 가장 이상적인 수행자의 모델인 것이다. 즉 대승의 보살이라는 개념이 밀교에 이르러 금강살타로서 시대적 요구에 부응한 질적인 변화를 이룩한 것이라 볼 수 있다. 대승의 기본적인 사유인 이타를 충실히 계승한 것이면서 동시에 대승에서 볼 수 없었던 개념들이 추가되어 있다. 『금강정경의결』의 후반부에 중생교화라는 사명을 어기면 보리심이 아니라고 하는 표현은 『대지도론』에 중생을 위하여 오래도록 생사에 머물러 아뇩다라삼막삼보리를 취하지 않고 널리 중생을 제도한다고 하는 보살의 중생교화정신, 즉 방편력으로 중생들을 열반에 들게 하기 위하여 스스로는 아뇩다라삼먁삼보리마저 취하지 않고, 열반에도 들지 않으며 중생제도에 힘쓰는 보살정신을 계승한다. 금강살타란 바로 오직 중생교화뿐인 자신의 사명을 자각한 보살의 불굴의 의지를 상징한다고 할 수 있다. 그러나 보리살타와 금강살타는 보리심의 작용의 입장에서 기술한 것으로 금강살타의 대상이 대승보다 더욱 분화된 5승(인, 천, 성문, 연각, 보살승)이기에 금강살타가 필요하게 된다. 즉 회오귀일함인데 법화경의 회삼귀일은 삼승을 일승으로 인도하는 뜻이지만, 밀교의 회오귀일은 삼승만이 아닌 외도마저 회통하여 모두 금강일승으로 들어가게 하는 것이다. 『오비밀궤』에서 관련내용을 보면 오비밀의 법문을 닦음에 의하여 두 가지 집착을 끊고 현생에 보살의 초지에 들어가며, 더 나아가 몸을 백억으로 나누어 모든 유정들의 세계에 나아가 교화하는 신변의 경지까지 이름을 설하고 있다. 금강보살 자신은 비밀관정을 수여받은 선택된 존재이지만 그의 교화대상은 모든 유정들의 세계로 제한이 없다. 이것은 모든 유정들의 세계를 교화하기 위하여 특별훈

련을 받은 것으로 이해할 수 있을 것이다. 결국 밀교의 보살사상은 대승보살사상에 그 바탕을 둘 뿐만 아니라 더 나아가 교화대상의 폭을 넓힌 것이며, 전문화하였을 뿐만 아니라 그 자체에 최고의 가치를 부여한 것이다.

즉, 일체만법이 모두 인연화합하여 생긴다는 것을 깨닫고, 어디에도 집착을 생하지 않는 지혜로운 자는 무량한 중생의 이익을 위하여 정토가 아닌 현실의 예토에 스스로 생하는 것이다. 연기의 이치를 바로 자각한 지혜로운 자의 입장

| 금강살타보살 |

에서 다만 중생을 교화하고자 하는 발원에 따라 그의 의지대로 출생하고 무량한 중생을 이익되게 하기 위하여, 극악의 요소와 극선의 요소를 사용하여 다양한 중생들을 위하여 정법의 연기를 펼치는 것이다. 선에는 선방편으로 악에는 악의 방편으로 그 마음이 지향하는 바에 따라 인격적 특징을 나타내어 교화한다는 것으로, 대상에 따른 독특한 인격활동이 전개됨을 보인다. 일체가 연결되어 있으므로 그 활동 또한 하나의 다양한 활동인 것이다. 즉 일체를 보는 것은 곧 자기 몸을 보는 것과 같으므로 동체대비를 뜻한다. 동체로서 대비이기 때문에 일체를 생하고 일체를 활용하며 각각 개개의 생명을 통하여 장엄하는 활동을 살리고 있다.

이러한 보살이 금강정경에서는 금강살타용맹보리심삼마지지를 상징하는 금강살타에 의해 집약된다. 결국 보리의 견고한 바탕에서 출생한 금강살타가 동방 아촉여래 4친근보살의 상수일 뿐만 아니라, 십육대보살의 대표가 되고, 이취회에서는 중대 주존이 되며, 태장만다라에서는 금강수원(金剛手院)의 주존이 되고 또 대일여래의 내권속의 주존이 되며, 보현행을 닦고자 하는 금강정경계통 밀교 경전에서 일체 수행자의 이상적인 모델이 된다. 그래서 일체중생은 최초에 발심할 때 모두 금강살타의 가지에 말미암으므로 금강살타를 일체여래보리심이라 이름한다. 이 보살이 근본이 되어 37존과 사종법신 등이 출생하기 때문이다.

동방 아촉여래의 서방에 머무는 금강살타는 그 견고한 보리심의 덕을 나타내기 위하여 삼매야형으로 오고저를 쥔 오른손을 가슴에 대고, 금강령을 쥔 왼손을 가부좌한 발 위에 놓고 있는 모습으로 표현된다. 왼쪽에 금강령을 지니는 것은 기쁨을 나타내며, 이것을 왼쪽 허리에 두면 대아(大

我)를 나타내는 것이고 오른쪽에 오고저를 둔 것은 다섯 가지 지혜의 뜻이다. 더 나아가 금강살타보살은 중생에게 견고한 보리심과 함께 모든 중생은 이러한 견고한 보리심을 가졌다는 동일성을 일깨워 기쁘게 하는 보살이라 할 수 있다. 또 오고저는 혜문(慧門)의 16대보살을 나타내고 금강령은 금강령보살의 삼매로서 정문(定門)의 16공양보살을 나타낸다. 따라서 이 존은 정문과 혜문 32존의 총덕을 구비해서 대일여래와 동체임을 보이는 금강계만다라의 대표적인 보살이다. 자리와 이타의 정점에 있는 금강살타는 보살과 불이 만나는 접점이며, 구경방편이 전개되는 시점이기도 하다.

⑪ 금강왕보살
❀ 중생들을 이끄는 데에 왕과 같이 자재한 보살 ❀

한 나라의 임금을 왕이라 한다. 왕은 모든 권한과 책임의 최고봉으로서 그 나라의 온갖 판단의 근원은 왕으로부터 나온다. 마치 사자가 뭇 짐승들 속에서 자재한 것처럼 왕은 그 나라 어디에서든 자재롭다. 그러나 자재롭다 하여서 마냥 좋기만 한 것은 아니다. 왕이 지닌 자재함이 어떻게 전개되는가에 따른 결과는 천차만별이다. 현명한 왕이 나라를 통치하면 온 백성이 잘사는 나라가 되지만 왕이 제멋대로 통치할 경우 그 나라는 도탄에 빠진다. 그래서 우리나라의 오랜 역사에서 성군과 폭군을 기억할 수 있다.

그런데 왕은 옛날에만 있었던 것은 아니다. 스스로의 판단에 따라 자재하게 힘을 발휘할 수 있는 영역은 누구에게나 있으며, 그 영역 안에서 우리는 왕이 된다. 가정이든 직장이든 대외적인 대인관계이든 우리의 자주력이 발휘되어야 할 무대는 얼마든지 있다. 그런데 의외로 왕이 되어야 할 자리에서 자주력을 상실하는 경우는 비일비재하다. 더욱 큰 문제는 인생이라는 무대의 왕이 자주력을 상실하는 경우의 비참함이다.

얼마전 호주의 호스피스 간호사가 임종환자를 대상으로 설문했는데 그들은 다음과 같은 후회를 남겼다고 한다. 요약하면 다음과 같다.

"첫째, 남이 원하는 삶을 살았다. 둘째, 일만 너무 열심히 했다. 셋째, 감정을 솔직하게 표현하지 못했다. 그리고 자신이 원하는 삶을 사는 대신 남이 원하는 삶을 살았고 남들이 나를 어떻게 생각할까 너무 염려하였다."

그 결과 의뢰적인 삶을 이루었고 그것이 습이 되어 오랫동안 벗어나지 못하였다고 한다. 그러면 자신으로 하여금 원하는 대로 하지 못하게 했던 남들은 내가 이러한 삶을 살았다고 해서 기뻐할까? 천만의 말씀이다. 남들은 사실 나에게 별로 관심이 없다. 자신들의 이익에 관련될 때에만 관심을 가졌을 뿐이다. 이것은 나도 마찬가지여서 남들이 어떻게 살든 별 관심이 없다. 중요한 것은 내가 머무는 이 자리에서 나는 왕이고 자재하게 자주력을 발휘해야 한다는 것이다. 그렇다고 하여 외부의 모든 존재와 대립각을 세우고 자신만 위하는 것이 왕처럼 사는 것은 아니다. 왕이란 모든 것을 자재롭게 한다고 해서 자기중심이라고 볼 수 있으나 그 중심은 모든 존재들과의 조화에서 나오는 중심이다. 『실행론』에 "우리들은 날 때부터 자기중심 생각 있어 이것을 곧 불교에서 오직 아라 부름이니 아를 멸해 가는 것이 오직 불교수행이라"고 하면서 아(我)는 원래 자기 존재 본능에서 나온다고 한다. 그러면서도 더 나아가 "안없애면 안되는 것 소아(小我)라고 이름하며 선택정화 세울 것을 대아(大我)라고 하느니라"고 자기중심에 관한

두 가지 견해를 세우고 있다. 타인의 이익에는 관계없이 자신만의 이익을 추구하는 것이 소아이며, 이타가 배제되어 있다. 예를 들면 습관성이나 중독성으로 약물을 취하는 사람이 보시를 요청할 경우 소아의 입장에서는 보시를 행하면서 그 보시의 공덕을 생각하지만, 대아의 입장에서는 그 보시로 인해서 더 망가질 것을 알기에 보시하지 않으며 상대방을 좋은 길로 이끌 수 있도록 마음을 보태게 된다. 소아의 경우 상대의 이익과 무관하게 자신의 선행으로 기록하지만 대아의 경우에는 선행이라 하여도 선택하여야 하는 것이고 궁극에는 정화에 초점을 맞추어야 하기에 때로 모질게 나가는 것이 궁극의 선행이 되기도 한다.

그래서 『실행론』은 이렇게 말한다.

"불교는 구경에 자성이 청정하여 일체 사리에 자심이 통달하게 되니 이것이 곧 자주력이 되는 것이다."

임종의 순간까지 자주력을 발휘하지 못해서 의뢰적으로 살았던 삶의 주인공이나 자신의 선행만 생각했던 소아의 사람은 일체 사리에 자심이 통달하지 못했기 때문이다. 그러나 자기중심을 세우고 자심이 통달하게 되면 곧 일체와 연결되어 있는 연기성에서 자주력을 발휘할 수 있다. 수행이든 사업이든 사회에서 자기만 위하는 중심을 세우는 왕은 이기적이라고 비판받게 되지만 인생에서의 왕은 자기를 확립하며 남과 함께 더불어 수행하여 나가는 중심이 된다.

이렇게 왕과 같은 보살이 금강계만다라 37존 가운데 아촉불의 4친근보살 중 하나인 금강왕보살이다.

금강왕보살은 『금강정경』에 '일체여래구소삼매' 와 '묘불공왕금강왕' 으로 표현되고, 기타 다른 경전에서 불공왕 · 금강구소 · 금강구 · 최상금강왕 등으로도 칭해지며 밀호는 자재금강이다.

금강왕보살은 불공왕대보살의 삼매인 구소삼매로부터 출생하며 구소삼매란

| 금강왕보살 |

바로 불공왕의 성품이 그 출처가 된다. 이 보살은 대일여래로부터 파생한 금강
살타와 애염명왕의 교리적 교섭으로부터 생겨난 존이기도 하다. 이 보살은 삼매
야형으로 갈고리를 지니는데 갈고리란 끝이 뾰족하고 굽은 물건으로 농작물 등
을 모을 때에 사용하는 농기구이다. 그 갈고리는 『성위경』에서 다음과 같이 표
현되고 있다.

"비로자나불은 내심에서 금강구사섭삼마지지를 증득한다. 자수용인 까닭에 금강구사섭삼마지지로부터 금강광명을 유출하여 두루 시방세계를 비추고 사섭법으로써 일체중생을 포섭하며, 가장 뛰어난 보리에 머문다. 돌아와서 한 몸에 거두어지며, 일체보살로 하여금 삼마지지를 수용케 하기 위하여 금강왕보살의 형상을 이루고 아촉여래의 오른쪽 월륜에 머문다."

　금강왕보살이 지니는 왕처럼 자재함을 상징하는 금강의 갈고리는 첫째로 일체여래를 불러들이는 기능을 상징하고 있다. 『제불경계섭진실경』에 '모든 부처님과 보살들을 갈고리로 이끌어 온다. 이를 금강구왕이라 이름한다' 라고 하는데, 그것은 일체여래께 가르침을 청하는 것으로, 두루 다함없는 모든 유정계에 널리 이끌어들여 이익하게 하며, 모두에게 불법의 기쁨과 행복을 획득하게 하기 위해서이다. 둘째로 중생들을 이끌어들이는 데에도 사용된다. 앞에서 금강살타보살에 의해서 자신이 보리심을 갖추고 있다는 것을 발견한 중생을 갈고리를 가지고 불도로 이끌어들인다. 그 갈고리가 상징하는 것은 사섭법이다. 사섭법이란 보시 · 애어 · 이행 · 동사로서 일체중생을 포섭하는 구소의 덕이다. 보살이 중생을 제도할 때에 취하는 네 가지 기본적인 태도를 말한다. 보시섭은 진리를 가르쳐 주고, 재물을 기꺼이 베풀어 주는 일이며, 애어섭은 사람들에게 항상 따뜻한 얼굴로 부드러운 말을 하는 것이다. 이행섭은 신체의 행위, 언어의 행위, 정신행동의 삼업에 의한 선행으로 사람들에게 이익을 주는 일이며, 동사섭은 자타가 일심동체가 되어 협력하는 것으로, 형체를 바꾸어 중생에 접근하여 중생과 같이 일하며 제도하는 일이다. 이 사섭은 원시불교의 중요한 수행덕목인 37조도품의 일부이다. 이 가운데 동사섭은 보살의 동체대비심에 근거를 둔 것으로, 함께 일하고 함께 생활하는 가운데 그들을 자연스럽게 교화하는 것이다. 그리하여 이들을 받아들이기 위하여 금강왕보살은 쌍금강구를 들고 불러 모으는데 사용한다. 이것을 섭소하는 것은 곧 불공왕보살의 묘행이다. 따라서 이 갈고리를 지니고서 가지상응하면 왕과 같은 자주력이 있어서 일체여래의 대자재지심심삼매를 속히 얻는 공덕이 있다고 한다.

부처님의 상호 가운데에도 갈고리처럼 중생을 모두 이끌어들이는 상호가 있다. 수족지만망상(手足指縵網相)이라 하는 상호는 손가락과 발가락 사이에 모두 막이 있어 서로 연결된 문양이 마치 기러기가 날개를 펼치면 나타났다가도 펼치지 않으면 숨는 것과 같다는 데에서 나온 명칭이다. 이 상호는 사섭법을 닦아 중생을 섭지함을 상징한다.

사섭법을 상징하는 갈고리가 삼매야형으로써 중요한 의미를 갖음에도 이 보살의 이름을 왕이라 한 것은 한 나라에서 왕이 모든 것에 자재하며, 온 백성이 복종하며 그 통치를 받는 것처럼 여래의 실상의 신변이 걸림이 없다는 것을 나타내기 위한 것이다. 결국 사섭법을 자재로이 행하여 모든 중생을 포용하는 것을 갈고리라는 삼매야형과 왕이라는 명칭으로 나타낸 것이다.

『약출염송경』에 금강구를 결함으로 말미암아 빠르게 일체여래를 갈고리처럼 끌어들인다라고 하는 것처럼, 금강왕보살에게 불보살이나 중생들을 불러들이는 공능이 있는 것을 금강구, 또는 쌍금강구로 표현한다. 성신회의 형상이 두 손으로 금강권을 만들고 팔을 교차시켜서 가슴에 안고 있는 것도 『금강정경』에 "금강구보살의 오묘한 인계를 결함으로 해서 곧 모든 부처를 널리 청한다"는 내용을 상징적으로 표현한 것이라 할 수 있다.

⑫ 금강욕보살

❀ 번뇌를 쏘아 떨어뜨리는 보살 ❀

욕망의 역설이란 말이 있다. 불교에서는 모든 욕망을 버려야 열반을 성취할 수 있다고 하지만 열반을 성취하기 위해서 욕망을 버리려고 하는 것 역시 또 하나의 욕망이라는 것이다. 이러한 주장은 토인비, 비스베이더, 허먼 등에 의해 제기된 바 있다. 허먼은 다음과 같이 말한다.

> "만일 내가 욕망을 지멸시키고자 욕망한다면 결국 모든 욕망을 다 지멸시킬 수 없을 것이다. 왜냐하면 나는 다만 한 욕망을 다른 욕망으로 대체시켰을 뿐이기 때문이다."

욕망의 역설은 열반이라 하여 모든 욕망을 없애려는 욕망 속에 포함된 실제적인 모순을 지적하고 있다. 이 문제는 일찍이 불교 내에서도 논의된 적이 있음을 『잡아함경』 제21권 『바라문경』에서 잘 보여주고 있다. 이 경에 따르면 아난 존자와 어떤 바라문의 대화 중에서 "욕망에 의해 욕망을 끊는다"는 아난 존자의 말에 그 바라문이 "그렇다면 그 욕망은 끝이 없는 것 아닌가?"라고 질문한다. 그러나 이에 대해 아난 존자는 예를 들어 "그대는 정사에 가야겠다는 욕망이 있었지만 정사에 도착하고 나서 그 욕망은 사라졌을 것이다"는 비유를 통하여 욕망의 역설은 성립하지 않음을 경험론적으로 밝혔다.

무명을 바탕으로 추구하는 욕망과 번뇌를 버리려는 욕망의 개념은 다른 것이다. 전자는 부정적 의미의 이기적 욕망으로서 탐욕과 갈애이고 후자는 이타적인 의욕, 바람, 이상, 원 등을 뜻하는 것이다. 탐욕과 갈애로써 이룩하는 것은 인연

생멸의 윤회이다. 이 인연을 잘 관찰하면 잠시도 멈추지 않고 변화하기 때문에 고정된 것이 없다. 또한 상호관계를 가지고 있기 때문에 분리되어 있는 것이 없고 계속 변화하는 속에 실체가 없다. 이렇게 알아가며 윤회에서 벗어나는 것이 열반을 추구하고자 하는 바람이기에 생멸의 욕망과 적멸의 바람은 다르다. 부처님은 본능적인 아집·아욕에 가담하는 쪽의 마음작용을 번뇌·유루 등이라 일컫고, 해탈하는 쪽에 가담하는 마음작용을 한마디로 보리심이라 칭하였는데, 보다 구체적으로 말하면 무명(無明)에서 앞의 무(無)자를 지운 명(明)이고 지혜라고 한다. 더 나아가서 중생들에게 열반으로 지향하도록 교화하고자 하는 마음은 중생교화의 방편지혜이며, 여기에서 교화하고자 하는 서원의 적극적인 면을 살려서 이 마음도 '욕(欲)'이라 표현하게 된다. 이 욕망은 윤회를 야기하는 번뇌의 욕망과 다르기에 불교에서는 중생교화의 욕망에 대하여 절대적으로 크다는 뜻의 '대'자를 넣어 대원, 대욕이라 하고 있다. 보현보살의 10대원, 법장비구의 48원, 지장보살의 대원 등이 그것으로 정토는 이러한 보살들의 대원으로 성취되는 국토이다. 그리고 금강계만다라 37존 가운데 금강욕보살이 이와 같은 중생교화의 대욕망을 의인화시킨 예가 된다.

동방 아촉여래의 서방에 머무는 금강욕보살은 『금강정경』에 '일체여래가 중생들을 애락하는 자재한 지혜'라고 표현되며, 기타 여러 경전에서 '금강궁(弓)보살', '금강염보살', '마하대애보살'이라 한다. 백팔명찬에서 '모든 번뇌를 굴복시키는 자·절대적인 안락·금강의 활·금강의 화살·절대적인 금강'의 이름으로 그 덕이 찬탄되며 밀호는 '대희금강'이다. 『금강정경』에서 그 출생을 밝힌 문단은 다음과 같다.

"이때에 세존은 마라대보살삼매에서 출생한 살타가지의 금강삼마지에 들어가니, 이 이름을 일체여래의 수애락삼매라 이름한다. 곧 일체여래심이다. 일체여래심으로부터 나오자마자 저 구덕지금강자는 일체여래의 화기장을 이루고 출현하고 나서 곧 세존 대비로자나여래심에 들어가서 합하여 한 몸이 된다. 이로부터 거대한 금강의 화살을 출현하고 저 마라의 성품은 금강살타삼마지에서 아주 견고한 까닭에 합하여 한 몸이 되고 마라대보살의 몸을 출생한다."

여기에서 금강애보살, 즉 금강욕보살은 마라대보살신과 동체로 표현되며 일체여래의 수애락삼매, 즉 중생구제를 즐겨 구하고 이를 받아들이는 삼매에서 출생한다. 마라(māra)는 장애·살해하는 자·목숨을 빼앗는 자라고 하며, 몸과 마음을 요란케 하여 선법을 방해하고 좋은 일을 깨뜨려 수행을 방해하는 마군은 바로 마의 군졸들이다. 그 인계는 활과 화살이다. 또 마의 의미를 내관적으로 해석할 때는 중생을 괴롭히는 일체의 번뇌를 마라고 부른다. 중생이 언제나 온갖 번뇌에 견고하게 얽매이며 부처의 청정법을 믿고 받아들이지 않을 때에 보살은 활로서 이를 쏘아서 그 견고하게 얽힌 것을 순식간에 파괴하는 역할을 수행한다. 즉 살해를 뜻하는 마라가 밀교에 포섭되어 이기적 욕망을 철저히 파괴하고 살해한다는 의미로 바뀌었다. 구체적으로는 욕금강보살이 금강의 활과 화살을 가지고서 아뢰야식 가운데의 온갖 번뇌의 종자를 쏘아 대원경지를 이룬다는 것이다.

이 마라대보살을 동체로 하는 금강욕보살의 욕망은 개체의 이기적 욕망이 아니라, 모든 욕망의 근원인 청정한 대욕으로서, 이 대욕의 사업을 위하여 이 보살은 금강의 화살을 지니는 것이다.

『성위경』의 다음 문장을 통해서도 금강욕보살의 역할을 분명히 알 수 있다.

"비로자나불은 내심에서 금강애대비전삼마지지를 증득한다. 자수용인 까닭에 금강애대비전삼마지지로부터 금강화살의 광명을 유출하여 두루 시방세계를 비추며, 일체중생을 쏘아 맞혀서 무상보리에 마음이 떠난 자를 억누른다. 돌아와서 한 몸에 거두어지며, 일체보살로 하여금 삼마지지를 수용케 하기 위하여 금강욕보살의 형상을 이루고 아촉여래의 왼쪽〔西〕월륜에 머문다."

여기에 등장하는 금강의 화살은 아주 강하므로 어떠한 것이라도 쏘아맞출 수 있다. 위 문장에서는 중생의 마음 가운데 불도에서 멀어지고자 하는 좁은 마음을 쏘아 맞추어 없앤다는 의미로 사용되었다. 그래서 결과적으로 다시금 불도에 들어오게 된다. 애는 큰 욕망을 뜻하며 그것은 대비를 속성으로 한다. 금강애대비전삼마지는 큰 욕망의 대비로 전개되는 화살, 즉 적극적으로 중생의 번뇌를 제거하고자 하는 절대적인 의욕을 의미한다.

『제불경계섭진실경』에서도 다음과 같이 비슷한 표현이 보이고 있다.

"왼주먹에 활을 잡고 오른손에 화살을 들어 자비의 눈으로 온갖 마, 탐진 치 등의 모든 번뇌를 쏜다. 이 인을 이름하여 성냄을 없애는 인계라 한다. 이른바 이 보살은 수행자들이 애락하는 바를 시여하는 까닭이다."

이렇게 금강욕보살은 대비의 화살을 잡고, 집착하는 어리석은 마음을 쏘아맞춘다. 중생들이 집착하는 어리석은 마음이란 인집과 법집의 2집을 말한다. 인집은 아집이라고도 하며 오온이 화합하여 성립된 몸에 언제나 한결같이 주재하는 참다운 나가 있다고 주장하는 집착을 말한다. 법집이란 객관적인 일체의 사물이

| 금강욕보살 |

나 마음의 현상이 실재하는 줄 잘못 알고 고집하는 것으로 불교 수행에 장애가 되는 그릇된 집착이다. 이 집착은 성문과 연각 등 소승의 수행 경지에 도달한 사람들이 일으키게 된다. 이들은 불교의 교리인 생사와 열반, 그리고 색·수·상·행·식의 하나하나가 모두 실재한다는 그릇된 고집 속에 빠져 도리어 깨달음을 얻지 못한다.

이러한 번뇌를 제거하는 데에 이전의 불교에서 보여주었던 수동적인 번뇌의

116

제거가 아니라 밀교에서는 적극적인 방편을 동원하
고 있음을 알 수 있다. 활과 화살로써 번뇌를 쏘
아맞춘다는 표현은 지혜로써 번뇌를 끊어없앰
을 의미하는 것으로 이와 같은 적극적 활동에
의해 스스로의 번뇌뿐만 아니라 보리심의 화살
로써 일체 유정을 불러들여 불도에 머물게 하려는
금강욕보살의 의욕이 발휘되는 것이다.

　따라서 『금강정경』에 활과 화살을 지니는 묘애금강과 상응하는 까닭에 모든
부처님을 따라서 애락하게 한다고 하며, 『약출염송경』에는 금강애염의 인계로
말미암아 일체불법을 즐긴다고 그 결인의 공능을 설한다. 모두가 능동적 번뇌제
거이며 중생교화로써 일체의 불보살을 환희하게 하는 불사가 된다.

　『금강정경의결』에서는 이것을 다음과 같이 해석한다.

　　　"여래께 봉사하므로 여래가 애락한다. 중생들이 받들어 지니므로 중생이
　　　괴로움을 떠난다. 또한 송하여서 여래를 염애함으로 말미암아 여래가 호
　　　념하시게 된다. 중생을 염애함으로 해서 중생이 해탈한다. 이것을 염애
　　　의 지혜라 한다."

　이와 같은 것들은 금강욕보살이 일체중생에 대해 절대적 사랑을 보내는 공덕
을 설한 것이다. 이와 같은 공덕과 묘용을 상징하기 위하여 보살의 성신회의 상
은 살색으로 오른손에 화살을 쥐고 왼손에 올려놓고 화살을 쏘는 것과 같이 하
고 있다.

⑬ 금강선재보살
❀ 환희로써 찬탄하는 보살 ❀

한문으로 된 불교경전이나 옛날 한문투의 글 가운데 선재(善哉)라 하는 것은 "매우 좋구나"의 뜻으로 쓰는 감탄사이다. 사람들은 좋고 기쁜 일이 있을 때에 "오호, 선재라"하며 그 기쁨의 뜻을 표현하였다. 여기에는 많은 사람들이 기대하는 좋은 일에 대한 찬탄의 뜻이 포함되어 있으며, 또한 기쁨을 함께 느낀다는 동참의식이 깃들어 있기도 하다. 좋은 일의 완결은 많은 사람들에게 기쁨의 씨앗으로서 마음속에 다시 심어진다. 그리하여 다음 좋은 일을 마주하였을 때 앞의 기쁨의 씨앗이 더욱 힘차게 나아가는 동력으로 전개된다. 사람들은 기쁨을 느낄 때 에너지가 솟구치기 때문이다. 예를 들면 월드컵이든 국제경기이든 축구 경기를 보다가 자국 선수가 한 골을 넣으면 이를 응원하던 사람들은 일시에 환희한다. 기운이 불끈 솟아오르는 듯이 함성을 지르며 그 힘을 주체하지 못하여 일부는 펄쩍 뛰기도 한다. 환희용약이란 바로 이런 경우를 일컫는 말이다. 환희가 힘을 주어서 격한 감정의 표현으로 전개되었으며 그다음 상황에 대한 긍정적인 효과를 가져온다. 그래서 누구든 스포츠를 관람하거나 직접 운동하면서 기쁨을 얻은 자는 다음에 다시 하려고 하는 의욕을 갖게 된다. 이것은 비단 스포츠만이 아니라 학업이나 사업, 대인관계 등 모든 방면에서 일어날 수 있는 일이다. 기뻐서 가슴에 희열이 가득할 때의 심정은 누구든 한 번 이상은 경험했을 것이고 그 환희는 그다음 행위에 영향을 미친다. 환희를 경험하면 계속해서 환희를 경험하고자 하는 의욕이 일어나고 그 의욕은 점점 강해져서 더욱 깊은 환희를 맛보게 한다. 즉 환희는 힘을 가지고 있기에 무엇이든 힘차게 나아갈 수 있는 추진력이 마련된다.

불교에서도 환희는 이와 동일하다. 불법을 듣고 기쁨 또는 신심을 얻어 마음이 즐겁고 기쁜 것을 환희라 하는데, 내 뜻에 알맞은 경계를 만나 몸과 마음이 즐거운 상태이다. 구체적으로 환은 몸의 즐거움, 희는 마음의 기쁨이라 한다. 불법을 닦는 것도 그 처음은 환희로부터 출발하여 점점 고양되는 것이다.

불교의 교리 가운데에서는 『화엄경』에서 설하는 십지 중 초지인 환희지에서 환희가 이러한 동력을 가지고 있음을 살펴볼 수 있다. 환희지는 기쁨의 단계로서 처음으로 불성의 이치를 보고, 삶의 잘못된 견해에서 야기되는 모든 번뇌를 끊으며 스스로가 무아인 이치와 객관적인 대상세계가 모두 공하다는 이치를 충분히 깨달음으로써 자리이타하여 열 가지 큰 서원을 세우며 마음에 기뻐함이 많다는 뜻으로 이렇게 이름한다. 이 자리는 번뇌를 끊고 더러움을 제거하여 깨끗하게 하는 지위로서 새로운 안목을 열어가는 힘을 갖추었기에, 환희지를 경험한 수행자는 그 다음 순수성의 단계인 제2 이구지로 들어가게 된다.

문 하나를 사이에 두고 문밖과 문안이 다른 것처럼 환희지의 문밖과 문안은 다른 경계이다. 두 번째 문이 되는 이구지의 문도 마찬가지이다. 불법의 가르침을 법문(法門)이라 하는 것은 진리로 향하여 들어가는 문의 뜻이어서 문밖과 문안이 다르기 때문이다. 불법을 들음으로써 얻어지는 기쁨을 법희·법열이라 하는데 그 기쁨은 힘으로 전개되기에 이후에 펼쳐질 보살십지의 수행을 닦아나아갈 능력을 키우게 된다. 그리하여 매 단계마다 불법의 가르침을 듣고 세간에서 그 가르침을 실현하는 자에게 그 가르침을 듣기 전과 실행한 후가 달라질 수밖에 없다. 이것을 진리의 문을 통과한 것에 비유한 것이다.

금강계만다라에서는 이러한 진리의 문을 네 보살의 연결된 행으로 구성하였다. 37존 가운데 보리심류에 속하는 4보살의 수행이 바로 그것으로 네 보살의 행은 각각 분리된 것이 아니라 밀접한 연결관계에 있다. 즉 일관되어 있는 신해의 과정이다.

동방 아촉여래의 사친근 중 제1의 금강살타보살은 초발심부터 견고하고 용맹하여 물러서지 않는, 즉 수행자가 보리심을 일으켜서 깨달음을 구하는 모습을 보이고 있다.

금강살타보살의 경지를 증득하였을지라도 번뇌가 아직 제거되지 않았으면, 모든 중생들을 교화하기 어려우므로 사섭의 법을 행하여 이들을 제도해야 한다. 보리심을 일으켜 자재를 얻어 갈고리가 모든 것을 이끌어오듯이 일체를 포섭하는 보리심의 덕을 금강왕보살이 상징한다.

비록 갈고리로 끌여들었을지라도 아직 대비의 마음을 갖추지 않았다면, 반드시 모든 중생들에게 사랑하는 마음을 내어 구해주어야 함을 금강욕보살이 상징한다.

이 뛰어난 행으로 말미암아 "오호, 선재라"하면서 아주 기뻐하며 찬탄하는 역할을 금강선재보살이 담당한다.

이상의 네 보살은 금강부 가운데 아촉불의 권속들이다. 이들의 활동 목적은 보리심이 최대한 발휘될 수 있는 여건을 조성하는 데에 있다. 보리심류 네 보살의 상징성을 통해서 수행자는 발보리심이라는 법문을 열고 환희의 경지에 참여하게 된다.

여기에서 네 번째의 금강선재보살은 『금강정경』에 '일체여래께서 훌륭하게 지으신 활동'이라 하며 '금강선재극희왕'이라 표현하는 것처럼 훌륭하게 행한 일에 환희하는 덕을 상징하는 보살로서 보리심류 네 보살이 행한 활동의 마무리를 짓고 환희 가운데에 그 다음 공덕취류 네 보살의 문으로 들어갈 수 있는 힘을 준다. 연결된 행으로써 보리심을 일으켜서 대각을 구하고 대자재력을 얻어 일체를 포용하며 진실로 사랑하고자 하는 의욕을 갖게 되었을 때에 이 의욕으로 진

| 금강선재보살 |

실한 희열을 향수하는 것이 금강선재보살의 지극히 뛰어난 기쁨이다. 이 보살은 중생들에게 자비와 이타를 보여주고 계율을 지키는 자를 찬탄하고 인욕 뒤에 안락이 있음을 보여주면서 보리심의 덕을 완성시켜 준다. 따라서 백팔명찬에, '금강환희 · 마하열의 · 환희왕 · 묘살타상수 · 금강수 · 금강희약' 등의 이름으로 그 덕이 찬탄된다. 기타 다른 경전에서도 '금강칭보살', '환희왕보살' 이라고도 하며 밀호는 '찬탄 · 안락 · 선재금강 · 애락금강 · 환희금강' 등이 있다.

금강선재보살의 출생을 『금강정경』에서 보면 다음과 같다.

"이때에 세존은 다시 환희왕대보살의 삼매에서 출생한 금강삼마지에 들어가시니, 이것을 일체여래의 극희삼매라 이름한다. 곧 일체여래심이다. 일체여래심으로부터 내었을 바로 그 때 곧 저 덕을 갖춘 지금강자는 금강선재의 형상을 이루고 곧 세존 대비로자나여래심에 들어가 합하여 한 몸이 된다. 이로부터 금강희의 형상을 출현하고 저 지극한 기쁨의 성품은 금강살타삼마지에서 아주 견고한 까닭에 합하여 한 몸이 되어 극희왕대보살의 몸을 출생한다."

여기서 극희왕이란 글자 그대로 해석하면 그 이상으로 표현할 수 없을 정도의 큰 기쁨이다. 그 기쁨의 원인은 일체의 훌륭한 사업을 행하여 일체에 베풀었기 때문이다. 기쁨을 주고 스스로도 기뻐하는 극희왕대보살신은 극희삼매에서 출생한다. 금강살타보살이 보리심을 일으키게 하고, 금강왕보살이 보리심을 발한 중생을 구소하며, 금강욕보살이 화살로 번뇌를 쏘아맞추는 일체의 사업에 대해, 환희를 나타내 보임을 금강선재보살로서 의인화한 것이다.
이것이 『성위경』에는 다음과 같이 설해지고 있다.

"비로자나불은 내심에서 금강선재환희왕용약삼마지지를 증득한다. 자수용인 까닭에 금강선재환희왕용약삼마지지로부터 금강선재인광명을 유출하여 두루 시방세계를 비추고, 모든 중생들의 근심과 슬픔을 비추며 보현행에서 소극적인 마음을 일으키면, 신심으로써 환희하는 지혜를 얻게 한다. 돌아와 한 몸에 거두어져서 일체의 보살로 하여금 삼마지지를

122

수용케하기 위하여 금강선재보살의 형상을 이루고 아촉여래의 뒤쪽 월륜에 머문다."

이를 통해서 우리는 앞에서 금강살타·금강왕·금강욕보살의 활동에 이어, 그러한 활동에 의해 고양된 기쁨을 중생들 모두가 향수하게 하는 금강선재보살의 활동을 알 수 있다. 그것도 선하지 않은 모든 것을 부수어 선함 가운데 들게 하며 저 환희하지 않는 자들까지 모두 환희케 하므로 금강선재라 칭하는 것이다. 동방 아촉여래의 북방에 위치하는 금강선재보살은 『제불경계섭진실경』에 '좌우의 엄지와 검지를 펴고 세번 탄지하라. 이는 환희상이다. 만약 이러한 인을 결하면 바로 무명의 성을 벗어나게 할 수 있다'고 하는 것처럼 벅차오르는 기쁨을 손가락을 튕기는 탄지로써 상징한다. 중생들에게 자비와 이타의 훌륭한 사업을 보여줌에 따라 중생은 보리심의 덕을 완성하게 되는데, 이것은 보살에게 그 이상가는 것이 없는 최고의 환희가 될 것이다. 따라서 『금강정경』에 '금강선재인을 결함으로 해서 곧 모든 부처가 환희하시게 한다'고 하며, 『약출염송경』에 '금강환희계를 결함으로 말미암아 일체의 최승한 것을 모두 선재라고 칭탄한다'고 금강선재보살의 공능이 찬탄된다. 공양회에서 보배를 얹은 연꽃을 양손으로 들고 있는 것은 그와 같은 찬탄되어야 할 사업에 대한 무한한 공양이라 할 수 있을 것이다.

2. 공덕취사보살

🟤14 금강보보살
❇ 모든 존재가 보배와 같음을 일깨워주는 보살 ❇

"귀명 일체여래 공덕취"란 보생여래를 주존으로 하는 네 보살에게 귀명한다는 말이다. 공덕취에 속하는 보살들은 모두가 보생여래의 복덕의 활동을 분담하고 있으며 재보성을 바탕으로 하고 있다. 『삼십칠존출생의』에서는 일체여래의 절대적인 장엄에서 금강보보살을 생하고, 일체여래의 매우 위덕있는 빛에서 금강광보살을 생하며, 일체여래의 크나큰 원만에서 금강당보살을 생하고, 일체여래의 대환희에서 금강소보살을 생하여 남방 보배광명의 공덕세계를 이루어 일체여래의 머무는 바 없는 보시바라밀을 성취한다고 한다.

그 첫 번째가 금강보보살이다. 금강보보살은 『금강정경』에서 '일체여래의 대관정의 보배'와 '성스러운 허공장의 금강보'로 표현된다. 수행의 선업인 만행을 닦아 불도 수행자에게 만행의 공덕을 보이면서 걸림이 없는 보시바라밀을 행하게 하되, 그 하고자 하는 대로 한다고 하여 '여의금강'이라 하며, 두터운 복업을 짓게 하니 그 크기가 마치 허공과 같다하여 '허공장보살'이라고도 한다. 백팔명찬에서 '묘금강·의금강·금강허공·마하마니·허공장·금강부요·금강장' 등의 명칭으로 그 덕이 찬탄된다. 『금강정경』에서 이 보살의 출생을 밝힌 문단은 다음과 같다.

"이때에 세존은 다시 허공장대보살삼매에서 출생한 보배로 가지한 금강삼마지에 들어가시니 이것을 일체여래관정삼매라 이름한다. 곧 일체여래심이다. 일체여래는 가지한 바의 일체허공계에서 세존 대비로자나여래심에 섞여 들어가 뛰어나게 두루 수행하는 까닭에, 금강살타삼마지의 태장으로 이루어진 바의 일체허공계 가운데에 대금강보의 형상 등을 출현하여 일체여래의 신통과 유희로써 일체세계에 널리 시여하니, 저 일체허공계성이 출생한다. 금강살타의 삼마지에서 아주 견고한 까닭에 합하여 한 몸이 되어 허공장대보살의 몸을 출생한다."

허공장대보살삼매에서 일체여래의 관정삼매를 출생하고 이로부터 전전하여 허공장대보살의 몸이 출생하게 된다. 즉 보생불의 변화는 곧 허공장보살이며, 일체여래의 관정의 지혜창고는 허공장보살의 다른 이름이다. 『허공장보살경』에 의하면 허공장보살은 큰 위신력으로 사바세계를 정토로 변하게 하고, 일체 대중의 두 손에 여의마니를 주어 갖가지의 보물을 비처럼 뿌리고, 병을 제거하고 복을 얻게 하기 위하여 모든 다라니를 설하며, 이 보살을 생각하면 큰 힘을 얻어 모든 원을 이룰 수 있다고 한다. 『이취석』에서는 '허공장보살은 일체여래의 진여와 모래알처럼 많은 공덕과 복과 자량의 쌓임을 나타낸다. 허공장보살의 행을 닦음으로 해서 네 종류의 보시를 행하는데 삼륜청정한 것이 마치 허공과도 같다'고 한다. 그야말로 우주를 모두 함장하고 무량한 복덕과 지혜를 갖추며 언제나 중생에게 베풀어서 모든 원을 성취시키는 보살이다.

이 보살의 몸은 일체허공계의 성품을 그 바탕으로 삼는다. 일체를 수용할 수 있는 허공과 같은 덕을 의인화한 것이라 할 수 있다. 허공장보살은 금강계만다라에 등장하기 이전에 태장만다라에서 허공장원의 주존이며, 석가원에서는 석가의 오른쪽에 위치되어 있다. 그리고 『허공장보살능만청원최승심다라니구문지법』에서는 허공장보살을 중심으로 하는 허공장구문지법이라는 밀교독특의 수행법이 설해져 있는 것을 통해서 알 수 있듯이 밀교에서 중요한 역할을 수행하는 존이다. 이 보살은 금강계만다라에서 금강의 명칭을 받고 허공장보살의 성격을 이어받아 모든 존재가 보배와 같음을 일깨워주는 금강보보살로 활동한다.

세상에서 아무리 재산이 많은 갑부라 하여도 저 허공을 보배로 채울 수는 없을 것이다. 허공이란 저 무한한 하늘을 의미하며 허공장이란 저 하늘에 포함되어 있는 모든 것이 보배이기에 허공 전체를 창고라고 표현한 것이다. 우리 눈에는 산과 강과 들판이고 건물이며, 그 사이에서 살아가는 온갖 식물, 동물들과 사람들로 보여서 무수한 차별이 있을 뿐이지만 여래의 관점에서 바라볼 때 모든 것들은 무한한 가치를 지닌 보배라는 말이다. 보배라고 하는 세간에서 그 가치를 높이 사는 사물로 세상 모든 중생들이 가치 있는 존재라는 사실을 알리고자 하였으나, 정작 그 가치를 찾고자 하여 중생들을 자세히 보아도 찾을 수는 없다. 왜냐하면 중생의 성품은 텅 비어 있기 때문이다. 더 나아가 이 마음도 공하고 부처의 성품도 텅 비어 있다. 원래 텅 비어 있으므로 고정되어 있는 것이 아니며 아무런 성격도 지니고 있지 않기에 무한한 성품으로 전개되어 갈 수 있는 것이 중생의 성품이다. 부처의 성품도 마찬가지이기에 중생이 부처가 될 수 있는 것이 가능하다. 이렇게 중생이 성불할 가능성이 있음을 여래장이라 부른다. 여래장이란 공사상이라는 기본적 토대 위에서 성립한 사상으로 모든 중생들에게 부처가 될 수 있는 가능성을 설파함으로써 일반 대중들을 고무시키고자 설해진 것으로 이것이 허공장보살, 즉 금강보보살이 드러내고자 하는 보배와 같은 가치이다.

이러한 내용을 『금강정경』에서는 '금강살타삼마지의 태장으로 이루어진 바의 일체허공계'라고 하였다. 태장이란 여래장의 다른 말이다. 태장이란 바로 어머니의 사랑에 의해 아이가 잉태되어 길러지는 것처럼 여래의 대비로 인해 보리심을 발하고 삼밀의 수행을 통하여 구경의 경지에 이르도록 하는 것이다. 태장으로 표현된 밀교의 여래장은 일체개공이어서 번뇌가 공하며 중생 모두의 성불 가능성을 확인하는 본래적인 입장보다는 혼탁한 번뇌를 제거한다는 작용성에 중점을 두면서 설해지고 있다. 그 작용이 가지라고 하는 것이며, 삼밀이라고 하는 구체적 행법이다. 여래의 이성은 일체의 내부에 존재하고 있으면서 대비로 말미암아 길러지는 것이 마치 태아가 모태 안에 있는 것이나 연꽃의 씨앗이 꽃 속에 숨겨져 있는 것과 같으므로 이러한 비유로 태장을 설명한 것이다.

따라서 금강정경계통의 경전에서는 허공장보살을 '금강태보살'이라고도 하며, 『성위경』에는 금강보보살이 중생들로 하여금 스스로 여래장을 깨우치게 하는 계기로 관정을 들고 있다.

> "비로자나불은 내심에서 금강보관정삼마지지를 증득한다. 자수용인 까닭에 금강보관정삼마지지로부터 금강보광명을 유출하여 널리 시방세계를 비추고 일체중생의 정수리에 뿌려서, 보살의 불퇴전의 직위를 획득케 하며, 돌아와 한 몸으로 거두어져서 일체보살로 하여금 삼마지지를 수용케 하기 위하여 금강보보살의 형상을 이루고, 보생여래의 앞 월륜에 머문다."

이처럼 금강보보살은 보시바라밀을 완성시키는 남방 보생여래의 앞에 머물면서 허공처럼 무한한 복덕과 지혜의 두 가지 덕을 갖추고 일체의 중생으로 하여금 본래 지니고 있는 최고의 보배와 같은 덕성을 스스로 자각하도록 금강보의 광명을 두루 유출한다. 겉으로는 발보리심의 생활을 하고 수행의 덕을 쌓아가는 수행자에게 일체의 재보를 시여하는 보살이지만, 그 보배는 세간적인 보배만을 의미하는 것이 아니다. 진정한 보배란 『제불경계섭진실경』에 '지금 나는 모든

| 금강보보살 |

부처님과 보살들과 중생을 관정한다'고 하는 것처럼, 관정에 의해 중생이 스스로 마음속에 숨겨져 있는 본래의 보배인 성불의 가능성을 발견하게 하고, 더 나아가 그 보배의 성품을 육성시켜 성불에 이르게 하는 것이야말로 진정한 보배라고 할 수 있을 것이다.

『금강정경』에 '보금강인을 결함으로 말미암아 곧 부처님으로부터 뛰어난 관정을 받는다'고 하며, 『약출염송경』에는 '대금강보의 인계를 결함으로 말미암

아 모든 천인사로 하여금 그들에게 관정한다'고 하는데, 비로자나불로부터 수
여되는 관정은 밀교의 수행을 허락하는 의미를 갖는다. 여기에는 스스로가 불성
을 지니고 있다는 확신에서 출발한다. 따라서 관정이란 여래의 경지에 이르기
위한 출발이라고 볼 수 있으며, 결국 스스로도 여래의 경지에 이르며 이 경지에
이르도록 일체에게 관정을 시여하는 것이 금강보보살의 역할이다.

이 보살의 삼매야형은 광염이 있는 보배구슬이며,
금강계만다라 성신회의 존상은 왼손으로 여원인
을 하고 오른손은 보배를 받드는 형을 하고 있
다. 그리고 공양회의 상은 연화 위에 보배를 얹
은 연줄기를 양손으로 쥐고 있는데, 이들 존형과
삼매야형 등은 금강보보살이 담당하는 역할을 상
징하고 있다.

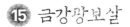 금강광보살
❀ 광명을 몸으로 하는 보살 ❀

새해 첫날이면 전국에서 해맞이하는 인파들이 바닷가나 산 정상에서 찬란한
태양이 떠오르기를 기다린다. 그들이 보고자 하는 것은 새벽에 동쪽 하늘에 붉
게 떠오르는 태양이 세상을 덮은 어두움을 불태우듯이 서서히 광명으로 바꾸어
놓는 광경이다. 광명은 어두움을 물리치며 어둠 속에 있던 수많은 사람들을 불
러모은다.

태양이 서서히 하늘로 솟아오르면서 어두움 속에 잠들었던 수많은 중생들, 즉

야행성 동물들을 제외한 대부분의 동식물은 따뜻한 햇살이 비춰올 때에 깨어난다. 그리고 그들은 태양의 광명이 빛나는 동안에 활발한 신진대사를 행한다. 광명은 이처럼 뭇 중생들을 깨어나게 하고 자라나게 한다.

광명은 스스로 밝은 것에서 그치지 않고 그 광명을 반사하는 모든 것으로 하여금 더욱 빛나게 한다. 맑은 이슬, 고요한 호수, 밝은 거울 등 밝은 광명 아래에서 빛나는 모든 것들은 깨끗한 것이다. 광명은 청정과 어울려서 그 광명이 널리 퍼져나간다. 즉 광명에는 청정의 의미와 확산의 의미가 함께한다. 그리하여 해가 밝게 빛나는 광명 아래에서는 자신과 타인, 다른 사물들을 분별하여 알아챌수 있다. 광명 아래에서는 모든 것이 선명하므로 우리는 이것과 저것을 분명히 알아챌 수 있으며, 더 나아가 지혜를 닦을 수 있다. 광명은 이처럼 지혜를 가져다 준다.

이와 같이 광명은 어두움을 밝히고 중생들을 불러오는 의미, 깨어나게 하고 자라게 하는 의미, 청정하여 일체를 분별하고 지혜를 가져오는 의미 등을 지니고 있다.

이러한 의미는 부처님의 법을 닦을 때에도 그대로 적용된다고 볼 수 있다. 불법을 만나는 순간 중생들은 그 법문을 듣기 위하여 모여든다. 흔히 번뇌망상을 어둠에 비유하고 불교의 가르침을 광명에 비유하듯이 떠오르는 태양은 우리의 자심을 가리킨다. 『진각교전』에 '뉘가 허물 없으리요 고치는 자 착하도다' 라고 하는 것처럼 자심이 광명으로 밝아올 때에 그 광명을 가리고 있던 탐진치의 번뇌는 걷힌다.

『대일경』에서 설하는 여실지자심이란 바로 자심본성을 아는 것을 말하는 것인데, 자심본성은 근본적으로 갖고 있는 본심을 말하는 것으로 자성법신이라 한다. 어떠한 중생이라도 다 본심을 갖고 있으나 탐진치의 번뇌망상이 본성을 가

130

리어서 그 광명을 못보게 하고 있다. 따라서 그 누구를 막론하고 탐진치 번뇌 망상을 걷어 없애면 본성의 광명을 볼 수 있게 된다. 태양이 솟아올라 광명을 비추는 것은 본성의 광명을 보는 것으로 이 광명을 보고자 무수한 사람들이 모여드는 것이다.

그리고 부처님 법을 통하여 깨어나고 그 가르침에 의해 우리의 정신세계는 고루 성장한다. 불법의 광명 덕분에 지혜를 갖추며 불법을 닦아나갈수록 중생들은 점점 청정해진다. 이처럼 불도를 닦는 수행자는 불법이라는 광명을 체험하는 순간부터 성불의 계기가 마련되는 것이다.

불법과 광명은 이처럼 밀접한 관계에 있기에 부처님이나 불법은 종종 세간을 밝히는 광명에 비유되곤 하였다. 경전에는 중생들이 부처님을 한목소리로 청하자 부처님께서는 빙그레 웃으시고 입에서 한없는 백천 광명을 내시었다는 표현이 자주 등장한다. 그리고 부처의 32가지 거룩한 모습의 하나로서 백호상이 있는데, 부처님의 두 눈썹 사이에 있는 희고 빛나는 가는 터럭을 의미한다. 깨끗하고 부드러워 미세한 향과 같으며, 오른쪽으로 말린데서 끊임없이 광명을 방사한다고 한다. 이처럼 부처님의 광명이 세상을 비춘다는 것은 그 지혜로 인해서 어둠과 같은 어리석음을 깨고 밝은 세상으로 나아간다는 비유로 광명이 사용된 것이다.

광명은 무수한 여래의 명칭에서도 발견할 수 있다. 아미타경에는 아미타여래에 대하여 그 수명이 무량하므로 무량수불이요 광명이 무량하므로 무량광불이라 하였으니, 아미타불은 한량없는 광명을 지니고 중생의 번뇌의 어둠을 밝히는 한편 한량없는 생명을 지녔기에 생멸이 없는 부처님이란 뜻이다. 비로자나부처님도 광명변조·변조왕여래, 또는 변조라고 하듯이 무한한 신체의 광명, 지혜의 광명이 법계에 두루 비추어 둥글고 밝은 것을 의미한다.

광명 가운데에는 보배처럼 찬란한 광명이 으뜸이다. 보생여래는 말 그대로 보배를 생하게 하는 여래로서 중생들이 가지고 있는 불성이라는 귀한 가치를 내어 쓰도록 일깨워주는 여래이다. 보생여래의 광명은 그 빛이 체계적으로 세간에 골고루 나투어지도록 보생여래를 둘러싸고 있는 네 보살로서 전개된다. 그 보살 가운데 첫번째인 금강보보살의 관정에 의해 중생들 마음속에 숨겨져 있는 본래의 보배인 성불의 가능성을 발견한 다음에, 두 번째로 금강광보살은 광명으로서 중생의 무명과 어리석음의 암흑을 깨뜨리는 역할을 담당하는 것이다.

『금강정경』에 '일체여래의 일륜광명' 과 '대묘광은 금강광이다' 라고 표현되는 금강광보살은 여러 경전에서 '금강위덕보살', '대위광보살' 이라 하며 밀호는 '위덕금강' 이라 칭한다. 보생여래의 위광의 덕을 맡아서 모든 부처님의 치열한 위광을 경례하는 보살이기 때문에 백팔명찬에는 '금강위덕 · 금강의 태양 · 가장 뛰어난 빛 · 절대적인 빛남 · 금강의 광휘 · 절대의 위덕' 등이라는 명칭으로 금강광보살의 덕이 찬탄된다. 이들 명칭의 공통점은 무한한 광명을 의미한다는 것이다.

『금강정경』에서 이 보살의 출생을 밝힌 문단은 다음과 같다.

"이때에 세존은 다시 대위광대보살삼매에서 출생한 보배 가지의 금강삼마지에 들어간다. 이것을 일체여래의 광명삼매라 이름한다. 곧 일체여래심이다. 일체여래심으로부터 나오자 마자 곧 저 덕을 갖춘 지금강은 슬한 태양을 이루고, 출현하고 저 금강일륜〔태양〕의 형상으로부터 일체세계의 극히 미세한 티끌처럼 많은 여래상을 내어서 일체세계에 널리 시여한다. 저 크고 오묘한 광명의 성품은 금강살타삼마지에서 아주 견고한 까닭에 합하여 한 몸이 되어, 대위광대보살의 몸을 출생한다."

| 금강광보살 |

　이 글에서 크고 위력있는 광명을 가진 대보살은 일체여래의 광명삼매에서 출
생하였음을 알 수 있다. 이처럼 금강광보살은 광명에서 출생하였으므로, 그 자
체 광명이면서 금강일륜을 그 삼매야형으로 하고 있다. 그러나 세간의 뜨고 지
는 태양이 아니다. 우리가 보는 하나밖에 없는 세간의 상대적인 태양이 아니라
절대의 태양을 금강일륜이라 하는 것이다. 세간의 태양은 낮에만 자라나게 할
뿐이지만 여래의 태양은 낮과 밤의 구별없이 모든 어두움을 없애어 모든 일을

성취하게 하는 영원성과 끝없이 계속 비추는 활동성이라는 세 가지 점을 지니고 있어서 세간의 태양과 다르다.

『성위경』에는 다음과 같이 설한다.

> "비로자나불은 내심에서 금강위광삼마지지를 증득한다. 자수용인 까닭에 금강위광삼마지지로부터 금강일광명을 유출하여 널리 시방세계를 비추고, 일체 중생의 무명과 어두운 어리석음을 깨어서 대지혜의 광명을 발한다. 돌아와서 한 몸에 거두어져서 일체보살로 하여금 삼마지지를 수용케 하기 위하여 금강위광보살의 형상을 이루고, 보생여래의 오른쪽 월륜에 머문다."

이와 같이 이 보살은 금강계만다라 남방 월륜 가운데 보생여래의 우측, 즉 동쪽에 머무는 보살로서, 중생의 무명과 어리석음을 깨뜨리는 지혜가 의인화되었다. 중생을 위해 불법을 설함에 따라 중생이 미혹을 버리고 스스로 지니고 있는 지혜의 광명을 발휘하도록 돕는 역할이 금강광보살로 표현된 것이다.

『금강정경』에는 '금강광보살의 오묘한 인계를 결함으로써 부처의 광명과 아무런 차이가 없게 된다' 고 그 결인의 공덕을 찬탄한다. 또한 『제불경계섭진실경』에서는 '좌우의 양손을 다시 서로 회전시켜 태양이 오른쪽으로 도는 것처럼 세 번 돌면 일천의 광명륜을 이룬다' 고 하는데, 이것은 앞에서 금강보보살이 중생이 갖춘 본래의 보배를 발견하게 하였던 것에서 더 나아가 그 보배에서 태양과 같은 광택을 발하도록 하는 금강광보살의 묘용을 상징하는 것이다.

성신회의 상은 육색으로서 좌권을 허리에 대고, 오른손은 해모양을 들고서 가슴 가까이 대고 있으며, 미세회의 상은 양손으로 해모양을 가슴 가까이 받들고 있다. 공양회의 상은 연꽃 위에 해모양을 얹고 양손으로 들고 있으며, 항삼세회의 상은 두 손을 권으로 하여 가슴 앞에 교차하여 품는 자세로 있다. 삼매야형은 빛나는 태양의 모습이다. 이들 존형과 삼매야형은 대지혜의 광명으로 모든 수행자에게 마음의 광명을 열게 함을 의미한다고 볼 수 있다.

16 금강당보살
❀ 보배의 깃발을 높이 드는 보살 ❀

깃발이라는 시에서 유치환시인은 이상향에 대한 동경을 펄럭이는 깃발로 노래하고 있다.

이것은 소리없는 아우성
저 푸른 해원을 향하여 흔드는 영원한 노스탈쟈의 손수건
순정은 물결같이 바람에 나부끼고
오로지 맑고 곧은 이념의 푯대 끝에
애수는 백로처럼 날개를 펴다. 아아 누구던가
이렇게 슬프고도 애닯은 마음을
맨 처음 공중에 달 줄을 안 그는.

그저 펄럭이는 무정물에 불과한 깃발에서 시인은 이상적 세계를 향한 강렬한 향수와 그리움을 아우성이라는 단어로 응축시키고 있다. 깃발은 풋대 끝에 매달려 해원이라 표현되는 이상세계를 실현하고자 아우성을 치지만 그 몸부림은 소리가 없기에 끝내 이상에 도달할 수 없는 애수의 손수건으로 그친다. 그럼에도 불구하고 이 시에서는 깃발을 통해 이상세계를 향한 인간의 간절한 의욕을 상징하고 있다.

깃발은 이처럼 우리의 감성을 드러내고 이상을 표현하는 상징물이다. 천이나 종이로 넓게 만들어 깃대에 다는 물건으로 그 천에 어떠한 상징을 넣는가에 따라서 국기나 군기, 단체의 상징으로 사용된다. 과거 일제 치하에서의 태극기나 종교탄압을 받는 나라에서 보는 종교의 깃발은 그대로 애국심과 애종심을 표현하기도 한다. 불교에서도 불보살 및 도량을 장엄하는 법구의 일종으로 중생의 마음을 하나로 모으고 중생을 지휘하며 마군을 굴복시키는 상징물로 오래전부터 사용하여 왔다. 대체로 불전 안에 두는 소형의 당간을 지칭하는데, 장대 끝의 모양에 따라서 용머리 모양을 취한 용두당, 여의주를 장식한 여의당 또는 마니당, 사람 머리 모양의 인두당 등이 있다. 당은 갖가지 다양한 색의 비단으로 표치하고 장엄한다.

특히 그 꼭대기에 여의주를 매달은 것을 보당이라 칭하였으니 그 여의주에서는 중생들이 원하는 갖가지 재물이 쏟아지고 소원이 성취된다. 더 나아가 광명으로 빛나는 지혜의 당으로써 모든 번뇌의 마군을 물리친다는 뜻을 상징한다.

이통현의 『신화엄경론』에서는 '십회향위의 금강당보살은 보살의 지광삼매에 드는데 금강당보살은 이 삼매에 들어서 무량한 가르침의 빛을 이끌어내어 근본지로써 빛의 근본을 삼고 차별지로써 가르침의 빛을 삼아서 근기에 따라 이익을 준다'고 하고 있다. 여기서도 지혜광명의 깃발을 높이 들어 중생에게 법의 이익을 얻게하는 면이 보이고 있다. 이 서원은 지장보살과 같다고하여 금강당보살의 동체보살로 지장보살을 든다.

지장보살은 중국·한국·일본 등지에서 관세음보살과 함께 가장 많이 신앙되는 보살의 하나로 도리천에서 석가모니부처님의 부촉을 받고 매일 새벽 항하사의 선정에 들어 중생의 갖가지 근기를 관찰한다. 석가모니부처님과 미륵불 사이의 부처님 없는 시대에 천상·인간·아수라·아귀·축생·지옥의 중생들을 교화하는 대비의 보살이다. 특히 지옥에서 고통받는 중생들을 구원하기 위해 짐짓 지옥에 들어가 죄지은 중생들을 위무하고 교화해 제도하는 위대한 '지옥세계의 부처님'으로 신앙된다. 『지장보살본원경』에는 지장보살이 석가모니부처님에게 한 서약의 내용이 있다.

"지옥이 텅 비지 않는다면 결코 성불을 서두르지 않겠나이다. 그리하여 육도의 중생이 다 제도되면 깨달음을 이루리다."

악행을 일삼는 중생이 아직 남아있고 그 과보를 치뤄야할 지옥이 남아있는 한 지장보살의 서원과 보살행은 그칠 날이 없다. 지옥중생을 남김없이 제도하여 부처님의 가르침으로 인도하였을 때 지옥세계가 사라지면 그때 지장보살의 원과 행이 다할 것이다. 그리하여 모든 중생이 해탈을 얻게 되면 지옥도 극락도 존재하지 않게 된다. 지장보살의 이와 같은 서원은 중국과 한국·일본에서 대중들의 큰 호응을 얻어 민간에 널리 신앙되었다. 지장이란 이름은 '지옥에 스며들어가 지옥의 중생을 교화하는 부처님'이라는 의미 외에도 편안하게 견디는 것이 흔들리지 않음이 대지와 같고 생각하는 바 치밀하기가 비밀창고와 같다 하여 붙여진 이름이기도 하다. 그 모습은 천관을 쓰고 왼손에는 연화를 오른손에는 보주를 들었으며, 후세에 이르러 석장을 든 사문의 모습이라든가 동자를 안은 지장의 모습이 대두되게 된다. 또는 육도를 맡아 교화하는 육존지장의 보습, 전쟁을

| 금강당보살 |

갈무리하는 승군지장상도 출현한다.

　대승불교의 지장보살이 밀교에 와서는 태장만다라 지장원 가운데 9존의 중존 지장살타가 된다. 금강계만다라에 들어와서 밀호를 비원금강 · 여원금강 · 비민 금강이라 하며 금강당광명을 유출하여 널리 시방세계를 비추고 일체중생이 마음에서 바라는 것을 가득 채우는 금강당보살로 변모하여 남방 보생여래의 서방에 위치하게 된다.

『금강정경』에는 '일체여래대마니보당'과 '묘보당즉금강당'으로 표현되며, 그 외에 '허공기보살', '보당대보살'이라 한다. 백팔명찬에 '중생을 이익하게 함 · 금강의 광명 · 뛰어난 환희 · 보배깃발 · 대금강 · 금강의 보배창고'라는 명칭으로 그 덕이 찬탄된다. 『금강정경』에서 그 출생을 밝힌 문단은 다음과 같다.

"이때에 세존은 다시 보당대보살삼매로부터 출생한 보배로 가지한 금강삼마지에 드시었다. 이것을 일체여래의 원만의요삼매라 이름한다. 곧 일체여래심이다. 일체여래심으로부터 나오자마자 저 훌륭한 지금강자는 갖가지로 교묘한 색상과 장엄한 깃발을 이루고 출현한다. 그리고 저 위대한 보배깃발의 성품은 금강살타삼마지에서 아주 견고한 까닭에 합하여 한 몸이 되어 보당대보살의 몸을 출생한다."

삼십칠존 가운데 일체여래의 대마니보당을 상징하는 금강당보살은 『금강정경』에 의하면 일체여래의 하고자 하는 일을 모두 성취하는 삼매로부터 보당대보살의 몸을 출생한다. 이 보살은 당을 들고서 언제나 사람들에게 자신이 있는 곳을 알려주어서 스스로 불도를 수행하여 얻게된 지혜를 중생들에게 널리 펼치고자 한다. 깃발을 높이 매다는 것은 멀리 있는 중생들이 이를 보고 자신들이 가야할 불도를 알려주는 활동이다.

『성위경』에는 금강당보살의 삼마지지를 다음과 같이 설한다.

"비로자나불은 내심에서 금강보당삼마지지를 증득한다. 자수용인 까닭에 금강보당삼마지지로부터 금강당광명을 유출하여 널리 시방세계를 비추고 일체중생이 마음에서 바라는 것을 채운다. 돌아와서 한 몸으로 거

두어져서 일체보살로 하여금 삼마지지를 수용케하기 위하여 금강당보살
의 형상을 이루고 보생여래의 왼쪽 월륜에 머문다."

경문에 나타나듯이 금강당의 광명이 두루 시방세계를
비춤에 따라 일체중생은 그 빛의 비추임을 받아 진리
의 세계에 눈을 뜬다. 비로자나불이 진리의 경지에
서 진리의 빛나는 가르침을 시방세계에 전하는 활
동이 금강당보살로 표현된 것이다.『금강정경』에
'금강당인을 성취함으로 해서 곧 온갖 바라는 바
를 원만하게 된다'고 하며,『약출염송경』에는 '금
강당의 인계를 결함으로 말미암아 여러가지 보배의
비를 뿌린다'고 그 결인의 공능을 설하고 있다. 금강당보
살을 허공의 깃발이라고도 하는 것처럼 중생들이 하나라도 더 볼 수 있도록 오른
손으로 장대의 끝에 여의주를 매달은 당을 가지고 허공 가득히 보배를 흩뿌려서
이 당을 보는 자 모두가 그 보배와 같은 부처님의 가르침을 가져갈 수 있게 하는
것이다.

『제불경계섭진실경』에는 다음과 같이 금당당보살의 인계를 설한다.

"먼저 양손으로 금강권을 하고 그 손바닥으로 행자의 얼굴을 향하고 좌
우의 두 주먹을 곧바로 공중에 세우라. 이를 금강당인이라 이름한다. 온
갖 중생이 애착하는 물건을 원만케 하기 위하여 이 계인을 결하고 진언
을 송한다."

140

여기서 금강당보살은 그 이름처럼 오른손으로 장대 끝에 보배의 깃발을 달고서 허공 가득히 나부끼는 모습을 보여서 이 깃발을 보는 자 모두가 부처님의 위신력을 입어 불도를 성취하게 돕는 보살임을 알 수 있다. 유치환의 시에서 깃발은 이룰 수 없는 이상세계에 대한 간절한 염원의 상징이었으나 금강당보살이 들고 있는 당은 절대적인 믿음으로 성취하고자 하는 이상세계, 즉 불국토 구현을 위해 높이 내걸은 깃발이다. 더 나아가 높이 돌출되어 대보리심을 표치하는 것으로 간주되는 장엄구이기도 하다. 여의주가 매달린 이 깃발이 높이 높이 흔들려서 허공 가운데 휘날려서 이 깃발을 더욱 많은 중생들이 보고 깃발을 따라오게 하려는 간절한 마음이 금강당보살의 당에 담겨있다.

⑰ 금강소보살
✻ 법의 기쁨을 느끼게 하는 보살 ✻

기쁘거나 즐거울 때, 또는 우스울 때 나타나는 표정이나 소리를 웃음이라고 한다. 웃음은 만병통치약이라고 하는 것처럼 잘 웃는 사람이 병에 잘 걸리지 않고, 병에 걸린 사람도 웃는 사람들이 그렇지 않은 사람보다 더 빨리 낫는다고 한다. 웃음이 병원치료보다 나은 이유는 웃을 때 체내에서 병균을 막아주는 항체를 많이 생산하기 때문이라고 하며, 웃음은 혈액을 깨끗하게 하고 스트레스, 긴장, 근심을 해소시키며 육체를 활기차게 하여 건강한 삶을 살 수 있게 한다. 장수 비결 가운데 하나가 바로 많이 웃는 것이다. 생리학적으로 보아도 웃을 때 얼굴 근육을 가장 많이 움직이므로 건강에 도움이 된다고 할 것이다. 어느 신경정신과의사는 웃음은 전두엽이나 변연계같이 뇌의 특정 부위 한두 곳에서 관장하는 것이 아니라 뇌 속의 여러 영역이 함께 작용해 만들어진다고 하였다. 뇌 속의 웃음회로에서 명령을 내려서 40개의 얼굴근육이 빚은 종합예술이 웃음이다.

또한 웃음은 우리에게 힘을 주어 어떤 고난도 극복할 능력을 주며, 상호간의 대화와 마음의 통로를 열어준다. 옛말에 '웃는 얼굴에 침 못 뱉는다' 거나 '웃는 낯에 침 뱉으랴' 는 말이 있듯이 웃음은 막힌 소통도 뚫리게 한다. 항상 웃는 얼굴을 하면 긍정적인 사고로 변할 수 있다는 주장도 있다. 미국의 심리학자 윌리엄 제임스는 이렇게 말한다. "행복해서 웃는 것이 아니라 웃어서 행복한 것이다." 행복하면 누구나 다 웃게 되지만 일상적인 생활에서도 자주 웃을 수 있는 사람은 저절로 행복해지는 비결을 알고 있는 셈이다. 웃으면 복이 온다는 말처럼 웃음이 주는 효과는 대단하다.

많은 동물 가운데에서 사람만 웃는다고 하는데, 그 이유는 동물의 경우 살아가는 데 웃음이 필요하지 않기 때문이라고 한다. 영국사람들은 남들을 웃게 하는 유머가 있는 것을 미덕의 한 가지로 여긴다고 하는 것처럼 웃음은 생리적인 현상을 넘어 심리적인 반응이고 문화적 의미를 가진다.

그래서 웃음에는 다양한 종류가 있어서 여러 가지의 감정을 표현한다. 그 가운데에는 긍정적인 웃음만 있는 것은 아니다. 비웃음은 비꼬는 웃음이며 이와 유사한 웃음으로 조소, 냉소가 있다. 헛웃음은 표정변화 없이 소리만 내는 웃음이고, 너털웃음은 소리를 지나치게 내는 웃음이다. 코로만 웃는 코웃음과 눈으로만 웃는 눈웃음은 얼굴 가운데 일부분을 사용하는 웃음이다. 웃음에 소리가 없으면 미소라 하고 크게 웃으면 대소라 하며 떠들썩하면 홍소라 하고, 갑작스럽게 크게 웃으면 폭소라 한다. 이보다 큰 것은 파안대소가 있다.

각각의 상황에 따라 사용되는 웃음의 종류가 많다는 것을 알 수 있다. 긍정적인 웃음 중에는 파안대소가 가장 크다고 할 것인데 이보다 더 큰 웃음은 없을

까? 큰 일을 성취한 자녀나 제자들을 보고 웃는 웃음은 소리가 크지 않더라도 큰 웃음인 것은 분명하다. 이보다 더 큰 것은 자신과 인연관계가 있지 않더라도 모든 중생을 향한 자비방편의 입장에서 중생들이 어두운 번뇌에서 벗어나 광명을 찾아가는 모습을 보고 웃는 불보살의 웃음일 것이다.

불교에서 웃음에 관한 가장 널리 알려진 이야기는 석가모니부처님이 대중 앞에 말없이 들어보인 꽃을 보고 지은 마하가섭의 염화미소(拈華微笑)이다.

어느 날 석가세존이 제자들을 영축산에 모아 놓고 설법을 하였다. 그때 하늘에서 꽃비가 내렸다. 세존은 손가락으로 연꽃 한 송이를 말없이 집어 들어 보였다. 다른 제자들은 그 의미를 알 수 없었지만 가섭만이 그 뜻을 깨닫고 빙그레 웃었다. 그제야 세존도 빙그레 웃으며 가섭에게 말했다. "나에게 정법안장과 열반묘심, 실상무상의 미묘법문이 있으니 이것을 너에게 전한다." 이렇게 하여 불교의 진수는 가섭에게 전해졌다. 이심전심의 정점에서 스승과 제자가 마주하는 이 미소야말로 불교에서 전하는 가장 큰 웃음이라고 할 것이다.

부처님의 웃음은 우리나라에도 전해져서 통일신라 때의 얼굴모양수막새[人面瓦]라고 하는 기와막새에 새겨져 있는 웃음을 신라의 미소라고 하며, 고구려 불상인 연가칠년명금동삼존불(延嘉七年銘金銅三尊佛)의 소박한 미소도 중생들을 향하여 있다. 서산 마애삼존불이 갖고 있는 온화하고 고졸한 미소를 백제의 미소라 하는데 최근에 일본인 소장자와 환수협상이 결렬되기는 했지만 7세기초로 추정되는 백제 금동관음상을 백제의 미소라 하는 이들도 많다.

불보살의 미소와 이에 화답하는 중생들의 웃음만큼 큰 웃음은 없을 것이다. 그것은 깨달음의 웃음이며 성취의 웃음이다. 밀교에서는 이러한 의미의 웃음 그 자체를 의인화하여 금강소보살이라 하였다.

『금강정경』에서 '일체여래의 큰 웃음'과 '크게 기쁜 웃음은 금강소'라고 표현

| 금강소보살 |

하는 금강소보살은 다른 경전에서도 '허공의 웃음 보살', '언제나 환희하는 보
살' 등이라 한다. 백팔명찬에서는 '금강미소 · 마하소 · 마하희유 · 환희를 생
함 · 금강환희'라고 그 덕을 찬탄하며, 밀호는 '환희금강'이다.

『금강정경』에 금강소보살의 출생을 밝힌 문단은 다음과 같다.

"이때에 세존은 다시 항상 환희하는 보살의 삼매로부터 출생한 보배로 가지한 금강삼마지에 드시었다. 이것을 일체여래의 환희삼매라 이름한다. 곧 일체여래심이다. 일체여래심으로부터 나오자마자 저 덕을 갖춘 지금강자는 일체여래의 크게 웃는 모습을 이루고 출현하고 나서, 일체여래의 희유한 사업을 행한다. 일체여래의 신통과 유희로써 일체세계에 널리 시여하고 나서 저 환희의 성품은 금강살타의 삼마지에서 아주 견고하게 합하여 한 몸이 되어 항상 환희하는 보살의 몸을 출생한다."

항상 환희하는 보살의 몸이 일체여래의 환희삼매에서 출생한 것처럼 환희의 성품이 금강소보살의 내용이다. 그것은 여래의 입장에서 불법을 설하는 데에 환희하고, 기쁘게 미소하여 널리 유정을 제도하는 지혜, 그리고 중생의 입장에서 그러한 설법을 듣고 부처님의 가르침을 따르며 부처님과 함께 하는 기쁨, 이 두 가지가 서로 어울려서 한 몸이 되어 금강소보살의 형상을 통하여 표현된 것이다.
『성위경』에서도 금강소보살의 웃음이라는 의미가 강조되어 설해진다.

"비로자나불은 내심에서 금강소의 삼마지지를 증득한다. 자수용인 까닭에 이 삼마지지로부터 금강소인의 광명을 유출하여 널리 시방세계를 비추고 성품이 일정하게 정해지지 않은 중생들에게 평등한 무상보리의 수기를 수여한다. 돌아와서 한 몸에 거두어져서 일체보살로 하여금 삼마지지를 수용케하기 위하여 금강소보살의 형상을 이루고 보생여래의 뒤 남쪽 월륜에 머문다."

금강계만다라 남방월륜 가운데 보생여래의 뒤쪽에 머무는 금강소보살은 보생여래가 평등성지의 활동에 의해서 중생과 함께 비원을 이루고서 기쁨을 표현하는 모습을 상징하는 보살이다. 『금강정경』에 '금강대소법에 상응하면 모든 부처와 함께 웃게 된다'고 하는 것처럼, 스스로 정진함에 따라 법열을 맛보고, 더 나아가 다른 이에게도 진리를 설하여 그들도 법열을 향유하게 하는 역할을 금강소보살이 수행한다. 이 보살의 덕을 나타내는 삼매야형은 두개의 삼고저를 겹친 사이에 입과 치아를 보이는 소저(笑杵)이다. 『제불경계섭진실경』에는 금강소보살의 결인의 모습을 다음과 같이 묘사하고 있다.

> "그 양손으로 금강권을 하고 입의 좌우에 두고 세 번 미소하라. 먼저 주먹의 앞면으로 입의 좌우에 두어 미소하고 다음에 주먹의 등으로 입의 좌우에 두어 미소하라. 후에 주먹의 앞면을 입의 좌우에 두어 미소하라. 이와 같이 시방의 중생으로 하여금 모두 기쁨을 얻어 대안락을 받게 하라."

이처럼 양손으로 금강권을 결하고, 솟아오르는 법열로 웃는 모습을 취하고 있다. 이것은 앞에서 행했던 공덕취류 사보살의 각각 특색있는 역할을 종합하여 일단 마무리짓는 모습이다. 즉 보생여래의 관정공양을 다시 넷으로 나누어 중생 모두에게 무한한 가치를 베푸는 행의 마무리이다.

첫째로 금강보보살은 중생들에게 본래 갖추고 있는 보배와 같은 성품을 일깨우는 관정의 사업을 행하며, 수행의 덕을 쌓고 만 가지 공덕의 보배를 가지는 경지를 나타낸다. 이어서 지혜의 광명으로 뚜렷하게 모든 세계를 비추어야 함을 금강광보살이 상징한다. 더 나아가 수행의 덕을 깃발처럼 높이 들고 널리 일체에 베푸는 것을 금강당보살이 널리 보이고 있다. 그리하여 이미 보시의 이익을 입었으면 서로 선우가 되어 모두가 법열에 잠기게 하는 것은 금강소보살의 경지이다.

중생들이 큰 안락을 받아 환희에 넘치게 하는 보생여래의 오묘한 작용의 완성을 금강소보살로 표현하였다. 그리하여 『약출염송경』에 '금강미소의 인계를 맺으면 속히 모든 부처님과 함께 웃게 된다' 고 그 결인의 공덕이 찬탄된다.

3. 지혜문사보살

18 금강법보살
❀ 관세음보살의 변신 ❀

불보살 가운데 가장 넓은 지역에서 오랜 세월 사랑받아온 보살로 단연 관세음
보살을 들 수 있다. 언제나 친근한 이미지로 우리에게 다가오는 관세음보살은
그 명칭 그대로 세간의 소리를 관하는 보살로서 어머니가 갓난아이의 칭얼거림
을 세심히 관찰하는 듯한 느낌을 준다. 생각건대 우리는 고난을 겪을 때에 마음
이 약해지고 누군가를 원망하기도 하며, 누군가의 도움을 간절히 기다리기도 한
다. 그래서 중생이 황야와 같은 세속에서 현세의 고뇌로 괴로워할 때에 중생이
내는 소리를 듣고 어머니와 같은 누군가가 다가와 그 아픔을 구해주었으면 하는
바람을 갖게 된다. 그때 우리 곁으로 다가오는 분이 바로 관세음보살이다. 관세
음보살이야말로 동북아시아지역에서 아주 오랜 세월, 수많은 사람들에 의해 기
억되고, 불려지며, 간절히 만나기를 바라던 대상이었으니 이것은 이 보살이 세
간의 고뇌음성을 관하며 자비를 바탕으로 하여 현세 이익을 가장 많이 시여하는
데서 기인한다고 볼 수 있다.

관세음보살이 널리 알려지게 된 것은 중국에서 구마라집이 번역한 『묘법연
화경』의 「관세음보살보문품」에 기인한다. 이 품은 『관음경』이라고 하는 명칭으
로 우리나라에 친숙하며, 단독으로 간행되어 수많은 민중들에게 독송된 경이
다. 「보문품」에는 자비깊은 관세음보살이 여러 방향을 향하여 다양하게 고뇌하
는 우리를 구원하고, 사람들에게서 위난을 제거해주고, 이익을 주는 점이 강조
되어 있다.

"한량없이 많은 백천만억 중생이 갖가지 괴로움을 당할 적에 관세음보살의 이름을 듣고 한 마음으로 그 이름을 부르면 관세음보살은 즉시에 그 말을 관하고 모두 해탈케 하느니라. 관세음보살의 이름을 지니는 이는 큰 불속에 들어가더라도 불타지 않을 것이니 이것은 보살의 신통력 때문이며, 혹 큰 물길에 빠져 떠내려가더라도 그 이름을 부르면 곧 얕은 곳에 이를 것이다. 또 수많은 중생이 금·은·유리·자거·마노·산호·호박·진주 등의 보배를 구하기 위해 큰 바다에 들어갔을 때, 갑자기 큰 폭풍이 불어와서 그 배를 나찰 귀신의 나라에 이르게 할지라도, 그 가운데 누구든지 관세음보살을 부르는 이가 한사람이라도 있다면 다른 모든 사람들까지 다 나찰의 액난을 벗어나게 될 것이다. 바로 이러한 인연으로 관세음이라고 하느니라."

관세음보살은 대자대비를 서원으로 하는 보살로서 자비의 가르침과 광명의 행을 성취하여 일체중생을 교화하고 성숙하게 하며, 항상 모든 부처님처소에 머물면서 사섭법으로 중생을 받아들여 제도한다. 그의 서원은 오직 일체중생을 섭취함에 있다. 이는 일체중생으로 하여금 죽음의 공포와 빈궁의 공포 등 현실적인 여러 가지 고통과 탐욕과 성냄과 어리석음 등 정신적인 번뇌의 모든 장애들을 제거하도록 하는 것이다. 또한 아미타불의 왼쪽 보처로서 아미타불의 뜻을 받들어 중생을 보살피고 도와줄 뿐 아니라, 극락정토에 왕생하는 자들을 인도하는 구실을 담당한다. 관세음보살에게는 관자재보살이라는 다른 명칭이 있는데, 자비를 생각할 때는 관세음보살이지만 지혜를 생각할 때는 관자재보살이다. 현장삼장이 번역한 『반야심경』 등을 비롯하여 많은 경론에 그 명칭이 보이는 관자재는 중생의 근기를 관찰함에 있어서 자재하다는 의미로 이해되기 때문이다.

또한 『천수천안관세음보살광대원만무애대비심다라니경』에서 '관세음보살은 불가사의한 위신력이 있어서 이미 과거무량겁 중에 부처가 되었으며 정법명여래라 칭한다. 대비의 원력을 펼치어 일체 보살을 일으켜서 모든 중생을 안락하고 성숙케하고자 보살을 나타낸 것일 뿐' 이라고 한다. 이외의 다른 경전에서도 관세음보살의 전생담으로서 주로 과거 오랜 겁 이전에 이미 부처님이었다는 점을 강조하고 있다. 이미 성불한 부처님으로서 관음여래라든가 혹은 정법명여래라 칭해지는 것이다.

어느 경전에서도 볼 수 있는 관세음보살의 공통점은 세상을 구하고 생명있는 자들에게 이익을 주고자 하는 것이다. 부처의 절대적 자비심인 무연대비를 중생에게 베풀어서 모든 속박으로부터 벗어나게 하는 권능을 실행한다. 그러므로 모든 불행한 중생이 관세음보살의 이름을 지송하고, 항상 마음 속에 새겨서 공경하고 예배하면 구경에는 해탈을 얻게 된다는 것이다. 『수능엄경』에서는 관세음보살이 '제가 가지가지 형상을 나타내어 가지가지 진언을 외우며, 그 형상과 그 진언이 두려움 없음을 중생에게 베푸는 것이므로 시방의 티끌처럼 많은 국토에서 저를 이름하여 시무외자라 합니다' 라고 하는 것처럼, 관세음보살은 현실에 중생의 음성을 듣는 절대자로서 세간 사람들의 호소를 계기로 하여 그들의 두려움을 없애주는 보살이라 볼 수 있다.

그러나 관세음보살에게 중생구호의 모습만 있는 것은 아니다. 「보문품」에는 언제나 우리 곁에 있는 보살로서 중생을 제도하기 위해서는 방편의 힘으로 33응신을 나타내어 중생에게 불법을 설한다고 한다.

"선남자여, 만일 어떤 세계의 중생으로서 부처님 몸으로 제도될 이는 관세음보살이 곧 부처님 몸을 나투어 법을 말하고, 벽지불의 몸으로 제도될 이는 벽지불의 몸을 나투어 법을 말하며, 성문의 몸으로 제도될 이는 곧 성문의 몸을 나투어 법을 말하고, 범천왕의 몸으로 제도될 이는 곧 범천왕의 몸을 나투어 법을 말하며, 제석천왕의 몸으로 제도될 이는 곧 제석천왕의 몸을 나투어 법을 말하고, …장자의 몸으로 제도될 이에게는 곧 장자의 몸을 나투어 법을 말하느니라. 거사의 몸으로 제도될 이에게는 거사의 몸을 나투어 법을 말하고, 관리의 몸으로 제도될 이에게는 곧 관리의 몸을 나투어 법을 말하며, 바라문의 몸으로 제도될 이에게는 곧 바라문의 몸을 나투어 법을 설하느니라."

이처럼 관세음보살에게는 대자대비의 활동과 함께 상대방에 맞추어 33가지 몸을 나타내어서 불법을 설한다는 묘용을 지니고 있다. 이외에도 변화관음으로서 33관음이 있어서 오랜 세월동안 대중들의 기원이 끊이지 않았다.

이렇게 중생을 상대하는 묘용의 부분이 강조되어 밀교의 금강계만다라에서는 법을 설하는 금강법보살로 변신하여 등장한다. 금강법보살은『금강정경』에서 일체여래의 대청정법과 능관자재금강법으로 표현되며, 기타 금강안보살, 관자재보살이라 한다. 『백팔명찬』에서는 금강연화·뛰어난 청정·관자재·금강의 오묘한 눈이라 하여 그 덕을 찬탄하며, 밀호는 청정금강이다. 『금강정경』에서 그 출생을 밝힌 문단은 다음과 같다.

"이때에 세존은 다시 관자재대보살의 삼매로부터 출생한 법가지의 금강삼마지에 드시었다. 이 명칭을 일체여래의 대법삼매라 한다. 곧 일체여래심이다. 일체여래심으로부터 나오자마자 저 덕을 갖춘 지금강자는 자성이 청정하여서 모든 것이 평등하다는 지혜에 잘 통달한 까닭에 금강살

| 금강법보살 |

타삼마지 중에서 정법의 광명을 이루고 출현한다. 저 관자재의 성품은
금강살타의 삼마지에서 아주 견고한 까닭에 합하여 한 몸이 되어 관자재
보살의 몸을 출생한다."

이 관자재보살의 몸을 출생하는 삼마지는 일체여래의 대법삼매로서 법을 설
한다는 활동이 중시되어 있다. 관자재보살의 법을 널리 펼치고자 하는 성격이

금강계만다라에 들어와 금강법보살로 계승된 것이다.

『성위경』에는 금강법보살의 광명에 대해 다음과 같이 설하고 있다.

"비로자나불은 내심에서 금강법청정무염삼마지지를 증득한다. 자수용인 까닭에 금강법청정무염삼마지지로부터 금강법광명을 유출하여 널리 시방세계를 비추고 일체중생의 오욕에 물든 몸과 마음을 깨끗하게 한다. 청정한 것이 마치 연화와 같아서 더러움에 물들지 않는다. 돌아와 한 몸에 거두어져서 일체보살로 하여금 삼마지지를 수용케하기 위하여 금강법보살의 형상을 이루고 관자재왕여래의 앞쪽 월륜에 머문다."

이처럼 금강법보살은 서방 월륜 가운데 무량수여래의 동쪽 월륜에 머물러 중생을 연화와 같이 청정하게 지켜주려는 뛰어난 지혜의 활동을 전개한다. 『제불경계섭진실경』에서 "중생으로 하여금 세간을 싫어 떠나게 하고, 출세간의 감로성에 들게 한다"는 금강법보살의 활동도 마찬가지 맥락으로 이해할 수 있다. 즉 세간의 욕락을 여의고서 보리심을 발하며, 결국 그 수행이 쌓여서 법열에 잠겨 그 법열을 향수하며, 더 나아가 중생으로 하여금 출세간의 깨달음에 들게하는 것이 이 보살의 묘용이다.

『약출염송경』에 금강화의 인계를 결하면 금강법을 보게 된다고 무량수여래의 공덕을 분담한 금강법보살의 결인의 공덕을 찬탄하고 있다. 그와 같은 금강법보살의 성격과 묘용을 상징하는 존형과 삼매야형으로 연꽃이 부각되어 표현되어 있다.

🔵19 금강리보살
✿ 번뇌를 칼처럼 끊는 보살 ✿

인간이 칼을 만든 역사는 적어도 250만년 이상이라고 한다. 칼은 무기, 도구로 활용되며, 평소 요리를 하거나 식사를 할 때 무엇보다도 자주 사용되는 도구이다. 총이 등장하기 전에 옛날 전쟁에서 모든 무기 가운데 가장 으뜸이 되는 것이 바로 칼이었다. 이 칼은 칼몸이 휘어지고 한쪽에만 날이 있는 도(刀)와 칼몸이 곧고 양쪽에 날이 있는 검(劍)으로 구분된다. 칼은 무엇인가를 자르거나 찔러서 부수는 역할을 하기에 칼에는 끊어없앤다는 개념이 들어간다.

이러한 칼의 이미지를 불교에서 활용하여 번뇌를 부수는 뜻에서부터 해탈의 표치로서 여러 존의 삼매야형으로 사용된다. 그 칼을 지물로 하는 대표적인 보살이 문수사리보살이다.

문수사리라는 명칭에서 문수는 묘의 뜻이고, 사리는 머리 · 덕 · 길상의 뜻이므로 지혜가 뛰어난 공덕이라는 뜻이 된다. 이외에 묘음보살 · 문수동진 · 유동문수 등의 이명이 있다. 대승불교의 대표적인 4대보살이 하나로 보현보살과 함께 석가모니불의 보처로서 왼쪽에 있다. 이 문수보살은 초기 대승경전인 『아미타경』과 『무량수경』, 또는 『법화경』에 문수사리법왕자라는 명칭으로 나타난다. 그후 문수는 모든 보살 중에서도 가장 중요한 보살로 활약하였다. 『방발경』에 의하면 석가도 영겁의 과거에 일찍이 어린아이였을 때 문수의 안내로 불도에 들어섰다고 하여, '문수는 불도 중의 부모' 라 설하고 있다. 또한 『수릉엄삼매경』 하권에 과거 구원겁에 용종상여래가 있었는데, 남방의 평등세계에서 무상정등각을 이루고 수명 440세에 열반에 들었다고 한다. 그 부처가 곧 지금의 문수사리법왕자이다. 『열반경』에서는 이 보살이 사위국 다라마을에서 덕망있는 바라문집안에 태어났는데, 태어날 때에 집이 연꽃처럼 변화했다고 한다. 그 어머니의 오른쪽 옆구리로 출생하여 후에 석가모니부처님 계신 곳에 이르러 출가하여 도를 닦았다고 한다. 『대보적경』 6권에 이 보살은 옛적 나유타아승지겁 이래로 18종의 대원을 발하여 불국을 엄정하여 미래에 성불하여 보현여래라 칭하며 그 불토는 남방에 있고 이름을 청정무구세계라 한다고 하였다. 특히 『유마경』에서 석가모니불을 대신하여 유마거사를 문병하여 불이의 법문을 펼친 문수보살의 이야기는 유명하다. 이외에도 대승경전 가운데에 석가모니불이나 그 제자들과 문답하는 상대방으로 문수보살이 나오는 경우가 많다. 따라서 불멸후 실존했던 인물이라고 보기도 하고, 『반야경』을 결집 편찬한 보살로도 알려져 있다.

『화엄경』에서는 비로자나불의 협시보살로서 지혜의 좌표가 된다. 보현보살이 세상 속에서 실천적 구도자의 모습을 띠고 행동할 때 문수보살은 지혜의 좌표가 되었고, 이 두 보살은 항상 서로의 지혜와 실천행을 주시하고 사랑하면서 스스로의 소임을 다하고 있다. 문수보살의 형상은 승려의 모습, 또는 동자상, 보관을 머리에 쓴 것도 있고, 대좌도 백련좌가 있으며, 공작을 탄 모습 등 여러 가지가 있지만 일반적으로 연화대에 앉아 지혜의 칼과 푸른 연꽃을 들고 있다. 때때로 위엄과 용맹을 상징하는 사자를 타고 있기도 하고, 경전을 손에 든 모습으로 묘사되는 경우도 많다. 따라서 문수보살은 지혜의 완성을 상징하는 화신임을 알 수 있다. 지혜가 완성되었다는 것은 곧 마음에 아무런 분별심이나 차별의식, 우열관념 등이 없는 밝음을 의미한다.

보통 우리나라에서도 보살이라 하면 자비를 상징하는 관자재보살 다음으로 지혜를 상징하는 문수보살이 언급된다. 이것은 문수보살에 관한 신앙이 우리나라에 전래된 결과이다. 그 신앙의 근거는 『화엄경』에 문수보살이 머무는 곳으로 동북방 청량산을 들고, 『문수사리법보장다라니경』에는 중국에 다섯 봉우리의 산이 있다고 설하는 데에 기인한다. 이로부터 중국 산서성의 청량산(오대산)이 문수의 영지로 유명하였다. 당나라 때에는 불공삼장 등이 주청하여 칙령으로 천하의 사찰 안에 각기 한군데 좋은 곳을 택하여 대성문수사리보살원을 설치하고 문수의 소상을 안치하게 하였다. 『송고승전』 4권에도 규기가 오대산에서 문수보살상을 옥으로 조성하였다고 한다. 이와 유사한 기록은 모두 열거하기 어려울 정도여서 중국에서 성행한 문수신앙을 알려주고 있다. 우리나라에서는 강원도 오대산에 있다고 하여 지금도 그곳의 상원사는 문수를 주존으로 모시고 예배하며 수행하는 도량으로 유명하다. 우리나라에 최초로 문수신앙을 들여온 이는 자장이며, 이밖에도 신라의 경흥이 문수의 경책을 받은 일이나 연회가 문수보살을 친견한 이야기, 신라의 태자 보천과 효명이 오대산에 문수보살을 중심으로 한 오방위신앙을 정립시킨 것, 경순왕이 문수보살의 화신인 줄 모르고 공양올리기를 꺼린 설화, 문수보살과 함께 수도했던 고려 고승 3인에 얽힌 설화, 세조의 병을 고쳐준 문수동자의 설화, 문수동자의 경책을 들은 환우화상이야기, 땡추로 변화한 문수보살, 하동 칠불암의 문수동자 설화 등 많은 이야기가 전래되고 있다.

밀교에 수용된 문수보살은 『금강정경』에서 다음과 같은 과정을 거쳐 새롭게 출생한다.

"이때 세존은 다시 묘길상대보살삼매로부터 출생한 법가지의 금강삼마지에 드시었다. 이를 일체여래의 대지혜삼매라 이름한다. 곧 일체여래심이다. 자심으로부터 내어서 이 진언을 송한다. 일체여래심으로부터 나오자마자 곧 저 구덕지금강자는 위대한 지혜의 검을 이루고 출현하고 나서 저 묘길상의 성품은 금강살타삼마지에서 아주 견고한 까닭에 합하여 한 몸이 되어 묘길상대보살의 몸을 출생한다."

| 금강리보살 |

위 인용문에 의하면 금강리보살의 출생 근거는 일체여래의 대지혜삼매이며, 이 삼매는 묘길상보살, 즉 문수사리보살의 삼매로부터 출생한다.

다시 『성위경』을 찾아보면 다음과 같이 언급하고 있다.

"비로자나불은 내심에서 금강리검반야바라밀삼마지지를 증득한다. 자수 용인 까닭에 금강리검반야바라밀삼마지지로부터 금강의 날카로운 검의 광명을 유출하여 시방세계를 두루 비추고, 일체중생의 번뇌를 끊고 모든 고뇌를 떠난다. 돌아와서 한 몸에 거두어져서 일체보살로 하여금 삼마지지를 수용케 하기 위하여 금강검보살의 형상을 이루고 관자재왕여래의 오른쪽 월륜에 머문다."

이처럼 그 지혜의 측면을 계승하여 날카로운 검으로 상징하기에 금강리를 금강검이라고도 한다.

『금강정경』에는 '일체여래대지혜'와 '묘길상지금강리'로 표현되며, 기타 '묘길상보살', '금강수지보살'이라 하고, 『백팔명찬』에는 '마하연나·마하기장·문수사리·금강장·금강심심·금강각'이라 하고 밀호는 '반야금강'이다.

『삼십칠존심요』에는 금강리보살과 동체인 문수사리보살의 역할에 대하여 다음과 같이 설하고 있다.

"문수사리대보살은 반야바라밀을 원만히하여 지혜가 끝이 없다. 지혜의 검을 쥐고서 번뇌의 그물을 자르며, 네 가지 마군과 이승의 견고한 집착의 마음을 없애고 머무는 바가 없다. 공이나 유에도 머물지 않는다. 영원히 두 가지 극단적인 견해를 끊고 일체유정의 번뇌의 마음을 잘 끊어서 언제나 무위에 주하고 지혜가 원명함은 곧 문수반야의 지혜이다."

『인왕반야다라니석』에는 '금강리란 반야바라밀금강의 날카로운 검으로 번뇌의 싹을 끊어버린다. 금강리는 문수사리보살이라 이름하며 이 까닭에 이 보살은 손에 금강검을 지니고 있다고 하며, 『이취석』에는 이 금강과 같이 견고한 대지혜의 날카로운 금강검이 바로 반야바라밀다 지혜의 검으로 삼해탈문에 머물어

진여 · 법신 · 상락아정을 현현한다. 문수사리보살에 의하여 이 지혜를 증득함으로 해서 문득 평등하고 바른 깨달음을 이루게된다고 표현되어 있다.

『일체비밀최상명의대교왕의궤』에서는 "대승의 미묘한 지혜 지극히 날카로와 모든 번뇌의 종자 끊고 지혜의 장애 깨뜨림도 역시 그러하니 이것이 바로 금강리보살이다."라 하고 있다. 『약출염송경』에서도 "금강장검계를 결함으로 말미암아 그는 일체의 고를 끊는다"고 하듯이, 이 반야의 날카로운 검은 일체중생의 모든 번뇌를 끊어버리고 모든 고뇌에서 벗어나게 하는 금강리보살의 활동, 그 자체이다. 이러한 표현은 금강계 만다라에서 서방월륜 가운데 무량수여래의 우측, 곧 남방에 머무는 금강리의 성격과 묘용을 보이고 있다. 그렇게 할 수 있는 것은 금강리보살의 오묘한 인의 가지로 말미암아 반야의 깊고 깊은 지혜를 획득하였기 때문이다. 금강리보살의 존형은 만다라에서 검을 든 모습으로 표현되며, 그 삼매야형은 연꽃 위의 검이다.

㉓ 금강인보살
❊ 발심하자마자 법륜을 굴리는 보살 ❊

연꽃이 가진 상징적 의미 가운데 화과동시(華果同時)라는 말이 있다. 일반적으로 모든 꽃은 꽃이 지면서 열매를 맺지만 연꽃은 꽃과 열매가 동시에 맺힌 것을 가리키는 말이다. 연꽃만 그러한 것이 아니라 세상 모든 일에는 인과의 도리가 함께 함을 볼 수 있다. 될성부른 나무는 떡잎부터 알아본다는 속담처럼 원인에는 이미 결과가 내재해 있는 것이다. 예를 들면 백미터 단거리 경주나 마라톤의 경우에 맨 처음 내딛는 걸음에는 목적지까지의 결과가 이미 담겨있다. 모든 걸음에는 처음의 원인과 나중의 결과가 깃들어있어서 걸음이 시작에 가까운지 목적지에 가까운지 정도의 차이는 있을지언정 시작과 끝을 함께 가지고 있다. 이것을 더 확대하면 지금의 이 순간은 무한한 과거의 결과이면서 무한한 미래의 원인이 된다. 매 순간 순간은 인(因)이면서 동시에 과(果)이기도 하다. 우주의 모든 것이 원인이면서 결과로서 무한한 가능성으로서 흐르고 있다. 예를 들어서 내가 만일 어떤 모임에 갔다고 하면 지나간 온갖 인연의 결과로 그 자리에 있는 것이고, 동시에 미래에 전개될 무한한 원인으로써 그 자리에서 인연이 전개되어 가는 것이다. 내가 바라보는 방향, 내가 일으킨 마음, 나의 행위 모두는 결과이면서 원인이고, 무한한 수렴과 확장의 의미를 지니고 있다.

　마찬가지 논리로 우리 가운데 누군가가 바른 깨달음을 이루겠다는 발심을 하면 그 시작이 되는 발심속에는 결과로서의 바른 깨달음이 담겨있게 된다. 이것을 초발심시변성정각(初發心時便成正覺)이라 하며 처음에 발심할 때에 문득 바른 깨달음의 결과가 내재해 있다는 것이다. 깨달음을 이루면 또한 궁극의 목적인 중생교화에 나서야 한다. 『대일경』의 삼구법문에서 보이는 것처럼 보리심을 인으로 하면 대비를 근본으로 하여 궁극적으로 중생교화의 방편으로 나아가야 하기 때문이다. 그래서 발심하자마자 법륜을 굴릴 수도 있게 된다. 대승불교 보살의 이념인 자리이타가 전후 구별없이 전개되는 것이다. 발심과 동시에 법륜을 굴리며 어떠한 대상이든 남김없이 설복하여 진리에 눈뜨게 하는 위력을 갖는 이러한 가능성을 재발심전법륜보살이라 한다.

　법륜이란 법의 바퀴를 가리키는데 륜(輪)이란 범어로 차크라라고 하며 바퀴처럼 둥근 모양이다. 고대 인도에서는 우주의 바퀴를 범천의 바퀴라 하여 이를 돌리는 자는 신들 가운데서 최고의 신이라 생각했으며, 지상에서도 이상적인 왕은 7개의 보물을 소유하고 그 하나인 윤보를 굴리는 자라고 하여 전륜성왕이라 불렀다. 륜은 일종의 무기로서 커다란 바퀴 양쪽에 창을 달았기에 굴러가면서 적들을 무찌른다고 해서 고대 인도에서는 이보다 더 효과적인 무기가 없었다. 그래서 륜을 굴리는 왕은 인도를 통일하여 다스릴 수 있는 능력을 지닌 전륜왕이라고 하였으며, 윤보는 어떠한 적들도 다 물리치는 고대인도 제왕의 표치로 사용되었다. 이러한 이미지를 불교에서 가져와 부처의 교법이 중생의 번뇌 망상을 없애는 것이 마치 전륜성왕의 윤보가 산과 바위를 부수는 것 같으므로 법륜이라 하였다. 또 교법은 한 사람이나 한 곳에만 머물러 있지 아니하고 늘 굴려서 중생들을 이롭게 함이 마치 수레바퀴와 같으므로 법륜이라 한다. 법륜을 지닌 부처님은 전륜성왕이 윤을 가지고 사방을 제압하듯이 부처의 설법도 외도들을 모두 설복시키는 법의 바퀴를 굴린다고 비유되었고, 이를 전법륜이라 한다. 굴려야 할 법륜 가운데 특히 밀교의 가르침을 금강륜이라 한다. 진리를 상징하는 8폭의 법륜은 밀교를 가리키는 말로서 금강승과 함께 사용된다.

재발심전법륜보살의 이미지는 금강계만다라에 들어오면서 금강의 명호로써 금강인(金剛因)이라 개명하였다. 그리고 진리를 펼치는 전법륜의 특성에 따라 서방 월륜 중 무량수여래의 좌측, 즉 북방에 자리잡게 되었다.

이 보살은 『금강정경』에서 일체여래의 큰 바퀴라고 부르며, 또한 전법륜대보살·평등심을 일으켜 법륜을 굴리는 대보살·금강장·보리도량·재발심전법륜보살이라 한다. 기타 다른 경전에서도 금강륜보살, 전법륜보살, 재발심보살로 표현된다. 백팔명찬에서는 금강륜·마하이취·대견실·묘전륜·금강기라고 하는데 모두 법륜을 굴린다는 점에 초점이 맞추어져 있고 밀호는 불퇴금강이다. 『금강정경』에서 그 출생을 밝힌 문단은 다음과 같다.

"이때에 세존은 다시 평등심을 일으키는 전법륜대보살삼매에서 출생한 법가지의 금강삼마지에 들어가시니 이 이름을 일체여래의 대륜삼매라 한다. 곧 일체여래심이다.

금강륜의 상을 출현시키고 부처님의 손바닥 안에 머문다. 그런 다음에 저 금강륜의 상 가운데로부터 일체세계에 극히 미세한 티끌처럼 많은 여래상을 내어서 이에 평등심을 일으켜 묘한 법륜을 굴리는 등 일체부처의 신통과 유희로써 일체세계에 널리 시여하고 나서, 저 평등심을 일으켜 법륜을 굴리는 성품은 금강살타삼마지에서 아주 견고한 까닭에 합하여 한 몸이 되어 평등심을 일으켜 법륜을 굴리는 대보살의 몸을 출생한다."

금강인보살을 출생한 일체여래의 대륜삼매는 큰 법륜을 굴리는 삼매이다. 이 삼매로 인해서 중생들 모두가 법계만다라에 깨달아 들어오게 하는 것이다.

다시 『성위경』에는 이 보살의 삼마지지를 다음과 같이 밝히고 있다.

"비로자나여래는 내심에서 금강인전법륜삼마지지를 증득한다. 자수용인 까닭에 금강인전법륜삼마지지로부터 금강륜광명을 유출하여 널리 시방 세계를 비추고, 사섭법으로 일체중생을 포섭하며, 무상보리에 머물게 한다. 돌아와서 한 몸에 거두어져서 일체보살로 하여금 삼마지지를 수용케 하기 위하여 금강인보살의 형상을 이루고 관자재왕여래의 왼쪽 월륜에 머문다."

중생을 포용하며 무상보리에 머물게 하기 위해서는 그 사업을 위한 설법을 해야 한다. 설법하는 것이 윤을 굴리는 것으로 비유되며, 그 윤은 전륜성왕의 윤처

162

| 금강인보살 |

럼 어떠한 상대든지 설파하여 보리심을 불러 일으키는 대용맹심을 지니고 있다.
따라서 이 보살의 인계를 맺으면 오묘한 법륜을 굴릴 수 있게 된다. 그것은 전법
륜의 지혜가 설법교화의 인이 되며 전법륜지를 내증으로 하는 보살을 금강인보
살이라 하기 때문이다. 또한 선정과 지혜의 힘으로 스스로 깨달은 즐거움을 자
신만이 향유하는 것이 아니라, 일체중생에게 돌려 함께 이익케하고자 법륜의 바
퀴를 굴리되, 그 견실하기가 금강과 같다. 그 설법하는 교화의 인은 물러섬이 없

는 전륜성왕의 천하평정의 보륜과 같아서 중생심이 있는 곳이면 언제든지 법신과 중생이 둘이 아니라는 만다라세계의 법을 굴리는 보살이다. 『금강정경』에 금강륜의 인계를 견고하게 결하기에 모든 만다라를 주재하게 된다고 하며, 『제불경계섭진실경』에는 다음과 같이 견고한 금강법륜이 중생교화의 굳센 서원[지]을 상징함을 설한다.

"나는 금강인보살이다. 나는 세간의 아주 귀한 감로이다. 나는 금강의 위대한 가르침의 바퀴이다. 내 몸의 색과 모든 부처님과 보살들, 온갖 중생, 시방세계의 산천과 강, 연못, 초목, 수풀은 다 홍련색이다. 나는 지금 금강법륜을 시방세계에 세 번 굴린다."

앞에서 금강리보살의 반야의 바른 지혜를 인으로 해서 금강인보살은 금강의 법륜을 굴리는 것이다. 따라서 『약출염송경』에 '금강륜의 인계를 결함으로 말미암아 일체여래가 설하신 법륜을 굴린다'고 그 결인의 공덕이 찬탄되며, 『이취석』에서는 '재발심전법륜보살'이란 서남쪽의 월륜에 있으면서 일체여래의 네 가지 륜을 나타낸다. 그것은 금강계륜, 항삼세륜, 변조복륜, 일체의성취륜이다. 진언행을 닦는 보살은 이와 같은 륜에 들어감으로 해서 사종지인에 의지하여 십육대보살을 성취하고 문득 위없는 깨달음을 증득한다'고 금강인보살의 동체인 재발심전법륜보살의 묘용을 설하고 있다.

이와 같은 묘용을 상징하기 위해 금강인보살은 삼매야형으로 오른손에 팔폭륜을 가지고 가슴 앞에 대고 있는데, 이것은 팔정도의 지혜를 바탕으로 해서 금강법륜을 시방계에 굴리는 자세를 나타낸다. 이러한 의미를 수인으로 나타낼 때에는 양손을 금강권으로 하고 두 집게손가락을 나란히 펼쳐서 가슴 앞에서 돌린다.

21 금강어보살
✳ 말없이 전하는 지혜로운 비밀어 ✳

언어의 기능은 전하는 데에 있다. 인간의 사상이나 감정을 표현하고 뜻을 소통하기 위하여 소리나 문자 등의 수단을 사용하여 전달하는 것이다. 인간은 언어를 사용하여 사회집단의 구성원으로서, 문화에 대한 참여자로서 자신의 생각을 표현한다. 언어를 통하여 사람은 사회집단을 이루어 생존하고, 자기가 속하는 사회·문화 속에 참여할 수 있다. 사람과 사람, 또는 둘러싼 환경 사이의 상호작용 가운데 언어는 중요한 요소이다.

그러나 언어는 전하는 데에만 그치지 않는다. 자신이 소속된 집단의 언어를 학습하고 이것을 타인에게 전달하며, 언어를 통해 경험을 전하는 능력은 문화로 알려진 모든 행동양식 발전의 기초이며 인간다운 삶의 근본이다.

그래서 언어는 소통과 진보의 도구이지만 언어가 통하지 않을 때에는 도리어 장벽이 되기도 한다. 지구상의 많은 국가가 각기 다른 언어를 사용하는 것은 국가 간에 또는 부족 간의 교류가 잘 이루어지지 않았기 때문이라고 한다. 한 국가에서도 교류가 뜸한 지방의 언어는 다른 지방어와 만날 때 소통이 쉽지 않다. 사람들은 자신이 속한 지역의 습관이나 음식을 고집하는 것처럼 언어의 습관을 쉽게 놓지 않으며, 다른 지역의 언어에 대해 거부감을 느낀다. 이것은 과거에 지역과 지역, 나라와 나라 사이에 서로 평화롭게 지내기보다는 영토와 식량을 차지하기 위한 투쟁의 역사가 대부분인 것이 그 이유라고 한다.

현대에 이르러서는 영역확장과 재물을 추구하기 위하여 오히려 언어의 장벽을 넘어서려 하고 있다. 현재 세계의 젊은이들이 타국의 언어를 익히는 데에 많은 시간을 보내는 것은 소통의 영역을 보다 넓히기 위한 노력이다.

과거에도 불교를 세계에 전하기 위해서 인도의 승려들이 수많은 지방어가 있는 인도에서, 그리고 서역과 동아시아, 동남아시아 등지로 퍼져나갈 때에 이들이 법을 전하기 위한 방법도 언어였고 장벽이 된 것도 언어였다.

불교경전에서는 이러한 언어의 문제에 관한 언급이 있다.

『화엄경』에서 "한 음성 가운데서 한량없는 음성을 내어 중생들의 차별한 마음을 따라 골고루 이르러서 그로 하여금 해탈케 한다"고 한다. 여기서의 한 음성은 중생의 근기에 맞는 다양한 설법이기도 하지만 중생들에게 전달하고자 하는 진실한 마음을 가리킨다. 진실하기에 언어가 막힐 때 접하게 되는 장벽이라는 점이 전혀 문제가 되지 않는다. 그래서 밀교에 이르러 『제불경계섭진실경』에는 모든 언어에 통달한 금강어보살이 등장한다.

> "나는 금강의 언어이다. 나는 지금 모든 중생에게 완전한 성취법을 수여한다. 내 몸의 색과 모든 부처님과 보살들, 온갖 중생, 시방세계의 산천과 강, 연못, 초목, 수풀은 다 홍련색이다. 이렇게 생각하고 나서 금강권을 하고 입의 좌우에 두고 오고 가는 모습을 만드는 것이 마치 금강어언보살과 같다. 이 인을 결하면 온갖 중생의 언어에 통달한다."

한 음성으로 무수한 언어를 설한다고 하는 구절은 여러 경전에서 설하고 있으며 그 대표적인 보살을 금강계만다라의 금강어보살에서 볼 수 있다. 혹은 과거에 언어소통으로 인해 곤란을 겪었던 전법승이 갖고자 했던 수승한 능력이 금강어보살로 승화된 것이라고도 볼 수 있다. 금강어보살에게서는 언어가 달라서 법을 전하지 못하는 일은 없다.

금강어보살은 『유가유기경』을 비롯한 여러 경전에서 '금강언보살', '금강어언보살', '무언대보살'이라 하며, 모든 중생의 언어에 통달하여 모든 중생들의 언어대로 알아들을 수 있게 제법의 실상을 중생을 위하여 설법하는 보살이다. 그래서 『백팔명찬』에는 '금강어언·금강염송·무언의 깨달음을 수여함·금강의 최고 성취·금강언설'로 그 덕이 찬탄된다. 이러한 명칭에서도 알 수 있듯이 금강어보살의 특징은 설법에 있다. 학문의 완성을 언어의 표현에서 보듯이 불교의 가르침은 언어가 되어 중생들에게 전달되어야 한다. 이것은 아미타불을 주존으로 하는 지혜문 4보살의 궁극적 활동목적이기도 하다. 중생들로 하여금 지혜를 증장시키고 번뇌를 없애고자 4보살 가운데 금강법보살은 중생의 청정함을 지켜주는 뛰어난 지혜의 활동을 전개한다. 그리고 번뇌를 아직 끊지 못한 중생들에게 금강리보살은 법열의 마음을 가지고 반야의 바른 지혜를 일어나게 하고 일체의 번뇌를 끊게 한다. 또한 곧 발심하자마자 곧 법륜을 굴리는 보살이 지혜를 인으로 하는 금강인보살이다. 이러한 모든 활동은 비밀어를 지닌 금강어보살에 의해서 일단락되는 것이다.

그러나 금강어는 『금강정경』에 '일체여래의 비밀어'와 '무언대보살'로 표현되듯이 말없이 전하는 지혜로운 비밀어이다. 『금강정경』에서 그 출생을 밝힌 문단을 보면 다음과 같다.

"이때에 세존은 다시 무언대보살삼매에서 출생한 법가지의 금강삼마지에 들어간다. 곧 일체여래심이다. 일체여래심으로부터 나오자마자 곧 저 덕을 갖춘 금강수보살은 일체여래 진리의 문자를 이루고 출현하고 나서 이로부터 금강염송의 모습을 출현하고 일체여래의 법광명을 내뿜으며, 일체부처의 신통과 유희로써 금강살타삼마지에서 아주 견고한 까닭에 합하여 한 몸이 되어 무언대보살의 몸을 출생한다."

이와 같이 금강어보살은 무언대보살삼매에서 출생하였으며, 무언으로써 법광명을 내뿜으며 고요히 퍼지는 가르침이 금강어보살의 설법이다. 진리의 문자로부터 출현한 금강염송도 입을 다물고 묵묵히 하는 염송을 가리킨다. 이것은 앞에서 '저 견고한 본래의 무신으로 말미암아 금강살타신을 출현한다'는 것과 같은 맥락에서 이해할 수 있을 것이다. 즉 무언의 설법에서 금강과 같이 견고한 설법이 보여지는 것이다. 『화엄경』에서 "여래의 음성은 방소에 머무르지 아니하여 말이 없다."고 한다. 정해지지 않은 모습이기에 모든 언어에 맞는 무한한 모습을 구현하는 것이 여래의 음성이다.

다시 『삼십칠존심요』에는 다음과 같이 무언의 의미를 설한다.

"진여법계는 평등한 경전이다. 갠지스강의 모래알처럼 많은 법문이 원만하고, 대승불교의 공성를 깨달아 열어 펼치지 않음이 없다. 이에 뛰어난 법을 모든 부처님과 함께 담론하며, 율을 외우고, 훌륭하게 일대의 진언을 여기에서 준비한다. 이것이 말없는 무언보살의 언어삼마지지이다."

만일 법을 설하되 그 법에 고정불변의 성격이 있어서는 참된 가르침이라 할 수 없다. 대승의 공을 설한다면, 그 가르침마저도 종국에는 강을 건넌 뗏목처럼

168

| 금강어보살 |

버려야 하는 것이 언어이다. 왜냐하면 언어의 특성은 무엇인가 완결된 것, 고정된 것으로 만들어버리는 힘이 있기 때문이다. 대승의 공은 그 어떤 것도 정해진 것이 없다는 것이므로 고정성을 지니는 언어로써는 그 의미를 온전히 전달할 수 없다. 마치 『유마경』에서 문수보살이 불이(不二)법문에 대한 견해를 유마거사에게 물었을 때에 그 유명한 침묵으로 설법을 대신한 것과 같다. 침묵이란 상대적인 언어로 설명하는 분별의 차별심을 텅 비운 본래심의 입장이며, 진실과 하나

가 된 불이의 경지를 그대로 나타낸 것이다.

이와 같은 무언의 설법을 성취하기 위하여 『금강정경』에는 '금강결인과 상응하므로 최상의 금강어를 성취한다' 고 하며, 또 『약출염송경』에는 '금강어언의 인계를 결함으로 말미암아 염송의 성취를 얻는다' 고 그 결인의 공능을 설한다. 『성위경』에는 그 언어를 떠난 무언의 삼마지지를 다음과 같이 설하고 있다.

"비로자나불은 내심에서 금강밀어의 언설을 떠난 삼마지지를 증득한다. 자수용인 까닭에 이러한 삼마지지로부터 금강의 혀[舌] 위의 광명을 유출하여 널리 시방세계를 비추고, 시방 일체중생의 못된 꾀를 없애며, 네 가지 걸림없는 말솜씨를 얻게 한다. 돌아와서 한 몸에 거두어져서 일체 보살로 하여금 삼마지지를 수용케 하기 위하여 금강어보살의 형상을 이루고 관자재왕여래의 뒤쪽 월륜에 머문다."

여기에서 금강의 혀는 온갖 중생의 언어에 통달하면서도, 우리들의 상대적인 언설이 아닌 절대의 금강어로 사람들의 마음에 품은 온갖 못된 꾀와 악행을 제거하고, 사람들에게 진리를 이해하게 하는 언어를 떠난 언어를 상징한다. 이와 같이 말없이 사람을 납득시키는 수승한 지혜와 뛰어난 변론의 묘용을 상징하기 위하여 금강어보살은 오른손으로 여래의 혀[舌]을 들고 가슴에 대고 있으며, 좌권은 무릎 위에 놓고 있다. 이것은 지혜의 비밀어를 가지고 중생들에게 설하고 있음을 나타낸다.

4. 대정진사보살

22 금강업보살
❋ 부사의한 교화행을 실천하는 보살 ❋

업(業)이란 짓는다는 뜻이다. 마음으로 하는 작용인 생각이 뜻을 결정하고 업을 짓게 하여 선악의 업이 생긴다. 업은 생각하고 사유하는 정신적인 뜻의 업과 한번 뜻을 결정한 뒤 바깥으로 표현되는 몸의 업과 입의 업으로 나뉜다. 곧 신구의 3업이다. 3업은 모두 인간의 의식을 기본으로 하여 펼쳐지는 것으로 한 개인의 삶이나 여럿이 모여있는 복잡한 사회생활까지도 물의 흐름과도 같이 끝없이 흐르는 우리 의식의 전개과정이다. 우리의 의식이 업으로 드러날 때에는 힘을 가지게 되어 과보를 불러일으킨다. 업력은 역학적 인과관계에 의하여 그 강약에 따른 인과응보의 결과로서 선악의 과보를 받게 되는 것이다. 불교에서는 이러한 업의 논리에 의하여 개인이 주변 환경과 밀접한 관계를 갖고 순환되고 있음을 강조한다. 그리고 이러한 일상생활의 굴레로서 윤회하는 업으로부터 벗어나는 것을 해탈이라 한다.

그렇다면 업으로부터 해탈한 이후의 행위는 무엇이라고 할 수 있겠는가?

여기에 해당되는 업이 바로 부사의업이다. 그 옛날 인도의 니련선하 보리수 아래에서 정각을 성취한 석가모니불이 그대로 열반에 들었다면 우리는 불교를 알 도리가 없다. 그러나 범천의 권청에 의해 열반에서 방향을 돌려 중생계를 향하였으며, 전법이라는 업을 행하셨기에 우리가 지금 불교의 가르침을 알 수 있게 된 것이다. 이와 같이 깨달은 자의 중생제도를 위한 활동은 생사에 윤회하여 그 과보를 받는 중생의 업과 다른 부사의업이다. 『대승기신론』에서 설하는 부사의업상은 지정상(智淨相)이라고도 하며 진실한 지혜로써 증득한 진여의 근본 깨우침 위에 갖추어 있으므로 다른 이를 교화하고 이익케 하는 부사의한 작용이라 하고 있다. 밀교에서는 이러한 작용을 행하는 존재를 일컬어 법신의 변화한 바, 즉 변화법신이라 한다. 만다라에 등장하는 여러 불보살은 근본인 비로자나불로부터 전개되는 다양한 활동을 상징하는 변화법신의 형상화이다.

금강계만다라에서는 북방에 그러한 역할을 맡고 있으며 이 방향은 중생들이 보기 좋아하는 몸으로 변화하여 중생제도활동을 펼치는 불공성취여래의 세계이다. 불공성취여래의 해탈륜에 속하는 네 보살은 불공성취여래의 성격을 따라 대정진의 4보살이라 부른다. 『삼십칠존출생의』에서는 이들 4보살의 출생에 대해 일체여래의 뛰어난 공예와 대비의 갑옷, 두려움 없이 조복함, 성취에 머무름이라는 개념으로부터 각각 금강업·금강호·금강아·금강권의 네 보살을 출생한다고 하여 일체여래의 중생을 교화하는 대정진바라밀을 성취하는 활약을 나타내주고 있다.

그 첫 번째가 금강업보살이다. 정진바라밀을 성취한 북방 불공성취여래의 4친근의 첫째로서 『금강정경』에는 '일체여래의 헛되지 않는 갖가지 사업'이라 하며 '갖가지 사업을 행하는 금강업보살'이라 표현된다. 다른 경전에서는 '금강갈마보살', '비수갈마대보살', '교업대보살', '허공고보살'이라 하며, 백팔명찬에는 금강의 뛰어난 활동·금강의 오묘한 가르침·모든 장소에서 두루 행함·금강의 헛되지 않음이라 한다. 밀호는 금강불공·선교금강·변사금강으로 불린다. 업이라는 명칭이 말해주듯이 여래의 사업의 덕을 관장하며, 일체중생으로 하여금 일체여래와 모든 보살에 대한 공양 사업을 성취시키는 존이기 때문에 그 행위를 중시하여 뛰어난 교화행을 실천하는 보살로 그 덕이 찬탄된다. 바른 지혜로 관찰하고 훌륭히 설하는 행위가 모두 남을 이롭게 하는 것으로 그 미묘한

172

가르침이 세간 생활상에서 낱낱의 실천수행임을 보이고 있다. 이 보살은 무량겁에 스스로 수행하고 증득하여 선교방편으로 다른 이를 교화하는 사업을 성취하였다. 『금강정경』에서 이 보살의 출생을 밝힌 문단은 아래와 같다.

"이때에 세존은 다시 일체여래의 교업대보살삼매에서 출생한 갈마가지의 금강삼마지에 들어가니 이 명칭을 일체여래의 갈마삼매라 한다. 곧 일체여래심이다. 일체여래심으로부터 내자마자 일체갈마평등지로써 금강살타삼마지에서 잘 통달한 까닭에, 곧 저 구덕지금강자는 일체여래의 갈마광명을 이루고 출현하고 나서, 이 광명으로 일체세계를 두루 비추고, 섞여서 일체여래의 광대한 갈마의 세계를 이룬다. 저 일체여래의 가이없는 사업의 성품은 금강살타삼마지에서 아주 견고한 까닭에 합하여 한 몸이 되고, 일체여래의 뛰어난 업을 행하는 보살의 몸을 출생한다."

위와 같이 교업대보살삼매, 즉 갈마삼매에서 교업대보살신이 출생한다. 이 보살은 갈마금강저의 모습으로 상징되는데, 갈마금강저란 금속으로 만든 삼고저 두 개를 십자 모양으로 조합한 형태로서, 여래의 작업을 상징하는 삼매야형이다. 끝의 세 갈래는 신구의 삼업의 뜻이며, 십자의 결합에 의해서 중생과 부처 두 세계의 삼업이 명합한다는 뜻이 담겨있다. 또는 모두 12개의 고(鈷)가 유전(流轉)의 십이인연을 깨어부수고 열반의 12인연이 되는 의의 등을 설한다.

갈마금강저를 들고 있는 금강업보살은 지혜를 바탕으로 하여 바르게 일체를 관찰하고, 바르게 선설하고 교화하는 활동을 상징한다. 그 활동을 원만히 행하기 위하여 『삼십칠존심요』에서는 다음과 같이 금강업보살의 동체인 허공고보살의 공능을 설하고 있다.

| 금강업보살 |

"허공을 변화시켜 창고로 삼으며, 그 가운데 진보를 허공 중에 채우고,
시방의 티끌처럼 많은 일체제불을 공양한다. 이 허공고보살은 바로 비수
갈마보살의 다른 이름이다."

여기에서 허공고보살을 비수갈마보살이라고도 하는데 비수갈마란 뛰어난 활
동이라는 의미로서 바로 금강업보살의 다른 이름이다. 어떠한 장해도 받지 않고

174

자유롭게 활동하는 비수갈마를 통해서 모두에게 행복을 주는 것이 금강업보살의 근본서원임을 알 수 있다.

『성위경』에서도 금강업보살이 허공고보살과 동체로서 일체중생의 광대한 공양을 성취함을 보이고 있다.

> "비로자나불은 내심에서 금강업허공고장삼마지지를 증득한다. 자수용인
> 까닭에 금강업허공고장삼마지지로부터 금강업의 광명을 유출하여 두루
> 시방세계를 비추고, 일체중생으로 하여금 일체여래와 여러 보살께 광대
> 한 공양을 하게 한다. 돌아와 한 몸에 거두어져서 일체보살로 하여금 삼
> 마지지를 수용케 하기 위하여 금강업보살의 형상을 이루고 불공성취여
> 래의 앞쪽 월륜에 머문다."

이와 같이 이 보살은 허공고보살의 삼마지를 증득하였기에 여러 중생들에게 이익을 주는 광대한 공양의 활동을 펼치게 된다. 『제불경계섭진실경』에는 금강업보살이 일체중생으로 하여금 행하게 하는 일체의 공양이 헛되지 않은 묘업임을 다음과 같이 설하고 있다.

> "나는 금강갈마이다. 나는 금강불공이다. 반드시 정해진 결과를 얻는 것
> 으로 헛되지 않다. 나는 갖가지 사업을 성취하고, 모든 장소에 도달하며,
> 갖가지 사업을 행하고, 묘한 사업을 성취한다."

수행자는 금강업보살을 관함에 의해 금강업보살과 동등하게 모든 교화의 업에서 반드시 정해진 결과를 가져오는 금강불공의 갈마를 행할 수 있게 되는 것

이다. 『이취석』에서는 '모든 부처님께서 묘법을 설하심을 듣고 속히 복덕과 지혜의 자량을 채우고, 허공을 창고로 삼아 여러 중생계의 인연에 따라 모든 유정을 널리 구제하고 이익케 하고 점차 무상보리에 이르게 함을 교묘한 방편으로 삼는다'고 금강업보살의 동체인 허공고보살의 묘용이 설해지는데 그것이 다양한 공양으로 펼쳐진다.

따라서 이 보살은 모든 공양문의 중심이 된다. 공양문에는 여러 가지가 있는데 유가경전의 가르침 가운데에서는 네 종류의 공양이 있다. 이른바 보리심공양·자량공양·법공양·갈마공양이다. 또 『소실지경』의 가르침에 의하면 다섯 종류의 비밀공양이 열거되어 있으며, 이외에도 8종의 공양, 16종의 대공양, 20종의 공양, 176종의 잡공양 내지 일체의 공양이 있다. 모두 다 허공고보살의 공양의궤 가운데에 섭입된다.

이와 같이 금강업보살은 수행자가 이타에 입각한 다양한 보시 등의 봉사행을 통하여 불의 묘법을 생활하는 가운데 모두 실천함을 그 묘용으로 삼는 보살이다. 금강업보살은 여러 중생들에게 이익을 주는 활동을 행하고 있음을 나타내기 위하여 왼손에 금강권을 결한 다음 갈마령을 가지고 있다. 오른손은 갈마금강저를 가슴 앞에 대고 있는 계인

이 있으며, 수인으로는 두 손을 나란히 펼쳐서 이마 위에 세우고 있다. 이 인계에 대해 『금강정경』에서는 '갈마금강인과 화합하여 금강갈마의 사업과 동등하게 될 수 있다'고 하며, 『약출염송경』에는 '금강갈마계를 결함으로 말미암아 일체여래의 사업에 수순하게 된다'고 그 결인의 공덕을 찬탄한다.

㉓ 금강호보살
✤ 번뇌로부터 자신을 지키는 보살 ✤

소리에 놀라지 않는 사자처럼
그물에 걸리지 않는 바람처럼
흙탕물에 물들지 않는 연꽃처럼
무소의 뿔처럼 혼자서 가라.

초기 경전 『숫타니파타』에 나오는 전도의 선언으로 유명한 이 글귀는 불법을 보다 많은 사람들에게 전하기 위하여 둘도 아니고 묵묵히 혼자 가서 법을 전하도록 권하고 있다. 그러면서 코뿔소의 뿔과 같은 모습으로 가라고 한다. 코뿔소의 뿔은 맹수로부터 자신을 지키는 방어무기이다. 즉 혼자라는 것과 방어한다는 의미가 이 구절에 담겨있다. 중생을 교화함에 있어서 맞닥뜨리는 외로움과 어려움을 흔들리지 않는 결심으로 이겨내면서 나아가라는 뜻이다.

보살의 정진이 중생을 교화함이라면 교화에 따르는 어려움을 감내할 수 있어야 한다. 중생들 가운데 때로는 교화하기 힘든 대상이 반드시 있기 마련이다. 더 나아가 교화하는 보살에게 위해를 가하는 자도 있다. 이러할 경우 보살이 스스로를 방어하지 못한다면 중생교화의 묘업은 이룰 수 없다. 37존 가운데 금강업보살 다음에 등장하는 금강호보살은 이렇게 외부로부터 주어지는 위협으로부터 스스로를 방어하는 견고한 갑옷을 가진 보살이다.

『금강정경』에는 '일체여래의 대정진을 의미하는 견고한 갑옷'과 '정진의 갑옷 금강호'라고 하며, 여러 경전에 '금강정진보살', '승리하는 정진의 대보살' 등으로 표현된다. 밀호는 '정진금강'이고, 『백팔명찬』에는 '금강수호 · 마하무

외·금강갑주·대견고·상수정진·금강정진'이라 하여 누구도 적대할 수 없는 금강호보살의 특징을 찬탄하고 있다. 『금강정경』에서 그 출생을 밝힌 문단은 다음과 같다.

"이때에 세존은 다시 극난적정진대보살삼매에서 출생한 갈마지의 금 강삼마지에 들어가시니 이 명칭을 일체여래의 선호삼매라 한다. 곧 일체 여래심이다. 일체여래심으로부터 나오자마자 저 덕을 갖춘 금강수는 견 고한 갑옷과 투구의 형태를 이루어 출현하고 나서 곧 세존 대비로자나여 래심에 들어가 합하여 한 몸이 된다. 이로부터 거대한 금강의 갑옷을 입 은 형상을 출현하고 저 지극히 어려운 적을 상대로 정진하는 성품은 금 강살타삼마지에서 아주 견고한 까닭에 합하여 한 몸이 되어, 극난적정진 대보살의 몸을 출생한다."

극난적정진대보살신, 즉 금강호보살은 일체여래의 선호삼매로부터 출생하였으며, 금강의 갑옷을 입고 있는데, 이 보살의 삼매와 삼매야형에서 그 스스로를 보호하며 아주 어려운 적을 대상으로 정진하는 보살임을 알 수 있다. 인용문에서 난적은 금강의 갑옷을 입었으므로 적대할 수 있는 자가 없다는 뜻으로 해석된다.

『성위경』에는 그 어떤 난적도 물리치는 금강호보살의 견고한 삼마지지를 설한다.

"비로자나불은 내심에서 금강호의 큰 자비로 장엄한 갑옷과 투구의 삼마 지지를 증득한다. 스스로 수용하고자 금강호의 대자비로 장엄한 갑옷과

특구의 삼마지지로부터 금강갑옷의 광명을 유출하여 널리 시방세계를 비추고, 폭악하며 분노하는 중생을 잘 다스려 빠르게 자비심을 얻게 한다. 돌아와 한 몸에 거두어져서 일체보살로 하여금 삼마지지를 수용케하기 위하여 금강호보살의 형상을 이루고 불공성취여래의 오른쪽 월륜에 머문다."

| 금강호보살 |

폭악하며 분노하는 중생은 보살의 교화활동을 방해하는 사악한 무리와 보살이 활동하는 데에 따르는 수많은 난관을 의미한다. 이러한 어려움을 맞닥뜨렸을 때에 먼저 해야 할 일은 대비로 장엄된 갑옷과 투구로 스스로의 몸을 보호하여 그 난관을 타파하는 것이며, 여기에서 더 나아가 저 악한 무리들을 교화하는 것이다.

밀교의 수법 중에 수행자의 몸에 금강의 갑옷을 입고 투구를 쓰게 하는 것은 삿된 신들이나 악마의 해침을 방호한다는 의미를 지니면서 동시에 자신의 삼업을 청정하게 하여 내부에 있는 번뇌로부터 청정심을 보호하는 것도 의미한다. 왜냐하면 외부의 적보다 내부의 적이 더 강하기 때문이다.

『범망경』에는 사자를 죽음에 이르게 하는 벌레 이야기가 나온다. 지상의 그 어느 짐승도 죽일 수 없는 사자가 오히려 몸속에 있는 작은 벌레 때문에 죽음에 이른다는 이야기이다. 사자의 뱃속에 살면서 영양분을 받아먹고 살아가는 벌레가 사자의 살을 먹어치워 죽음에 이르게 한다는 것이지, 외부의 그 어느 짐승도 위협이 되지 못한다. 이와 같이 언제나 적은 내부에 있다. 한 나라이든지 사회나 단체가 외부의 적에 의해서 궤멸되는 것보다는 내부의 적에 의해서 자멸하는 것이 상례이다. 불교도 마찬가지이다. 불자들이 스스로 불법을 파괴하는 것이지 외도나 천마들이 파괴할 수 있는 것이 아니다. 불교단체 뿐만 아니라 개인에게서도 그 개인을 무너뜨리는 것은 내부에 있는 번뇌들이다.

번뇌란 중생의 몸이나 마음을 번거롭게 하고 괴롭히고 미혹하게 하는 정신작용의 총칭이다. 중생은 번뇌에 의해 업을 짓게 되며, 괴로움의 과보를 받아 미혹의 세계를 헤매이게 된다. 불교는 바로 이 번뇌를 끊고 깨달음을 성취하는 것이 목적이다. 이 번뇌에도 갖가지 분류가 있는데 옛부터 견혹(見惑)과 수혹(修惑)의 2혹설과 근본번뇌와 수번뇌로 나누어지는 2번뇌설이 널리 통용되었다. 견혹이란 사고 · 지식 · 인식작용에 바탕을 둔 번뇌를 뜻한다. 여기서의 견(見)은 지혜에 의해 얻어진 지식적인 내용을 뜻하며, 혹은 번뇌의 다른 이름으로서 지혜로 제거할 수 있는 번뇌, 올바른 지혜를 가로막는 번뇌란 뜻으로 지어진 이름이다. 다시 말하면 지금 가지고 있는 소견이 잘못된 것인 줄만 깨달으면 곧 없어지는 번뇌이며, 보기만 바로 보면 곧 해탈된다는 뜻을 가진 번뇌이다. 수혹은 정서적 · 의지적 · 충동적 번뇌로서, 그 번뇌의 성질이나 내용을 알았다고 해서 곧 바뀌어지지 않는 번뇌이다. 돈이나 명예나 이성에 대한 탐욕이 바람직하지 못한 줄도 알고 있고, 시기 · 질투가 나쁜 줄 알면서도 그러한 심리작용이나 습관이 일시에 제거되지 않는 것과 같다. 그러므로 표면상으로는 견혹이 강력한 영향력을 행사하는 반면, 수혹은 정신의 이면에 깊은 뿌리를 내리고 인간의 생을 이끌어가는 번뇌로서 좀처럼 끊어지지 않는 성격을 가지고 있다. 이 견혹의 88가지와 수혹의 10가지 번뇌에 탐심과 진심과 치심의 근본번뇌에서 일어나는 10가지 부수적인 번뇌를 더하여 백팔번뇌가 되는 것이다. 또, 2번뇌는 근본번뇌와 수번뇌로 분류된다. 『대지도론』에서는 '번뇌라고 하는 것은 간략히 말하면 삼독이다. 번뇌의 습기란 번뇌의 남아있는 기운이다. 만약 신업, 구업으로 지혜를 따르지 않으면 번뇌가 일어난다. 비록 번뇌는 끊을지언정 습관은 끊을 수 없다. 마치 석가모니부처님의 제자 난타가 음욕의 습이 남아있었기 때문에 비록 아라한도를 얻었으나 남녀대중 가운데에 앉아 있었을 때 먼저 여자들을 보고 설법한 것과 같다. 부처의 일체지는 강력한 불과 같아 모든 번뇌를 태우고 다시 남는 습기가 없게 한다.'

이와 같은 난적을 상대하는 금강호보살은 금강계만다라 북방 월륜 가운데 불공성취여래의 오른쪽에 머무는데 이 보살의 동체가 되는 분이 반야보살이다. 대승불교에서 널리 알려진 반야보살이란 반야부경전의 본존으로 지혜를 본서로 하며 반야바라밀다보살이라고도 한다. 모든 부처가 깨닫는 데에는 반야의 힘을 의지하기 때문에 불모(佛母)라 칭한다. 반야를 통해서 모든 부처님이 태어나기 때문이다. 부모 가운데에 어머니의 공덕이 가장 중하니 이 까닭에 부처는 반야를 어머니로 한다는 의미에서 반야불모라 한다. 즉 지혜로써 열반의 저 언덕에 이르게 하는 보살이며, 또는 이 부류의 성스러운 대중들의 통칭이다. 반야보살이 지닌 번뇌를 그쳐 깨달음을 얻는다는 반야의 이미지가 금강계만다라에서 금강호보살로 명칭이 바꾸면서 번뇌척결의 상징성이 강화되었다.

『제불경계섭진실경』에 '나는 금강호이다. 나는 금강의 갑옷이다. 견실하고 굳세어서 파괴되지 않는다. 나는 금강정진이다. 나는 시방의 무량한 온갖 중생을 수호하여 두려움이 없게 한다' 라고 하는 표현은 바로 그와 같은 금강호보살이 반야의 지혜를 스스로 지키며 또 다른 사람의 내외에 있는 온갖 마장을 이겨내게 하고 굳은 마음으로 자신과 중생들 모두를 수호하는 강인한 서원을 나타낸 것이다.

따라서 금강호보살은 중생 가운데 특히 어려운 상대를 대상으로 이타를 행하기 위한 정진, 그리고 수많은 번뇌 가운데 극복하기 어려운 번뇌를 타파하

기 위한 금강과 같은 정진의 묘용을 상징하기 위하여 금강갑주인을 견고히 결한다. 금강갑의 인계를 결함으로 말미암아 금강으로 이루어진 몸을 획득한 금강호보살은 두려움이 없이 뭇 마장을 항복시킬 뿐 아니라, 일체의 번뇌마가 범접하지 못하게 한다.

24 금강아보살
❋ 번뇌를 부수어 없애는 보살 ❋

코끼리의 윗니 중에서 앞니가 커진 것을 상아(象牙)라 한다. 입 양쪽으로 길게 튀어나온 상아는 온순해 보이는 코끼리가 지닌 일종의 무기이다. 짐승의 왕이라 불리는 사자도 큰 상아를 가진 코끼리를 함부로 공격하지 못한다. 이렇듯 상아는 초식동물인 코끼리로 하여금 맹수의 공격을 저지하여 자신을 방어하는 기능을 지닌다. 여기에서 치아가 밖으로 돌출됨으로써 자아내는 위맹의 표현은 외부의 위협을 사전에 방지한다는 의미로 이해할 수 있다.

힌두교에서 불교로 유입된 여러 존상 가운데 치아가 밖으로 돌출된 폭악한 형태의 대표적인 예로 야차를 들 수 있다. 야차는 형모가 추하고 괴이하며 사람을 해치는 잔인 혹독한 귀신으로 알려져 있기에 그 누구도 야차를 해치려는 시도를 하기가 쉽지 않다. 약차 · 야걸차 등으로 음역되며, 포악으로 번역되는 야차는 인도신화에서 북방 산악지대에 사는 구베라신(Kubera)의 권속이었으나 나중에 팔부중에 더해져서 불법을 수호하는 임무를 맡게 되었다. 특정한 고유명사가 아니라 비사문천의 권속으로 재보를 지키는 귀신의 총칭이며, 후에 『대반야경』을 수호하는 16선신(善神)이 되기도 한다.

야차에 금강의 이미지를 추가한 금강야차는 대단한 위력을 가진 보살로 금강계 계통의 불교에서 창조된 명왕으로 인정되는데, 치아가 밖으로 돌출된 야차의 폭악한 이미지가 금강계37존 가운데 금강아보살에게 계승되었다.

금강아보살은 『금강정경』에서 '두루 보호하는 금강야차', '사납게 씹어삼키는 금강아' 라고 하며, 기타 다른 경전에서 '금강최복보살', '금강의 덮개를 쓴 보살', '모든 마군을 부수는 보살' 이라 표현된다. 밀호를 조복금강 · 맹리금강 ·

호법금강·금강야차·금강폭악이라 하는데 이들 명칭에서 야차가 지닌 이미지를 그대로 가져왔음을 읽을 수 있다.

금강야차, 즉 금강아보살은 야차가 지닌 공포라는 방편으로 일체의 마구니를 두렵게 해서 준동하지 못하게 하는 존이다. 야차가 의미하는 바는 위맹의 뜻이며 또한 모두 없앤다는 뜻이다. 여기에는 외부의 공격만이 아니라 내부의 조복하기 힘든 번뇌도 그 대상이 된다. 실제로는 내부의 번뇌야말로 다루기 힘든 난조복중생이다. 우리가 번뇌로 힘들어하는 것은 좋아하는 것을 얻고 미워하는 것을 놓는 취사선택이 마음대로 되지 않아서가 아니다. 좋아하거나 미워하는 마음 자체를 놓을 수 없기 때문이다. 대상에 대해 탐·진·치를 일으키는 것이 문제가 아니라 탐·진·치 자체가 우리 마음을 이루고 있기 때문이다. 이러한 경우 금강야차의 방편을 구해야 한다. 금강야차의 지혜로운 어금니는 일체의 번뇌와 수번뇌를 남김없기 먹어치우기 때문이다. 마음속 번뇌에 관한 그 행위에 대한 단절보다는 스스로 일으킨 번뇌로부터 자유를 추구해야 한다. 이때 코끼리의 상아와 금강야차의 어금니는 외부의 마구니를 준동하지 못하게 막을 뿐만 아니라 내부의 번뇌가 일어나지 않도록 하는 가장 효과적인 상징성을 드러내어준다.

『금강정경』에서 우리 마음 내외의 마구니를 항복시키는 금강아보살의 출생을 밝힌 문단은 다음과 같다.

"이때에 세존은 다시 최제마대보살삼매에서 출생한 갈마가지의 금강삼마지에 들어가시니 이 명칭을 일체여래의 방편삼매라 한다. 곧 일체여래심이다. 자심으로부터 내어서 이 진언을 송한다.
일체여래심으로부터 내자마자 덕을 갖춘 지금강자는 금강의 거대한 어금니의 모습을 이루고 출현하고 나서 일체여래의 폭악조복 등의 사업을

행하고, 일체부처의 신통과 유희로써 널리 시여하시고 나서, 저 모든 마
군을 굴복시키는 성품은 금강살타삼마지에서 아주 견고하게 합하여 한
몸이 되어 최제마대보살의 몸을 출생한다."

위 경문을 통해서 금강아보살은 바로 모든 마군을 굴복시키는 최제마보살로
서 마음속에 번뇌를 품은 중생을 붙잡아 그 번뇌를 눌러 교화하고자하는 방편삼
매에서 출생하였음을 알 수 있다.

『성위경』에는 다음과 같이 그 방편삼매의 유출경위를 설한다.

"비로자나불은 내심에서 금강야차방편공포삼마지지를 증득한다. 자수용
인 까닭에 금강야차방편공포삼마지지로부터 금강아광명을 유출하여 널
리 시방세계를 비추고, 굴세어서 교화하기 어려운 중생을 항복시키고,
보리도에 안치한다. 돌아와서 한 몸에 거두어져서 일체중생으로 하여금
삼마지지를 수용케 하기 위하여, 금강야차보살의 형상을 이루고 불공성
취여래의 왼쪽[東] 월륜에 머문다."

인용문에서 보듯이 금강아보살은 금강야차와 동체가 되며, 최제마보살이기
도 하다. 『이취경』에서는 능조지지권여래(能調持智拳如來)가 최일체마보살의
다른 이름으로 나온다. 지권으로 일체의 악마를 꺾어 부수는 여래라는 의미이
다. 『금강정경』에서도 이와 비슷한 경문이 나오는데 '금강야차를 성취함으로 말
미암아서 금강야차와 동등하여 다름이 없게 된다'고 하며, '금강아의 뛰어난 인
계를 결하게 되면 온갖 마구니와 악한 자를 부술 수 있다'고 하는 데에서 내외의
모든 번뇌를 방편공포삼마지의 광명으로 조복하는 금강아보살의 성격을 읽을

185

| 금강아보살 |

수 있다. 번뇌를 끊음에 있어서 드러나는 단호한 의지가 금강아보살의 어금니가
의미하는 바이다.

　다시 『제불경계섭진실경』에는 용맹한 금강야차의 공능을 다음과 같이 설한다.

　"나는 금강야차이다. 이른바 모든 부처님의 대방편력신통변화이다. 나는
　입 가운데에 금강의 날카로운 어금니가 있다. 일체의 삿된 견해를 가진

자와 큰 두려움을 부수고, 모든 마구니의 원한을 없앤다. 내 몸은 오색이
다. 모든 부처님과 보살들, 온갖 중생, 시방세계 또한 다 오색이다."

　　이러한 생각을 하고 나서 금강권인을 결하고, 좌우
의 새끼손가락을 서로 굽혀 입에 붙이고 두 검지
를 펴서 좌우의 뺨에 두니 이는 날카로운 어금
니의 모습이다. 금강야차는 공포삼매야를 증득
한 금강아의 형상을 갖고 장애를 제거하는데 진
력한다는 뜻에서 분노형을 한 야차의 모습으로 나
타난다. 부처의 교화사업을 달성하는데에 있어서 삿된
견해를 고집하여 교화하기 어려운 존재들을 붙잡아 교화하기 위하여 무서운 형상
을 하는 것이다. 또한 우리 마음속에 고치기 힘든 번뇌도 굳은 다짐과 서원을 의미
하는 분노형의 야차를 통해서 제어해나가는 것이다. 모든 괴로움은 미래에 대한
두려움으로부터 오는데 이 두려움을 벗어던진다면 온갖 괴로움은 떠나간다.
　　『일체비밀최상명의대교왕의궤』에는 번뇌를 멸하는 금강아보살의 공능을 다
음과 같이 찬탄한다.

　　날카로운 어금니로 죄업을 씹어삼키듯
　　모든 번뇌 멸하는 뜻도 역시 그러하네.
　　번뇌 끝나기에 묘용 이루니
　　이것이 바로 금강아보살이다.

　　이와 같이 금강아보살은 어금니라는 상징적인 방법을 활용하여 우리 마음속

번뇌를 완전히 부술 수 있도록 하는 정진을 표현하고 있다. 금강아보살의 어금니는 금강의 날카롭고 힘센 어금니로서 단단한 음식물을 잘게 부수는 것을 보살의 자유자재한 대방편력으로 일체의 삿된 견해를 가진 자의 미혹과 온갖 큰 두려움과 마구니의 원한을 부수는 것에 비유한 것이다. 『약출염송경』에는 양손의 두 손가락을 세워서 돌출된 치아모양을 하는 '금강아의 인계를 결합으로 말미암아 이 금강은 더 한층 잘 부술 수 있다'고 그 결인의 공덕을 설한다. 삼매야형은 가로로 누운 횡저 위에 2개의 날카로운 이가 있으며, 반삼고저 2개를 기울여 세운다.

앞에서 보생여래 해탈륜에 속하는 금강소보살의 삼매야형으로 나타난 이[齒]는 웃으면서 자연스럽게 보이는 앞니였는데, 불공성취불의 해탈륜에 속하는 금강아보살의 어금니(牙)가 음식물을 잘게 부수는 기능을 의미하는 것이 같은 치아를 삼매야형의 소재로 하면서도 다르게 활용하는 면을 보여준다.

25 금강권보살
❋ 모든 인계를 성취하는 보살 ❋

인계, 즉 무드라(mudrā)의 기원은 갖가지 현란스러운 손놀림으로 희로애락을 표현하는 인도무용에서 찾아볼 수 있다. 인도에서는 손가락, 손, 팔 등의 갖가지 형태에 고유한 의미를 부여하고 이를 통하여 마음속에 담긴 다양한 감정과 생각을 전달한다. 이러한 무용의 손놀림은 무드라의 소재가 되었다. 인도의 다양한 종교에서 무드라가 오래전부터 사용되어 왔음을 고대의 조각에서 보여지는 요기들의 손모양을 통해서 알 수 있다.

인도의 여러 종교와 민간에 있던 무드라는 불교 내로 흡수되어 불상의 손모양을 이루는 토대가 되었고, 불교가 성립하면서 발생했던 여러 가지 사건이나 상징적 의미가 무드라로 정착되었다. 그 대표적 예로 시무외인(施無畏印)과 관련된 다음의 이야기를 들 수 있다.

『법구비유경』 권3 「분노품」에는 제바달다가 아사세왕을 꾀여 부처님을 해치려고 흉계를 꾸미는 이야기가 나온다.

"지금 부처님의 제자들은 뿔뿔이 흩어졌는데 아직 5백 명의 제자가 그 좌우에 남아 있소. 대왕은 내일 부처를 청해 성안으로 들어오게 하십시오. 그러면 내가 5백 마리의 큰 코끼리에게 술을 먹여 취하게 하였다가, 부처님이 성안으로 들어오면, 취한 코끼리들을 내몰아 저들을 다 밟아 죽여 그 종자를 없애겠소. 그리고 내가 장차 부처가 되어 세상을 교화하겠소."
이튿날 공양 때가 되자 부처님께서 5백 아라한과 함께 성안으로 들어가셨는데, 5백 마리의 술취한 코끼리들이 굉음과 함께 달려와 담을 무너뜨리고 나무를 부러뜨렸다. 사람들은 모두 놀라고 두려워하였으며 온 성이 다 벌벌 떨었다. 5백 아라한은 모두 공중으로 날아가고 오직 아난만이 부처님 곁에 서 있었다. 술취한 코끼리들이 부처님을 발견하고 그 앞으로 달려들었으나, 부처님께서 손을 드시자 다섯 손가락은 이내 5백 마리의 큰 사자왕으로 변화하여, 한꺼번에 외치는 소리가 천지를 진동시켰다. 술취한 코끼리들은 겁에 질려 무릎을 꿇고 땅에 엎드려 머리도 들지 못하였고, 취했던 술이 곧 깨어 눈물을 흘리면서 잘못을 뉘우쳤다. 이 광경을 본 왕과 신하들은 모두 놀라고 숙연해지지 않는 사람이 없었다."

시무외인은 이렇듯 부처님께서 다섯 손가락을 들어 광폭한 코끼리들을 제지하였던 데에서 유래하는 무드라로서, 오른손을 들어 손바닥을 밖으로 향하고 왼손은 주먹 쥐어 허리에 얹거나 옷자락을 잡는다. 이러한 손모양은 불자에게 공포를 제거하는 인으로 불상에 널리 채용되었다. 시무외인을 맺고 진언을 송하는 자는 시무외자라 하고, 그 무드라를 시무외수라 하는데, 중생의 공포와 불안을 제거하기 위하여 부처의 대비를 나타내는 인계이다. 여원인이 대비로써 즐거움을 주는 덕이 있는 반면에 이 시무외인은 대비로써 고통을 없애주는 덕을 나타내기에 시감로인(施甘露印)이라고도 한다.

이외에도 선정에 들어있음을 나타내는 선정인, 마군을 물리치는 항마촉지인, 불법을 널리 펼치는 전법륜인 등 무드라는 각기 그 상징하는 바가 있다.

모든 불보살은 각기 본서(本誓)를 지니고 그 낱낱의 본서를 표시하기 위하여 언제나 양손의 열 손가락으로 혹은 하나의 특수한 신체동작으로 갖가지의 형상을 드러내는 것이 무드라이다. 무드라는 제존의 내증과 본서를 표현하기 때문에 하나의 손가락을 구부리고 펴는 결인에 말미암아 법계를 진동하게 하며 범부와 성인을 만나게 한다. 그러므로 아직 번뇌를 끊지 못한 범부중생이 중생의 몸으로 본존의 밀인을 지니는 것은 본존과 상응하는 가지력으로써 본존과 하나가 되어 성취를 얻고자 하는 것이다. 수행자가 무드라의 상징성을 올바로 이해한다면 존상이 의미하는 바와 계합하는 것이고, 존상의 무드라를 통하여 상징하는 것과 일치하는 삼마지의 경지가 되는 것이다. 즉 무드라를 통해서 삼마지에 들어가려고 하는 것은 바로 중생의 세계에 속한 우리를 깨달음의 세계와 연결지을 수 있는 고리가 무드라라고 하는 것이다.

무드라는 그 종류가 수없이 많으나 가장 기본이 되는 무드라를 4종권, 또는 6종권을 들고 있다. 그 중에서도 금강권은 금강여래권·분노권이라 하며, 엄지손가락을 손바닥 안에 넣고 네 손가락을 견고히 쥐어서 권의 형상을 만드는 인계의 기본형으로 『금강정경』에 '견고집지금강권' 이라 표현되는 것처럼 금강같이 견고한 지혜를 뜻한다.

이 인계를 결한 보살을 금강권보살이라 하며 금강계 37존 가운데 북방에 있는 불공성취여래의 4친근의 하나로 앞서 금강업·금강호·금강아보살로 전개된 불공성취여래의 활동을 마무리짓는 네 번째의 보살이다. 즉 첫째의 금강업보살은 광대한 공양을 일으켜 유정을 이롭게하는데 허공을 무한한 창고로 삼아 중생에게 다함없이 펼쳐서 교화하는 온갖 공덕을 의미한다. 이어서 정진의 갑옷을 입고서 만행을 행하며, 법문을 수호하고 퇴전하지 않게 하는 용맹스러운 지혜를 금강호보살이 상징한다. 정진을 이미 갖추었어도 온갖 번뇌마들을 굴복시키기 위해 금강야차의 두려운 형상을 보이는 금강아보살은 금강의 어금니를 지니고 일체유정의 무명과 모든 집착의 견해를 부수며 대비방편을 일으킨다. 이렇게 전개되는 위맹에 의해서 해탈의 이치를 도와 이루고 고통의 바다에 빠져 있는 중생을 비밀의 금강권으로 결박을 풀어주고, 고통에서 벗어나게하며 즐거움을 주는 보살이 바로 네 번째의 금강권보살이다. 이들 갈마부 네 보살의 활동은 서로 밀접히 연결되어 있으며 다같이 협력해서 중생교화의 대정진이라는 불공성취여래의 활동목적을 성취하고자 한다.

금강권보살은 『백팔명찬』에 금강밀합·금강박·선능해방·상승삼매야라 찬탄하며 밀호는 비밀금강이다. 『금강정경』에서 금강권보살의 출생을 밝힌 문단은 아래와 같다.

"이때에 세존은 다시 일체여래의 권대보살삼매에서 출생한 갈마가지의 금강삼마지에 들어가시니 이것을 일체여래의 신어심의 금강박삼매라 이름한다. 곧 일체여래심이다. 저 일체여래의 지권인이 지닌 요묘한 결박의 성품은 금강살타삼마지에서 아주 견고하기에 합하여 한 몸이 되어 일체여래의 권대보살의 몸을 출생한다."

금강박이나 권이라는 이 보살의 특징을 볼 때에, 금강권보살이 대승불교의 다른 보살을 그 모델로 한 것이 아니라 바로 금강과 같은 견고한 인계의 공덕을 의

| 금강권보살 |

인화했음을 알 수 있다. 금강권보살, 즉 권대보살신은 일체여래의 권대보살삼매, 즉 금강박삼매에서 출생한다.

『성위경』에는 다음과 같이 그 유출경위를 설한다.

> "비로자나불은 내심에서 금강권인의 위력으로 감응하는 삼마지의 지혜를 증득한다. 자수용인 까닭에 금강권인의 위력감응삼마지지로부터 금강권의 광명을 유출하여 널리 시방세계를 비추고, 일체중생으로 하여금 그 업장을 제거하고, 속히 출세간의 실지를 원만히 획득하게 한다. 돌아와서 한 몸에 거두어져서 일체보살로 하여금 삼마지지를 수용케 하기 위하여 금강권보살의 형상을 이루고 불공성취여래의 뒤쪽의 월륜에 머문다."

여기에서 금강권인의 위력으로 감응하는 삼마지의 지혜는 결합의 덕을 보이는 금강권인으로써 일체의 인계를 집결한 표치를 마음에 두고 중생과 부처가 둘이 아님을 감응시키는 것을 나타낸다고 볼 수 있다. 이를 상징하기 위하여 금강권보살은 두 손을 금강권을 하고 가슴 앞에 대고 있는데, 12합장과 여섯 가지 권인 등 일체의 인계를 성취하며, 특히 금강권인의 삼매야형을 보여서 신구의의 삼업을 삼밀로 상응시켜 자재하게 정진하여 실지원만을
보인다. 여기에서 여래의 교화활동은 완성된다.

금강권이란 『제불경계섭진실경』에 '중생의 앞에 시현하여서 금강의 계박을 해탈하게 하는 인계이다. 즉 중생이 지닌 무쇠처럼 견고한 집착의 뿌리를 풀어내는 부처의 견고한 지혜의 모습을 금강권으로 상징한 것이다. 그 결인은 분별할 수

없을 정도의 미세하고, 깊이 뿌리박힌 번뇌를 훌륭히 제거하는 데에 특징이 있다. 이것은 번뇌가 깊어 교화하기 어려운 존재를 이끈다는 의미를 가진다. 그리하여 금강권을 잘 결함으로써 일체의 인을 모두 성취하게 되며, 금강권인을 견고하게 결함으로해서 온갖 인이 순순히 조복하게 하고, 또 실지를 획득한다고도 하는데, 일체중생의 업장을 제거하고 세간과 출세간의 실지를 원만하게 성취시킴을 상징하는 인계가 금강권이다. 따라서 『이취석』에서는 '일체여래의 세 가지 비밀이 금강권보살의 손바닥에 있는 것을 나타낸다. 진언행보살로서 이미 만다라단에 들어가 관정을 받은 자는 여래삼업의 밀교수행을 들음으로 해서, 세간과 출세간의 뛰어난 실지를 획득하며, 시작도 없는 때부터의 열 가지 종류의 착하지 않은 악업을 깨끗이 없애고, 장애없는 구경지를 증득한다' 고 모든 인의 근본인 금강권보살의 결인의 공능이 설해지고 있다.

V

·

팔공양보살

1. 내사공양보살

26 금강희희보살
❋ 중생에게 기쁨을 주는 보살 ❋

중생을 보고 가엾이 여기는 따뜻한 마음을 내는 것은 중생들에게 즐거움을 주고 고통을 덜어주려는 부처의 자비심이다. 중생은 누구나 무한한 가능성을 지니고 있으나 무명으로 인하여 고통스러운 삶을 살고 있다는 것을 관찰하여 그들이 고통받는 것을 없애고 희망하는 것을 베풀어 주어 즐겁게 해주는 것이다. 자비를 풀이하여 발고여락(拔苦與樂)이라 하는데 중생에게 기쁨을 주는 것이 자(慈)이고 고통을 뽑아주는 것이 비(悲)이다. 종교적 입장에서는 비(悲)가 중심이 되지만 이에 못지않게 중생에게 기쁨을 주는 역할도 중요하다. 준다는 것은 재물이나 진리의 가르침이나 따뜻한 위로나 친절을 베풂으로써 상대방의 마음을 편안하게 하려는 것이다. 이때 베풂을 받는 사람이 마음의 문을 열고 받아들이면 서로 막힘없는 연결이 이룩됨으로써 원래 모든 것이 하나로 연결되어 있다는 진리에 다가설 수 있다. 연결의 내용은 모든 존재는 서로 나눔으로써 상호작용을 한다는 것이다. 내가 존재한다는 것은 물질적으로나 정신적으로 누군가와 교류가 있었기 때문이다. 나의 몸은 끊임없이 채식이든 육식이든 다른 존재의 몸을 섭취하지 않으면 살아갈 수 없다. 그리고 받기만해서는 안되며 나의 것을 내놓아야 한다. 비록 내놓는 것이 작아보이기는 하지만 나의 몸은 끊임없이 다른 이의 몸이 들어와 잠시 나의 몸이 되었다가 다시 다른 이의 몸으로 옮겨가는 물질의 순환 가운데에 있다. 나의 정신도 마찬가지이다. 무수한 다른 이의 생각과 사상과 감정이 나에게 들어오고 나는 그것을 받아들이는 것만이 아니라 무수한 다른 이에게 나의 생각과 사상과 감정을 전달한다. 다른 이를 통해서 내 정신이 성장하였다면 나는 다른 이의 정신이 성장하도록 돕는다. 몸이든 정신이든 나를 이루기 위해서는 다른 존재가 필요했고 나는 다른 이의 존재를 돕는다. 다시 말하면 남이 나를 만들고 나는 남을 만든다. 끊임없는 서로 만들어주는 순환의 고리 가운데 중생들 모두가 속해있는 것이다.

우리가 공부하는 것이나 기술을 배우는 것, 노동을 하는 것도 모두 이 범주 안에 들어간다. 상점에서 식재료를 파는 것은 남의 식사를 위해서이며, 신발가게의 주인은 평생 남의 신발을 만들고 수리하고 판매하며 살아간다. 내가 공부해서 학자가 되는 것은 남을 가르치기 위해서이며, 의사가 되는 것은 남을 치료하기 위해서이다. 우리의 삶은 모든 것이 남에게 주려고 했던 것이며 남을 위하여 살 때에 바로 자신을 위하는 것이 된다. 불자가 불도를 닦는 것도 오대서원에서 "중생가가 없는지라 제도하기 서원이라"고 하는 것처럼 타인을 위한 봉사를 실천할 때에 진실한 불자가 되는 것이다. 이렇게 볼 때에 주는 것이야말로 중생답게, 또는 불자답게 사는 길이다. 그래서 주는 것은 존재의 한 방식이며, 주지 않으면 살아갈 수가 없다. 줄 때에 기쁨에 넘치고 기쁨을 주어서 상대방을 환희하게 한다면 삶의 가치를 실답게 아는 사람이 된다. 그렇게 주려는 마음을 불교에서는 희사(喜捨)라고 하며 또한 공양(供養)이라고 하거니와 주려는 마음을 통해서 부처님과 중생 모두에게 닿게 된다.

금강계만다라에서는 기쁘게 주는 존재의 모습, 즉 공양의 내용을 크게 여덟 가지로 나누어 8공양보살이라 칭하고 있다. 8공양보살은 대일여래가 4불의 공양에 응답하기 위하여 출생시킨 금강희, 금강만, 금강가, 금강무의 내4공양과, 사불이 대일여래의 공양에 답하기 위하여 출생시킨 금강향, 금강화, 금강등, 금강도향의 외4공양을 합한 총칭이다.

| 금강희희보살 |

그 첫 번째가 금강희희보살이다. 금강희희보살의 밀호는 널리 공경을 펼친다는 뜻의 보경금강(普敬金剛), 그리고 성불의 수기를 준다는 뜻의 수기금강(授記金剛)이라 한다. 『금강정경』에서 금강희희보살의 출생을 밝힌 부분은 다음과 같다.

"이때에 세존 대비로자나여래는 일체여래의 열락공양삼매로부터 출생한 금강삼마지에 드신다. 곧 일체여래부의 대명비를 자심으로부터 낸다. 일체여래심으로부터 내자마자 곧 대금강인을 낸 지금강자는 금강희희대명비의 형상을 출현한다. 금강살타의 모습과 같아서 갖가지 형색의 묘하고 좋은 위의를 갖추고 온갖 장엄구로 장엄하였다. 일체여래부의 금강살타명비를 모두 포섭하고 아촉여래의 만다라 왼쪽 월륜 가운데에 머문다."

『금강정경』에 의하면 금강희희보살의 출생근거는 일체여래의 열락공양삼매이다. 이 삼매로부터 출생한 금강희희대명비상은 대비로자나여래가 자심으로부터 유출하여 동방 아촉여래에게 공양하는 보살로서 그 명칭에서도 알 수 있듯이 일체여래의 열락, 즉 보리심을 얻어 크게 환희하는 여성형의 모습이다. 이것은 바로 아촉여래의 삼마지와 상응한다.

금강희희보살들을 출생하여 허공이 다하도록 법계에 두루한 동일체성의 금강계라고 하는 절대의 세계에 구름과도 같이 가득한 일체의 공양을 베푼다고 하는 것을 『삼십칠존례』에서는 일체여래의 기쁜 마음, 즉 적열심이라 하는데 이것은 위와 같은 사업에 의한 기쁨을 말한다.

『성위경』에서도 비로자나불이 내심에서 금강희희법락표치삼마지지를 증득하여 금강희희표치광명을 유출하고 널리 시방세계를 비추고, 범부의 탐염과 세간의 쾌락을 깨뜨리고, 희희법의 원만한 안락을 획득하게 한다고 설한다.

여기서 금강희희의 법락표치삼마지라는 삼마지는 정법을 알게 된 기쁨의 깃발을 높이 받드는 삼마지로 일체의 여래도 일체의 중생도 모두 여여법성의 입장에서 하나의 맛이고 하나의 모습이기 때문에 일체의 여래신이나 일체의 중생신을 모아서 하나의 금강희희를 이룬다는 것이 그 뜻이다.

그 기쁨의 내용은 믿고 이해함을 통해서 불법의 진리를 알게 되었기 때문이며, 이를 통해서 무한한 중생들에게 믿음과 이해라는 공양을 할 수 있기 때문이다. 믿고 이해함을 신해라 하거니와 가르침을 확신하고 잘 이해하며 나아가 향상하고자 하는 의욕이다. 밀교에서는 스스로 확신함에서 더 나아가 다른 이도 믿게 하는 것을 말한다. 『대일경소』에서는 신해에 대해서 다음과 같이 설한다.

"신해란 참되고 바른 발심에서 성불에 이르기까지 이 중간을 통칭하여 신해지(信解地)라 이름한다. 이것은 용약의 뜻이며, 유희의 뜻이며, 신변의 뜻이다. 처음 발심한 이래 깊이 선근을 심어, 갖가지 서원과 수행을 일으켜서 불토를 장엄하고 중생을 성취시킨다. 언제나 수승하게 나아가고 쉬지 않는다. 즉 이것은 초월하여 오르는 등약의 뜻이다. 마치 사람이 북치며 춤추면서 뛰어난 삼업으로 널리 중생들의 마음을 기쁘게 하는 것과 같다."

즉 참된 깨달음을 구하는 마음인 보리심을 일으켜서 그 깨달음을 얻기까지의 사이를 신해지라 한다. 동방 아촉여래의 덕을 공양하는 금강희희보살은 중생이 처음으로 부처와 더불어 둘이 아니라는 깨달음을 얻고 크게 환희하며 이 기쁨을 널리 베푸는 것을 상징한다.

그리하여 『제불경계섭진실경』에 "금강희희는 시방세계의 모든 불과 보살들과 중생에게 환희를 준다"고 하듯이 이 보살의 진언을 염송함에 의하여 불보살과 모든 중생은 보리심공양을 성취하고 기쁨과 환희를 일으킨다. 비밀진언으로부터 삼매야형을 출생하고, 그 삼매야형인 금강인의 문에서 구덕지금강자는 비밀신변을 시현하는 것이다. 신변의 상은 가이없으며 다함없다. 그것은 여래에게만 한정되는 것이 아니라, 중생들도 역시 삼매에서 무진장엄장이기 때문이다. 무진장엄장의 금강희희가 대비로자나여래로부터 동방 아촉여래에게 보리심을 찬탄하고 기뻐하는 모습으로 공양되는 것이며, 이것을 불이나 중생이라 할 것 없이 모두 기쁨으로 받아들이는 장엄한 광경이다.

기쁨을 주는 금강희희보살의 인계에 대해 『제불경계섭진실경』에서는 "금강권을 받들어 양 무릎 위에 두고 눈을 감고 회전해서 두루 시방의 모든 부처님과 보살들을 예경한다. 이 인을 이름하여 금강희희라 한다"라고 설하고 있다. 동방 아촉여래의 덕을 공양하는 보살로서 아촉여래의 삼마지에 상응하는 희희의 표치로써 아촉여래께 공양함과 동시에 시방세계의 모든 유정에게 보리심의 환희를 수여함을 보이고 있다.

이 보살은 금강계만다라 대월륜 서북방에 위치하고 성신회의 상은 흑색으로 두 손을 무릎에 얹고 있다. 이 인상은 금강희희를 성취하는 까닭에 곧 금강의 오묘한 즐거움을 받는 모습이며, 금강희희가희계를 맺음으로 말미암아 언제나 모든 환희를 받게 된다. 성신회에서는 두 손을 무릎에 얹고 있으며, 공양회의 상은 삼고저를 세운 연화를 양손으로 들고 있다. 삼매야 형은 약간 휘어진 삼고저이다.

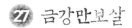# 금강만보살

❀ 보배꽃다발을 든 보살 ❀

꽃은 이를 보내는 사람이나 받는 사람 모두를 환희하게 한다. 환희 가운데 주고받는 꽃에도 그 숫자에 따라 특별한 의미를 부여할 수 있다. 한 송이는 오직 상대방만을 위한다는 의미가 있고, 세송이는 삼각구도처럼 흔들리지 않는 안정된 사랑을 의미하며 일곱송이는 행운, 아홉송이는 꽉차는 숫자로서 만족감을 의미한다고 한다. 물론 다른 견해도 있겠지만 꽃의 숫자가 많아짐에 따라 부여되는 의미도 다양해지며 이를 주는 사람이나 받는 사람의 마음은 풍요로워진다. 숫자를 일일이 셀 수 없을 정도로 많은 꽃다발은 주고받는 사람들로 하여금 파안대소하게 하며 만족을 느끼게 한다. 그래서 우리들은 기념할 만한 날에 수많은 꽃으로 장식한 꽃다발을 건넨다. 그 꽃다발에는 풍요와 함께 만족과 기쁨이 담겨있기 마련이다. 올림픽과 같이 큰 대회에서 우승자의 목에 거는 꽃목걸이는 오랜 세월 동안 정진했던 노고에 대한 찬탄이며 경사스러운 날에 주고받는 꽃다발은 이날을 위해 애써왔던 지난날의 수고에 대한 치하이다.

일상적인 중요한 행사만이 아니라 꽃다발은 그 아름다움과 청정한 성품으로 인해 오래전부터 성스러운 분에게 공양하는 것이 세계 여러 나라의 풍속이었다. 그러나 불교에서는 비구가 꽃으로 몸을 장식하는 것이 허락되지 않았기에, 공양받은 꽃다발은 다만 방안에 걸어 두거나 또는 부처님께 공양하는데 사용하였다. 공양된 꽃다발은 부처님 앞에 놓여서 그 자리를 장엄하게 되는데 이와 관련된 내용은 여러 경전에서 볼 수 있다. 『백연경』에 의하면 바라나꽃으로 꽃다발을 만들고 아울러 채집한 꽃으로 부처님 앞에 뿌린다고 한다. 혹은 불상 앞에 꽃을 길게 엮어서 둥근 바퀴 모양으로 만든 꽃다발을 나란히 줄지어 놓기도 한다. 꽃다발을 가섭탑에 바치면 그 공덕으로 천계에 태어나 금색의 몸을 얻는다거나 한 다발의 꽃이 법계에 두루하여 광대무변한 공양으로 된다는 식으로 꽃다발 공양의 공덕에 대해 기록한 경전이 많다. 꽃공양물에 대해서도 다양한 설이 있다. 『다라니집경』 6권에는 공양하는 꽃나무로 버드나무가지·잣나무가지·대나무가지·과실나무가지나 온갖 꽃나무 등을 사용한다고 한다. 별도로 『소실지갈라경』「공양화품」에는 침향과 상반목이라는 두 종류의 공양물이 있다고 하며, 그중에서 침향은 청련화와 아주 흡사하고 상반목은 언제나 푸른 상록수이다. 그래서 이 두 가지를 언제나 공화로서 사용한다. 그러나 냄새나는 꽃·가시나무에서 핀 꽃·쓰거나 신 맛이 나는 꽃·이름없는 꽃 등은 공화로 사용하지 않는다. 밀교에서 일반적으로 공양되는 꽃은 불부·연화부·금강부나 혹은 수법의 종류가 다름에 따른 차별이 있다. 공양되는 꽃은 긴 시간이 지나도 마르거나 시들지 않아야 하는데, 이것은 죄장이 이미 제멸되었거나 기원이 성취되었음을 나타낸다. 또한 재를 지낸 다음에 흩뿌리는 꽃 중에서 싱싱한 것은 이 꽃이 있는 곳이 현성이 모일 때에 앉았던 자리임을 나타낸다.

　꽃다발 중에서도 금강만(金剛鬘)이라 불리우는 것이 있다. 금강만에서 만이란 생화를 실로 묶고, 혹은 한줄로 이어서 만든 꽃다발을 가리킨다. 꽃은 반드시 일정하지 않으나, 주로 향기가 많은 것을 고른다. 오랜 시간 마르지 않은 꽃은 상화(常華)라고 하여 종이나 나무로 만든 꽃에 금박을 입힌 조화를 사용하기도 한다. 후세에는 주로 금속으로 만든 꽃을 많이 만들어 불전의 장엄구로 사용하였다. 이 모든 것이 마음속 깊이 담긴 존경과 감사의 뜻, 그리고 헌신과 보시, 그리고 이러한 공양을 통한 지족의 의미를 표현하고 있다.

　밀교에서는 금강계만다라의 8공양보살의 하나인 금강만보살과 화만비나야가(華鬘毘那夜迦), 그리고 태장만다라의 다섯 공양 가운데 하나인 화만보살의 삼매야로 꽃다발을 사용한다. 『대일경』「입만다라구연품」에는 '진언을 수지하는 수행자여, 모든 성스러운 존을 공양하는 데에는 기쁨을 담은 꽃을 올려야 한다. 아주 희거나 노랗거나 붉은 색인 연꽃과 푸른 연꽃과 용화분나가와 계살라와 말리꽃과 득벽람과 첨복과 무우와 저라검과 발타라와 사라 등은 모두 신선하고 기묘한 꽃으로 길상하며 모두가 좋아하는 것이니 모아서 꽃다발을 만들고 경건한 마음으로 공양해야 한다'고 설한다. 『소실지갈라경』에는 '화만법을 성취하려면 사디화를 가져다 꽃다발을 만들라'고 한다. 그런데 『수호국계주다라니경』에서 '갖가지 보배로 화만을 만들고 이로써 장엄한다'고 하는 것처럼 불전을 장엄하는 화만은 갖가지 보배를 조각해서 만들기도 한다. 그래서 금강만은 보배의 꽃다발이다. 보배꽃다발을 든 보살을 금강만보살이라 하며, 누구나 이 보살을 보고 만족하고 공경한다고 하여 밀호를 애경금강이라 한다. 『금강정경』에 의하면 대일여래가 보생불로부터 받은 복덕의 공양에 보답해서 보만관정삼매로부터 화만을 나타내어 남방 보생불의 왼쪽 월륜에 머무르게 하여 그 공덕장엄을 찬탄하는 모습이다. 이로 말미암아 보생불은 힘을 더욱 증장시키게 된다. 대일여래로부터 받은 보배의 꽃다발은 장엄한 빛을 발하며 주변을 밝게한다. 금강만보살의 앞에 등장하였던 금강희희보살의 적열심은 보리심의 체이고 이 보배꽃다발은 보리심의 권속, 즉 보리심에 속한 덕을 나타낸다. 두 보살의 상징을 통해서 기쁜 마음이 꽃다발의 무수한 꽃을 통해 주변으로부터 널리 퍼져나가는 모습을 상상할 수 있다.

『성위경』에는 다음과 같이 이 보살의 삼마지를 설한다.

"비로자나불은 내심에서 금강화만보리분법삼마지지를 증득한다. 자수용인 까닭에 금강화만보리분법삼마지지로부터 금강꽃다발의 광명을 유출

| 금강만보살 |

하고 널리 시방세계를 비춘다. 일체여래께 공양하고 모든 중생들의 추하고 천한 모습을 없애고, 삼십이상 팔십종호의 뛰어난 몸을 획득하게 한다. 돌아와서 한 몸에 거두어져서 일체보살로 하여금 삼마지지를 수용케 하기 위하여 금강화만천녀형의 보살이 되어 비로자나불의 서남쪽 모퉁이의 월륜에 머문다."

이처럼 남방 보생불의 덕을 공양하는 보살로서 이 보살이 표치하는 꽃다발은 이치와 지혜의 구족, 그리고 만가지 덕을 개발하는 모습으로서 이것은 보생불의 삼마지에 상응하는 것이다. 『약출염송경』에 '금강만의 인계를 결함으로 말미암아 미묘한 모습을 얻는다고 하는데, 이것은 보생불의 빛나는 복덕취의 생활을 보배 꽃다발로 찬탄하는 것이다. 또한 『삼십칠존례』에 이구증, 즉 티끌없는 비단이라 한 것은, '금강만공양보살의 인계를 결함으로써 이 인계의 가지로 말미암아 정계바라밀을 채운다'고 하는 것이다. 빛나는 보배의 꽃다발은 청정한 계행으로 이룩되는 행주좌와의 모든 위의를 나타내어 주변을 밝히기 때문이다. 이 보살의 수인은 두 손으로 하는 금강권으로서 티없는 청정한 아름다움은 청정한 계로부터 올 수 있음을 보여준다.

여기에서 공양받는 불과 보살에는 미래의 불보살도 포함될 것이고, 그렇다면 금강만보살은 일체의 중생들에게 우주대생명이 가진 끝없는 장엄한 광경을 끊임없이 이어받고 있음을 일깨우는 보살이라 할 수 있다. 우리가 금강만보살을 만날 때에 보배꽃다발을 들고 환희하는 만족의 경지에 다다르게 된다. 이로 인하여 우리들은 스스로 지니고 있는 성불의 가능성을 발견하고 자신의 능력과 가치를 더욱 증장시키게 되는 것이다.

금강만보살의 형상은 성신회에서 백황색으로 양손에 화만을 쥐고 가슴 앞에 대고 있다. 실로 연결한 꽃으로 만든 화환인 만을 양 손으로 들어 올리며, 보생여래가 중생 속에 숨겨진 보배의 특성을 찾아내어 찬탄해서 공양한다. 이 인상은 금강보만의 법에 상응하며 온갖 부처가 베푸시는 관정을 받는 모습이다. 보리심의 복덕원만한 덕을 내증으로 하는 금강만보살의 진언을 염송하면 적열과 환희를 얻기 때문이다. 공양회의 상은 꽃을 얹은 연화를 왼손에 들고 오른손으로 금강권을 하고 있다.

28 금강가보살
❋ 진리를 노래하는 보살 ❋

　사람들의 감정은 기쁘거나 슬픈 감정이 격앙되어 흥분된 상태가 되면 외침이라는 형태로 분출된다. 외침이 반복될 때 리듬을 갖게 되며, 이것은 노래의 형식을 구성하게 된다. 이처럼 감정을 소리로 나타내려는 인간의 욕망에서 노래가 시작되었고 한다. 또는 후렴처럼 반복되는 공동작업의 맞춤소리 등을 노래의 기원이라 하기도 한다.

　노래가 곡조를 갖추면서 소리를 내는 악기와 만나고 또 노랫말을 만난다. 처음에는 무의미했던 노랫말이 차츰 의미를 갖추어나가면서 가사가 제 모습을 드러내게 된다. 그래서 곡조에 맞추어 노랫말이 지어지기도 하고, 노랫말에 맞추어 곡조가 생성되기도 한다. 노래에는 노랫말과 곡조가 있으므로 필연적으로 의사를 전달하는 기능이 뒤따른다. 그래서 노래를 통해 어떤 가치를 추구하게 하고 그 가치에 따른 행동규범을 제시할 수도 있다.

　인류의 문명과 함께 발전한 노래는 곡조와 말소리의 형식을 갖추면서 사람들의 삶에서 중요한 역할을 하게 되었다. 종교적인 의례에서도 노래는 필요하고 생활의례나 교육의 측면에서도 노래는 사람들의 삶과 뗄 수 없는 중요성을 지니고 있다. 그러나 무엇보다도 노래는 즐거움을 주는 기능이 있기에 연희나 오락 등에서 그 역할이 대단하였다. 이것은 노래의 우리말 기원을 보아도 알 수 있다.

중세 국어자료를 보면 그 당시에 노래는 '놀애'로 표기되어 있다. 놀다[遊]라는 말에서 파생된 것으로 짐작되는 노래는 놀이의 성격을 분명히 지니고 있었던 것이다. 노래는 함께 부르는 것이고 떼창하듯이 서로서로 큰소리로 외치는 것이었다. 떼창하는 가운데 사람들은 공동체라는 인식이 생겨난다. 노래를 통해서 개인과 개인간의 단절을 넘어 원래 하나라는 자각이 깨어나며 흥을 함께하는 것이다.

슬픔은 나누면 줄어들고 기쁨은 나누면 배가 된다고 하는 것처럼 너와 나의 단절이 원래 없기에 모두가 하나라는 진리를 알게 된 환희가 노래로 드러난다. 이러한 벅찬 감동의 오묘한 노래를 금강계만다라에서는 금강가보살이라 부른다. 비로자나불과 4불 사이의 상호공양의 공덕으로 일으킨 환희를 흥겨운 노래로 부르는 보살이다.

밀호를 무외금강, 묘음금강이라 하는 금강가보살은 『금강정경』에 의하면 일체여래의 묘가삼매(妙歌三昧)로부터 출생한다. 묘가삼매란 비로자나여래가 서방 지혜문 법부의 주인 아미타여래를 공양하기 위하여 내심에서 노래로 찬탄하는 묘법음을 일으키고자 우선 그 삼매에 들어가 이 보살을 출생한 것이다. 아미타불의 설법에 의한 법열의 경지에 보답해서 가영공양삼매야, 즉 묘한 노래로서 공양하는 모습을 나타낸다. 이 가영은 법을 찬탄하는 것이기에 가영공양은 법찬미의 환희이다. 그러므로 이 가영공양이라는 법의 기쁨에 의하여 소리에 따라서 메아리지는 것처럼 제법의 진실이 드러난다.

왜냐하면 나는 너에게 영향을 주고 너는 나에게 영향을 주어서 서로서로 만들어가는 것이 모든 존재의 모습이기 때문이다. 사람과 사람 사이에서만 서로 통하는 관계가 성립되는 것은 아니다. 부처님오신날을 맞이하여 연등을 만들기 위해 내가 만진 종이연잎의 물감이 손가락에 물들고, 내가 먹는 음식이 내 몸에서 소화되어 내 몸의 일부를 만들거나 활동의 원천이 되는 것은 나와 다른 존재 사이에 애초부터 아무런 장벽이 없음을 알려준다. 생명체인 나와 무생물인 색종이가 완전히 다른 것이라면 내 손가락에 물감이 들어올 리가 없으며, 나와 내 입으로 들어오는 식물과 동물을 재료로 만든 음식이 소화되어 내 몸을 구성한다는 일은 있을 수 없다. 우리는 이렇게 남이라고 보았던 것들이 나에게 들어와 내 몸과 마음을 구성함을 바라볼 수 있다. 처음부터 내 것인 것은 없었고 모두 남으로부터 옮겨온 것뿐이다. 서로가 의지하지 않으면 존재할 수 없다는 진리, 어떤 하나의 존재는 그것이 있게 한 다른 모든 것의 결과이며, 동시에 다른 것들의 형성에 관여한다. 즉 너는 나에게 들어와 내가 되고 나는 너에게 들어가 너를 이룬다. 서로서로 영향을 주어 끊임없는 변화의 물결을 이루게 하는 것이 세상 모든 것의 본질이다. 나와 관련한 모든 존재는 나의 생성에 관여하며 나는 그 모든 존재의 생성에 관여한다. 그래서 모든 존재는 서로 연결된다. 이렇게 세상 모든 존재들은 서로서로 연관되므로 세상만물은 하나의 큰 연기를 이룬다는 사실을 모든 존재는 흥에 겨운 감동으로 노래하고 있다.

이러한 사실을 『화엄경』에서는 "일체가 불법을 설한다"고 표현한다. 부처와 보살만이 가르침을 설하는 것이 아니라, 지·수·화·풍과 산·나무가 설하며 구름과 개울물이 설하고 티끌·돌맹이·국토가 설한다는 말이다. 이렇게 산하대지 일체가 불법을 설한다. 자연에서 우러나는 경이로운 울림이 바로 연기법을 설하는 묘법음이다.

묘법음을 상징하는 금강가보살은 서방 아미타불의 덕을 공양하는 보살로서 설법의 표치를 나타낸 것으로 아미타불의 가영삼매(歌詠三昧)에 상응한다. 이로 인하여 아미타불의 활동은 더욱 증장된다. '가영송(歌詠頌)'이란 미묘한 노래소리이므로 『삼십칠존례』에서는 묘법음이라 한 것이다. 깨달은 자의 눈으로 볼 때 일체 소리는 묘법음이고 자수법락의 설법상이며, 묘한 노랫소리이기 때문이다.

| 금강가보살 |

　이러한 노래는 굳이 귀로만 듣는 것은 아니라 온 몸으로 느껴야 한다. 세상 모든 것은 고유의 파장을 지니고 있다. 파장은 다른 존재에 전달되어 그 영향을 준다. 역으로 어떠한 존재는 다른 모든 존재의 파장이라는 영향으로 생겨났다. 서로 상의상관하는 존재의 모습은 그 자체로 연기법을 설하는 법문이다.

　깨달음을 얻게 하는 법문을 불교에서는 가장 아름다운 소리를 내는 가릉빈가 새에 비유한다. 법의 희열을 얻게 하는 소리야말로 가장 아름다운 소리라 할 수

211

있다. 그 소리는 음률과 노랫말을 가진 노래처럼 되는 것이다. 노래의 요소로서 노랫말은 불법이라는 언어가 함축된 시(詩)이며 시의 감성을 노래로써 흘러넘치게 한다. 아름다운 글귀는 시가 되고 노래가 된다. 노래가 된 시는 음률과 더불어 경이로운 세계를 드러낸다. 그 시의 글귀는 수행을 통한 깊은 성찰을 통해서만이 노래로써 들을 수 있다.

온 산하에 울려퍼지는 부처님의 법음은 노래이다. 산이 노래하고 물이 노래한다. 지구라는 별이 노래한다. 이렇게 노래로 듣는 것이다. 노래를 부르는 자와 듣는 자가 함께 하모니라는 파장에 몸을 맡긴다. 부처님의 말씀인 진언은 이를 염송하는 자와 듣는 자 모두가 동일한 울림을 통해 서로가 서로에게 영향을 주는 관계임을 알게 해준다. 그래서 모든 존재의 울림은 진언이 되어 울려퍼지고 이를 듣는 수행자의 언어 또한 모두 진언이 되고 그 진언은 노래처럼 아름다운 음율을 갖고 울려퍼진다.

『제불경계섭진실경』에 '나는 금강가이다. 나는 지금 시방삼세의 모든 불과 보살께 노래하여 찬탄한다. 미묘한 소리를 내니, 입 가운데로부터 나와 시방의 무량세계를 가득 채운다' 라고 하는 것은 금강가보살에 의해 시방의 무량세계에 가득히 그 설법이 퍼져 있음을 알려주는 것이다. 이 사실을 알게된 중생은 일체의 사실에서 미묘한 설법을 들을 수 있는 지혜가 증장됨에 따라 점점 이를 깨우칠 수 있게 된다.

『약출염송경』에는 '금강가영계를 결함으로 말미암아 청정한 묘음을 얻는다고 하며, 『문수사리궤』에서는 '금강가영인을 결함으로 해서 속히 안인바라밀을 획득한다' 고 그 인계의 공덕을 찬탄한다. 무량수불의 법열의 생활을 노래로 찬탄하는 금강가보살은 자성청정의 법열삼매로부터 일어나는 가영설법을 내증으로 하기 때문에, 이 보살의 진언을 염송하면 법열로 인한 묘락을 얻게 된다는 것이다.

금강가보살의 인계는 노래로 찬탄하는 음성인으로서 금강의 오묘한 노래에 상응하여 곧 금강의 묘가영을 얻는 것을 상징한다. 그와 같은 금강가영을 공후로써 상징한다. 성신회의 상은 흰색으로 왼손에 공후라는 악기를 가지고 오른손으로 이것을 타고 있다. 공양회는 공후를 얹은 연화를 양손으로 쥐고 있다.

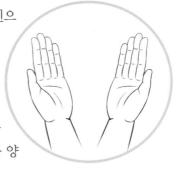

🕉 금강무보살

❈ 춤으로 공양하는 보살 ❈

불교교리 가운데 가장 널리 알려져 있는 삼법인(三法印)은 세상 모든 것이 어떤 속성을 갖고 있는가에 대한 설명이다. 일체는 항상하지 않고 괴로움이며 나라고 할 것이 없다는 세 가지이다. 여기에서 첫 번째의 항상하지 않다고 하는 것은 일체가 영원히 변치않는 고정된 실체로 남지 않는다는 말이다. 모든 물질적인 것이나 정신적인 것이든 일체는 언제나 변화한다. 움직이든지 다른 내용으로 바뀌든지 끊임없는 인연생기가 전개되며, 이러한 연기의 법칙에서 벗어나는 것은 아무것도 없다. 천년만년 그 자리에 그대로 있을 것 같은 높은 산일지라도 지구라는 별에서는 눈에 보이지도 않을 작은 것에 불과하다. 그리고 지구는 태양주위를 초속 29.8km의 속도로 돌아 하루에만 258만km를 공전한다. 그것도 하루에 한바퀴씩 자전하면서 가는 거리이다. 자전의 속도는 지구의 둘레가 가장 넓은 적도에서 1초에 약 456m라고 한다. 지구가 태양주위에 머물 수 있는 조건은 엄청난 공전속도와 끊임없는 자전의 움직임이 없으면 불가능하다. 이보다 빠른 속도로 움직이면 태양계를 벗어날 것이고 느린 속도로 움직이면 태양에 빨려 들어가 불타없어질 것이다. 태양과 지구 사이에서 상호작용하는 중력의 법칙에 따라 끊임없이 일정한 속도로 움직이는 것이 지구로 하여금 태양 주위에 머물 수 있게 한다. 서로 끌어당기면서 움직이는 것이 존재의 조건인 것이다.

지구라는 행성만 그런 것이 아니라 지구에 있는 어떤 것이라도 끊임없는 움직임이 그 존재를 유지하게 한다. 어떤 존재가 하루종일 아무 것도 안하고 자리를 지킨다해도 지구의 중력과 상호작용하면서 지구와 함께 상상도 못할 정도의 속도로 움직일 수밖에 없다. 그리고 그 생명체는 다른 생명체나 사물과 끊임없는 상호작용을 일으키고 있다. 모든 존재는 서로 주고받는 움직임 그 자체이다.

그러나 분별로 쌓아올린 우리들의 인식은 그 움직임을 따라가지 못한다. 인간은 존재를 파악하기 위해서 그 존재를 고정된 형상으로 알아채고 그때 존재라는 인식을 성립시킨다. 그 이미지는 우리가 보았을 때에 이미 다른 모습으로 변해갔을 것이다. 지구의 속도가 너무 빨라서 우리의 인식에 잡히지 않는 것처럼 모든 존재들도 생성변화가 끊임없이 이어지면서 매 순간 다른 모습으로 변화해가지만 고정된 인식에 습관되어온 우리들의 사고는 그 움직임 가운데 임시의 가상을 고정시키지 않으면 대상에 대해 분별할 수 없다. 그래서 높은 산은 천년만년 그 자리에 변함없이 그대로 있다는 망상을 일으키는 것이다.

모든 존재들은 실제로는 우리가 알아채지 못하는 움직임이 있기에 그들의 존재를 알릴 수 있다. 그리고 그 움직임은 존재와 존재간에 서로 영향을 주는 상호작용이다. 작용이 있으면 반작용이 있는 것처럼 세상 모든 존재는 다른 것으로부터 무엇인가를 받았으면 주어야 하고 주었으면 받아야 한다. 다른 존재와 서로 영향을 주는 것이 움직이는 것이며, 더 나아가 사랑하고 미워하며, 뺏으려 하거나 베푸려는 것, 우리 중생이 탐욕과 성냄과 어리석음에 따라 움직이는 그 몸짓은 모두가 상호작용의 원칙에 따르며 한 순간도 멈추지 않는다. 중생들은 상호작용에서 이로움을 느낄 때 기뻐하고 손실을 입었다고 느낄 때 슬퍼하지만, 전체의 입장에서 보았을 때에 이로움이나 손실은 부분적이고 일시적인 것에 불과하다.

그래서 모든 존재들의 움직임은 하나라는 전체에서 볼 때에 상호작용할 수밖에 없는 작은 세포들의 어울림이다. 중생들에게는 아름답게 보이고 어떨 때에는 추하게도 보이지만 그 움직임의 근원적인 표현은 춤과 같이 아름다운 몸짓이다.

보통 무용수가 가락에 맞추거나 절로 흥겨워서 팔다리나 몸을 일정한 규칙에 따라 움직이는 동작을 춤이라 한다. 그러나 누구나 가슴벅찬 감동을 받았을 때, 흥겨운 음악에 도취되었을 때에 일어나는 흥겹게 몸을 움직인다면 그 자체가 모두 춤이 된다. 자아의 경계가 모두 사라지고 한없이 자유로워지는 상태가 바로 춤의 상태이다. 이렇게 세상 모든 존재들이 작은 세포처럼 어울리는 광경을 아름답게 보는 자가 있다면 그에게 온 우주는 무용수가 추는 춤 못지않게 아름다운 춤으로 드러날 것이다.

온 우주를 춤으로 바라보고 스스로 춤을 추어서 우주 대생명이 걸림없이 자재하게 생명활동을 지속하는 모습을 의인화하여 금강계만다라에서는 금강무(金剛舞)보살로 표현한다. 금강무보살은 밀호를 신통금강, 묘통금강(妙通金剛)이라 하며, 『금강정경』에 의하면 일체여래의 춤이라는 공양의 삼매로부터 출생한다. 즉, 불공성취불의 공양에 보답하기 위해서 비로자나여래가 무공양삼매로부터 묘한 춤의 모습을 나타낸 것이 금강무보살이다. 비로자나여래가 일체여래무상공양의 갈마지삼매에 들어가는데, 그 갈마지는 위로는 모든 부처님을 공양하고 아래로는 중생을 구제하기 때문에 갈마지의 삼마지를 춤의 공양이라 하는 것이

| 금강무보살 |

　다. 금강무에서 무(舞), 즉 춤이란 다름 아닌 신통한 몸의 놀림으로 『삼십칠존례』에서는 이 보살을 '신통업'이라 찬탄하고 있다. 대비로자나의 입장에서 모든 존재의 몸의 놀림은 신통한 활동이다. 그래서 『금강정경』에서는 신·구·의 활동을 비롯한 일체의 활동을 신변유희, 신통유희라 하고 있다.
　『성위경』에서는 이 보살의 삼마지에 대해 다음과 같이 설한다.

"비로자나불은 내심에서 금강법무신통유희삼마지지를 증득한다. 자수용인 까닭에 이 삼마지로부터 금강무의 광명을 유출하여 널리 시방세계를 비춘다. 일체여래께 공양하고 일체중생의 무지와 무명을 깨뜨리며, 육신통을 획득하여 자재로이 유희하게 한다. 돌아와서 한 몸에 거두어져서 일체보살로 하여금 삼마지지를 수용케하기 위하여 금강법무천녀형의 보살이 되어, 비로자나불의 동북쪽 모퉁이 월륜에 머문다."

여기에서 비로자나불이 금강법무천녀를 유출한 것은 그 내용상 휘돌아 추는 춤을 의미한다. 그 춤은 우리가 일상적으로 사는 것처럼 틀에 박힌 고정된 것은 아니다. 돌고 뛰고 또는 느리게 움직이는 가운데 마음속 깊은 곳에 있던 것이 몸짓을 통해 흘러나온다. 춤춘다는 것은 무아 속에서 자유로워진다는 것이다.

어떻게든 상호작용해야 할 존재라면 그 작용이 이타를 위해서 전개될 때에 그 몸짓은 아름다운 춤이 된다. 이 춤은 불공성취불의 삼마지로서 신통유희 자재의 작업임을 보이고 있다. 양손을 들어 춤추는 자세를 취하며 불공성취여래의 활동성을 찬탄, 공양한다. 그 작업의 목적은 일체중생의 무지와 무명을 깨뜨리는 것이다. 이 보살이 금강계만다라 대월륜의 동북에 위치하는 것은 왕성한 교화활동을 나타내는 불공성취불과 동일한 성격임을 나타낸다.

중생의 무명을 깨뜨리는 것이야말로 무량세계의 중생과 제불보살 모두에 대한 광대한 공양이 될 수 있다. 이 공양으로 말미암아 쉼없이 창조작업을 계속하는 불공성취불의 활동이 더욱 증장된다.

따라서 금강무보살은 대비로자나불이 불공성취불에게 그 창조의 활동을 찬탄하는 모습으로서 공양되는 보살이다. 다시 말하면 중생들로 하여금 대비로자나불의 신통변화상이 쉴새없이 이어지고 있으며, 중생들의 일체의 활동도 또한 신통유희의 자재한 활동임을 알게해주는 춤으로 활동하는 지혜가 금강무로 표현된 것이다.

이 보살의 인계에 대해서는 『제불경계섭진실경』에 "금강권을 결하고 양 팔로 춤을 추라. 이것은 바로 금강무인이다. 이 무인을 결하면 모든 부처님과 보살들이 바로 크게 환희하여 온갖 원을 들어주며 행자의 몸을 보호하리라"고 한다. 이 인상은 금강무보살의 휘돌아 추는 춤의 법에 상응하여 널리 모든 부처에게 공양 올리는 상이므로, 금강무의 공양하는 인계를 결함으로 말미암아 일체를 따르게 한다고 그 인계의 공덕이 찬탄된다. 또한 금강무의 인계를 결하면 그 인계의 가지력에 의해 속히 정진바라밀을 채운다고도 한다.

금강계만다라 대월륜의 동북에 위치하고 성신회의 형상은 청색이고 좌우의 손을 벌리고 다섯 손가락을 뻗치고 오른손은 가슴에 대고 왼손은 허리부분에 붙여서 춤추는 자세를 하고 있다. 공양회의 상은 연화 위에 보주를 얹고 양손으로 쥐고 있다.

2. 외사공양보살

㉚ 금강향보살

❀ 향기로 세상을 정화하는 보살 ❀

현대인들은 각종 화학물질에 오염된 세상에 적응하기 위해서 적당한 정도로 후각이 퇴화되어 있다. 볼 것이 많은 세상에서 시각을 통해 세상을 보고 느끼는 데 충분한만큼 후각기능이 떨어진다고 해서 크게 문제가 되지는 않는다. 책을 보든지 컴퓨터를 보든지 스마트폰을 보든지 하루종일 보는 일에 열중하는 현대인들에게는 볼 것이 넘치기 때문이다. 사람은 눈으로 보고 산다고 할 수 있다면 사람보다 1만배의 후각을 갖고 있는 개는 세상을 코로 느끼고 기억한다. 눈에 보이지 않는 냄새는 언제나 진실을 말하는 법이다. 그래서 경찰견은 냄새만 가지고 언제 어디에서 어떤 일이 일어났는지 알 수 있으며 해당되는 사건의 진위를 정확히 가려준다.

그렇다고 해서 사람에게 후각의 기능이 중요하지 않다는 것은 아니다. 요즈음 같이 미세먼지와 오염물질이 많은 세상에서 우리의 코는 숨쉬는 것만이 아니라 냄새를 통해서 삶의 질이 변화하기도 한다. 퀘퀘한 냄새가 나는 방이나 자동차 안에 냄새를 제거하는 향을 넣는다면 짜증으로부터 벗어나 쾌적한 하루를 보낼 수 있다. 숨쉬기도 어려운 오염지역에 사는 사람들에게 맑은 공기와 숲의 향기는 쾌적함 이상의 가치를 갖는다. 온갖 냄새로 넘쳐나는 세상에 한 줄기 아름다운 향기가 퍼져나간다면 세상을 정화시키고 사람들의 마음을 편안하게 해줄 수 있을 것이다.

비단 코로 맡는 향뿐만 아니라 사람들이 사는 세상에는 향기처럼 모든 이들의 마음을 편안하게 해주는 것이 있다. 마치 사루는 한 줄기의 향이 모든 우주법계를 덮는 것처럼 세상을 청정한 정토로 바꾸기 위해 서원하는 보살의 마음이 바로 향과 같은 기능을 갖는다.

『유마경』에는 향기로운 나라의 이야기가 있다.

"상방에 중향(衆香) 세계가 있으니 중생이 이 향기를 듣고 함께 가만히 계율을 지키면 저절로 악을 멈추고 선이 생겨난다."

여기에서 향은 비유로써 향처럼 자신을 사루어 그 정성이 위로는 부처님과 아래로는 모든 중생에게 전해져 세상의 악을 없애는 보살의 행을 가리킨다. 온갖 향기가 일어나 널리 퍼지듯이 보살행에 따라 자연히 악이 멈추고 선이 생겨나서 세상의 뭇 중생들이 함께 즐거워하는 이상적 세계가 바로 중향세계라는 것이다. 그래서 향을 공양하는 그 마음을 따라 중생들이 지니고 있던 과거의 원한을 풀고, 온갖 악한 행위가 사라지며, 선한 공덕을 지어 풍요로운 과보를 받으니, 괴로움이 사라지고 이르는 곳마다 상서로우며 속히 깨달음을 성취하는 공덕이 있다고 한다.

이러한 공덕을 지닌 사람을 향기로운 사람이라고 할 수 있으며 금강계만다라에서는 세상을 향기롭게 하는 활동을 의인화시켜 금강향보살이라 부른다.

향은 스스로를 태워 그 향기로 주변의 잡냄새를 없애고 맑고 깨끗하게 하듯이 금강향보살은 좋은 행위를 보여 그 행위를 보는 중생들로 하여금 향기처럼 맑고 아름답게 살아갈 길을 열어준다. 보살이 자신을 희생하여 중생구제에 진력하는 것은 자신을 희생해서 주변을 향기로 채우는 향과 같다. 그 향은 어둡고 구석진 곳에 있는 모든 이들을 평등하게 보고 훈훈한 향기를 심어주어 모든 것을 향기로운 것으로 만든다. 그 방식은 향기의 작은 입자가 되어 두루 스며들어가는 것이다. 그래서 『금강정경』에서 금강향보살을 일체여래의 편입의 지혜라 하고 있다. 향은 자체의 성격을 고집하지 않고 연기처럼 곧 사라져버리나, 주변의 모든 것 속에 골고루 스며들어 모든 것과 하나가 되어 모두를 기쁘게 하기 때문이다. 향기가 스며든다고 하여 주거나 받는다는 분별심을 내는 일도 없으며 자신을 내세우지도 않고, 모든 것에 섞여서 일체를 향기롭게 한다.

금강계만다라에서 앞서 내4공양보살의 공양에 의해서 대비로자나불로부터 새로운 힘을 부여받은 사불이 그 활동결과로 얻은 힘을 다시 중앙의 대비로자나불에게 회향하는 것의 첫째가 금강향보살이다.

금강향보살은 달리 금강분향보살이라거나 금강소향보살이라고도 한다. 『금강정경』에 의하면 동방 아촉여래는 대일여래에게 공양하기 위하여 자기가 증득한 편만무애의 향삼매에 들어가 이 보살을 유출한다.

"아촉여래는 세존 대비로자나여래의 공양사업에 보답하기 위하여 곧 일체여래의 삼매로부터 출생한 금강삼마지에 든다. 곧 일체여래의 아니가 대명비를 자심으로부터 낸다. 일체여래심으로부터 내자마자 금강향대명비의 형상을 출현시키고, 금강마니보봉누각의 모서리 왼쪽의 월륜 가운데에 머문다."

향이란 법계에 두루하여 중생을 훈발시켜서 기쁨을 생하게 한다. 또한 향은 제불의 몸 가운데 들어가 즐거우며 환희하게 한다. 그러한 의미에서 향의 삼매를 적열삼매라 한다. 금강분향보살은 바로 이러한 기쁨의 삼매, 향의 삼매에서 출생한 보살이다. 금강계만다라 외곽의 동남쪽에 머무는 이 보살은 좋은 향을

| 금강향보살 |

태워서 번뇌의 때를 제거하고 청정한 보리심을 더욱 청정하게 하는 왕성한 활동
그 자체이다.

또한 금강분향보살이 그 내증으로 삼는 정보리심은 밀교수행자의 계의 근본
이므로 정보리심을 계향 또는 분향이라 칭한다.

『성위경』에는 비로자나불의 금강분향운해삼마지지로부터 금강분향광명을 유
출하여 널리 시방세계를 비추어 일체중생의 냄새나는 더러운 번뇌를 부수어 없

222

애고, 기쁨의 장애없는 지혜의 향을 획득하게 한다고 설한다. 여기에서 금강분향광명은 정진의 지속성과 번뇌를 없애는 청정의 두 가지 의미가 있다. 『삼십칠존례』에서 '진여훈' 이라 함은 진여의 향기로서 곧 보리심의 청정한 향기를 말한다. 아촉여래는 이와 같은 보리심의 향기로 일체의 번뇌를 제거하며 청정을 증진시켜 이것을 대비로자나불에게 돌린다. 이것은 법의 윤택함과 자비의 구름으로 중생들을 진실의 가르침 가운데 풍요롭게 한다. 보이지 않는 냄새가 진실을 말하는 것처럼 모든 중생들의 몸과 마음에 무시로부터의 무명과 냄새나고 더러우며 선하지 않은 것을 무량한 공양의 진실한 향기로 변화하게 하는 공능이라는 것이다.

금강분향의 구름바다와 같은 삼마지란 『제불경계섭진실경』에 다음과 같이 설하고 있다.

> "수행자는 이 금강무보살의 관문으로부터 일어나 동북각의 금강소향보살의 관문에 들어가 스스로 이렇게 생각한다. 나는 금강소향의 구름이다. 시방의 무량세계를 가득 채우고, 허공 가운데에서 시방의 모든 불과 보살들께 공양한다."

이렇듯 금강분향보살은 아촉여래가 그 한량없는 보리행을 통해 대비로자나불에게 공양하는 모습이라고 볼 수 있다. 또한 중생의 입장에서는 스스로 한없는 보리행을 일으켜 일체중생에게 베푸는 모습이다. 즉 세상을 정화시키는 진리의 향기로써 모든 중생들에게 낱낱이 그 향기를 전하는 소임이 금강분향보살에게 주어져 있는 것이다.

그 역할을 상징하기 위하여 『제불경계섭진실경』에서는 금강향보살의 인계로

금강소향인이 설해진다. '금강권을 결하고 두 손을
서로 나란히 하며, 손의 앞을 아래로 향하여 양손
을 펴서 내며 무량한 향운이 인계를 따라 위로
나온다고 관상하라.' 이 인을 결하면 곧 안팎에
있는 온갖 번뇌를 소멸해서 청정심을 얻는다고
한다. 따라서 금강소향의 법에 상응하면 널리 세간
에 큰 적열을 베풀 수 있게 되며, 그밖에 금강분향보살의 인
계를 결함으로 말미암아 마음에 기쁜 곳을 얻는다거나, 금강분향보살의 인을 결
하는 힘에 의하여 정려바라밀을 증득한다는 등으로 인계의 공덕이 찬탄된다. 삼
매야형으로는 향로를 들고 있다. 이것은 보리심의 활동으로 번뇌를 정화하는 금
강분향보살의 특징을 잘 나타내주고 있다.

㉛ 금강화보살
❀ 깨달음의 꽃을 공양하는 보살 ❀

언제부터 연꽃이 불교를 상징하는 꽃이 되었는지 그 시점을 알 수는 없지만
불교설화에 따르면 불교와 연꽃의 인연은 아기부처님의 탄생으로부터 시작되었
다. 『보요경』에 의하면 부처님이 탄생하였을 때 아홉 마리의 용이 하늘에서 내
려와 향수로 부처님의 몸을 씻고 지하에서 연꽃이 솟아 나와 그 발을 받쳤다고
한다. 또한 아기부처님이 맑은 눈동자로 사방을 돌아보고 동서남북 사방으로 일
곱 걸음을 걸을 때에 그 걸음마다 아름답고 깨끗한 연꽃이 피어났다는 것이다.
이 설화는 부처님의 거룩한 탄생을 기리기 위하여 아름답게 묘사한 설화이지

만 이 설화에 담긴 내용은 깊은 상징성을 지닌다. 부처님이 인간의 몸으로 태어나 수행을 통하여 깨달음을 성취한 것은 누구든 수행하면 청정한 본성을 드러낼 수 있음을 상징하며, 일곱 걸음을 걸었다는 것은 육도윤회를 초월하였음을 의미한다. 또한 발자국을 디딜 때에 연꽃이 피어났다고 하는 것은 꽃이 지니고 있는 출생이라는 개념이 승화된 것이다.

일반적으로 꽃의 목적은 씨앗을 맺기 위한 것이다. 자신의 개체를 다음 세대에 이어주기 위해서 꽃이 피어나기에 꽃에는 생성이라는 의미가 부여된다. 꽃을 생명의 창조로 여기는 전통은 인도에서 꽤 오래전부터 시작되었다. 인도의 고대 대서사시인 『마하바라타』에서는 천지창조의 신화로서 연꽃이 묘사된다. 즉 비슈누신이 아난타용왕 위에 누워서 명상에 잠겨있었는데, 그 명상에서 깨어난 비슈누의 배꼽에서 황금빛의 연꽃이 피어났다. 그 위에 범천이 앉아 있으며, 이 범천이 세계를 창조하였다는 것이다. 즉 창조의 신 브라흐마가 광명의 신 비슈누의 배꼽에서 피어오른 연꽃 속에서 태어나는 것으로 서술되어 있다. 따라서 인도에서는 연꽃이 빛과 생명의 상징, 신성한 생명의 근원으로 인식되어 인더스 문화에서 어머니신은 머리에 연꽃을 꽂고 있는 것으로 묘사되고 있다. 이것은 어머니가 상징하는 출생의 의미를 연꽃으로 표현한 것이다.

이 신화에서 연꽃이 가지는 출생이라는 의미에 육신의 출생만을 내포한 것은 아니다. 우리의 일상언어 가운데에서도 악한 사람이 개과천선할 때에 '새롭게 태어난다'고 표현하거나, 새롭게 안목이 트일 때에 '새 삶을 얻었다'고 하는 것처럼 과거와 단절된 새로운 것이 시작하는 것은 정신적인 출생으로 간주한다. 세친의 『법화경론』에서는 연꽃에 대하여 '물에서 벗어남과 꽃이 피어남'이라는 두 가지 의미를 부여하고 있다. 진흙탕물에서 벗어남은 끝이며, 꽃이 피어남은 새로운 시작을 의미한다. 연꽃이 오염되지 않고 진흙 속에서 솟아오르는 것은 혼탁함 가운데 청정이 생하는 것으로서 번뇌에서 벗어나 청정을 획득하는 정신적 출생을 상징하는 것이다.

원래 불교에서는 세상 모든 것이 무상하며 시작도 없고 끝도 없는 것을 기본 가르침으로 하기에 생과 멸은 부정된다. 불교경전 곳곳에 보이는 생과 관련된 서술에서는 육도를 윤회하는 생이 환상이나 아지랑이와 같은 것임을 강조하고 있다. 아기부처님이 육도를 상징하는 여섯 걸음을 넘어서 일곱 걸음을 걸었다는 데에는 부처님의 탄생에 육체적 탄생뿐만 아니라 윤회를 초월한 성자로써의 태어남이라는 두 가지 개념이 겹쳐진다. 일반적인 모든 것들의 시작과 끝이 부정되어 무시무종(無始無終)이라 하는 불교에서 오직 유일하게 인정되는 마지막은 윤회의 끝, 즉 중생으로서 더이상 생을 받지 않음이다. 그런데 이렇게 생멸을 초월한 그 위의 상태는 다시 생이라고밖에 할 수가 없다. 그래서 여섯 걸음을 지나 일곱 번째에 내딛은 발걸음은 육도윤회를 벗어난 새로운 시작이기에 생이라 하는 것이다. 생사를 초월한 성자로서 펼쳐지는 거룩한 시작이 여기에 있다.

석가모니부처님 이후에도 모든 부처님과 보살들이 출생을 의미하는 연꽃에 앉는 것은 중생들의 윤회하는 생멸을 끝내고 새롭게 전개되는 공덕생으로서의 시작을 보여주는 것이다.

밀교의 만다라에서도 연꽃이 지닌 출생의 상징성을 강조한 것이 『대일경』에 근거하여 건립되는 대비태장생만다라이다.

『대일경소』에서는 '세간 사람들이 연꽃을 가지고 길상하고 청정하다고 하며 중생들의 마음을 기쁘게 하는 것처럼 지금 비밀한 가르침 가운데에도 역시 대비태장의 묘법연화로써 가장 깊고 비밀한 길상을 삼으니 모든 가지법문의 몸이 이 연화대에 앉는다'고 설하며, '부사의한 법계를 연화대(蓮花臺)로 비유할 수 있고 갖가지의 방편도를 연꽃의 잎에 비유한다. 이 연화대는 실상자연의 지혜이다. 연꽃잎은 바로 대비방편이며, 꽃술은 모든 삼매문·다라니문·6바라밀 등으로서 이 낱낱의 꽃술로부터 가지신력으로 삼중만다라 가운데의 한 종류의 장엄권속을 출생한다. 정방향의 네 잎은 여래의 네 지혜이고 모퉁이의 네 잎은 여래의 네 가지 행이다. 여기에 의거하여 나타나 여덟 종류의 선지식이 된다'고 한다.

이렇게 해서 중앙의 비로자나불을 중심으로 여덟 개의 연꽃잎에 네 부처와 네 보살이 자리한 중대팔엽원이 성립되며, 이는 바로 연꽃이 지닌 출생이라는 의미가 불심을 열어 펼친다는 의미로 전화된 것이다. 또한 이러한 만다라의 세계에 들어오는 행자는 안으로 대비의 공덕을 갖추고 밖으로 모든 부처님의 호지를 받으므로, 생사에 처하여도 물들지 않는 새로운 생을 받게 된다. 연꽃에서 출생한 불보살에 의해서 거듭 중생들이 연꽃과 같은 청정한 보살의 생을 성취하게 되는 것이다.

『금강정경』에서는 이러한 연꽃의 의미를 의인화하여 금강화보살이라 부른다. 금강화보살은 금강과 같은 연꽃을 사방에 뿌리는 금강산화천녀, 또는 꽃 그 자체를 미화하여 금강묘화보살이라고도 한다. 꽃은 봄에 피기에 금강춘(金剛春)이라고도 하며 밀호는 묘색금강이다. 『금강정경』에 의하면 금강화보살은 남방 보생여래가 대일여래를 공양하기 위해 보장엄공양삼매에 들어가서 이 보살을 유출한 것이다. 즉 만개한 연꽃을 손에 들고 대일여래에 공양함을 의인화하였다. 『이취경의술』에 '보리로써 깨달음의 꽃을 피워 구름과 바다처럼 공양한다. 또한 방편을 중생에게 수여하여 공덕의 이익을 행하게 한다'고 하는 것처럼 보생여래의 시현인 오묘한 연꽃을 가지고 비로자나여래께 공양올리며, 다시 방향을 바꾸어 세상의 모든 중생들에게 공양되는 꽃이다. 이로써 중생들이 지니고 있는 깨달음이라는 덕성을 일깨우고 이를 장엄하게 된다.

『성위경』에서는 '비로자나불의 구름이나 바다처럼 광대한 금강의 깨달음이

| 금강화보살 |

라는 꽃의 삼마지로부터 금강각화광명을 유출한다' 고 하였는데 그 금강의 깨달
음이라는 꽃은 중생의 미혹을 깨뜨려 깨달음의 심화(心花)를 꽃피우는 것으로
결국 깨달음으로 이끄는 것이 공양의 근본적인 의미가 된다.

　이처럼 금강화보살은 보생불이 증장시킨 보리심의 장엄상을 비로자나여래에
게 공양하는 모습이며, 중생들로 하여금 숨어있는 깨달음의 덕성을 찾아내게 하
고 그 가치를 증장시켜 활짝 꽃피우도록 돕는 온갖 공양의 행을 상징한다. 꽃이

란 만행이 청정히 갖추어져 있음을 나타내기에, 꽃으로 공양함이란 깨달음으로 향하는 모든 행위에 그 가치를 새롭게 부여하여 승화시키고자 하는 공덕행이다. 더 나아가 보생불이 일체 수행에 대해 가치와 공덕성을 증진시키고 다시 이것을 일체에게 회향하는 모습이다. 그 아름다운 광경을 『삼십칠존례』에서는 훌륭한 장엄이라는 뜻의 승장엄(勝莊嚴)이라 한다.

성신회의 상은 옅은 황색으로 연꽃봉우리를 얹은 소반을 오른손으로 들고 왼손으로 이것을 받치고 있다. 이 인상은 금강의 오묘한 연꽃의 법에 상응하여 세간에서 경애하는 일을 행하는 상이며, 금강화보살의 인계를 결함으로 말미암아 모든 장엄을 획득한다고 한다. 금강화보살은 청정한 보리심의 무진장엄을 그 내증으로 삼으므로 이 진언을 송함에 따라 청정보리심 장엄의 덕을 성취하고 각화해운 삼마지(覺華雲海三摩地)에 들어가 머문다고 하는 것이다.

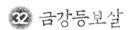

🏵 ㉚ 금강등보살
❀ 진리의 광명을 공양하는 보살 ❀

불교도 가운데 널리 알려진 '빈자의 일등(貧者一燈)' 이라는 불교설화가 있다.

석가모니부처님이 아사세왕의 초청을 받아 왕궁에서 설법을 하고 밤이 깊어 기원정사로 돌아가는 길을 밝히고자 왕은 대궐에서 절까지 수만 개의 등불을 공양했다. 이때 한 가난한 노파가 거리에서 구걸한 돈으로 등불 한 개를 사서 부처

229

님께 공양을 했다. 이 한 개의 등불은 왕이 공양한 수만 개의 등불보다 밝았고 새벽이 되어 왕의 등불은 다 꺼졌으나 오직 노파의 등불은 꺼지지 않았다고 한다. 이 설화는 온 정성을 다해 등불을 밝힌 참다운 공양의 공덕을 널리 알리기 위하여 자주 반복되어 설해진다.

그 등불은 어두운 밤 동안 그 등불을 보는 모든 이의 눈동자에 비추어졌을 것이다. 그들이 서로 바라볼 때에 한 사람의 눈동자에 비추인 등불은 다른 이가 보고, 다른 이의 눈동자에 비친 등불은 또 다른 이가 볼 수 있었을 것이다. 그래서 모인 사람의 숫자만큼 많은 등불이 동시에 빛났을 거라고 상상할 수 있다. 거울처럼 비추는 눈동자는 서로서로 빛나면서 끊임없는 상호비춤을 반복한다. 그래서 서로서로 다른 이의 눈동자를 볼 때에 그 속에서 빛나는 또 다른 눈동자에 비친 무수한 등불까지 보게되면 마치 밤하늘에 빛나는 은하수처럼 모든 존재가 등불이 되어 광명으로 휩싸인 장관을 상상할 수 있을 것이다.

가난한 노파가 공양한 하나의 등불이 켜져서 뭇 중생들에게 스스로가 광명이라는 부처님의 가르침을 전했던 것이다. 그 등불을 따르면 밝게 빛나는 삶을 살아가게 된다. 이것이 바로 부처님의 가르침대로 자등명(自燈明), 법등명(法燈明)하는 본래의 모습이다. 자신을 밝히고 진리를 밝혀서 무명의 흑암을 지워나가는 행자의 모습이다. 자신을 밝히는 것이 진리를 밝히는 것이며 세상을 밝히는 것이다.

등불을 공양함에는 이러한 의미가 있으며 『금강정경』에서는 이러한 등공양의 공능을 의인화하여 '금강연등천녀' 라 하며 또한 금강등보살이라고 한다. 등불은 두루 비추기에 밀호를 보조(普照)금강이라 한다. 『금강정경』에 의하면 금강등보살은 서방의 관자재왕여래, 즉 아미타여래가 대일여래에 공양하기 위해 자신이 증득한 지혜삼매인 등공양삼매에 들어가서 이 보살을 유출한 것이다.

"이때에 세존관자재왕여래는 세존대비로자나여래의 공양사업에 보답하기 위해서 곧 일체여래의 등공양삼매로부터 출생한 금강삼마지에 드신다. 일체여래심으로부터 내자마자 곧 일체등공양의 장엄을 나타내어 금강등대명비의 형상을 출현하고 세존의 금강마니보봉누각의 모서리 왼쪽 월륜 가운데에 머문다."

등공양이란 다름아닌 등불을 밝혀서 밤하늘의 은하수처럼 우주를 밝히고 무명의 어두움을 지워나간다는 의미이다. 따라서 이 등은 부처의 지혜로부터 퍼져나가는 등이다.

『성위경』에는 비로자나불의 금강등명운해삼마지지로부터 금강등명광명을 유출하여 널리 시방세계를 비추어 일체중생의 무명주지를 깨뜨린다고 설한다. 여기에서는 비추어지는 장소가 시방세계로 되어있지만 『금강정경』에서는 이 보살에 대해 삼계라 표현하고 있다. 이것은 번뇌즉보리의 입장에서 본다면 삼계의 현재 모습 그대로가 무명이 아닌 지혜의 등이기 때문에 삼계로써 등공양을 표현한 것이다. 공양된 등은 일체사리를 분별할 수 있는 지혜의 등불이므로, 『삼십칠존례』에서 상보조(常普照)라 하여 항상 서로 비춘다는 점을 강조한다. 서로 비춘다는 것은 연기적인 입장에서 모든 존재는 서로 영향을 주고 받으며 그러한 상호영향관계를 통해 조화를 이루고 있다는 사실을 보여준다.

마치 두 개의 거울이 있을 때에 하나의 거울은 다른 거울을 비추면서 동시에 다른 거울에 비추어지듯이 모든 존재는 서로서로 비추는 관계에 있다. 거울이 무수하게 많을 때에는 그 모든 거울이 서로서로 중첩해서 비추는 것이 무한하다. 그리고 무한한 상호비춤의 관계는 모든 존재들을 하나로 연결한다. 비록 그 가운데 깨진 거울과 물들어서 잘 비추지 못하는 거울이 있다고 하더라도 거울간의 상호작용에서 떨어져 있지는 않다. 이와 같이 삼계의 모든 존재는 서로서로 비추는 거울과 같다. 다시 말하면 나는 너에게 영향을 줌으로써 존재하고 너는 나에게 영향을 줌으로써 존재하게 된다. 상호작용하지 않는 어떤 것도 있을 수 없기에 상호작용이 바로 존재의 참모습이다. '이것이 있으므로 저것이 있다'는 연기설의 공식에서 이것과 저것은 영향을 줌으로써 이것과 저것으로 있을 수 있다. 누구에게도 영향을 주지 않고 누구의 영향도 받지 않는 독존자는 있을 수 없는 이유가 영향없이 있을 수 있는 것은 없기 때문이다. 우리가 알고 있는 존재의 모습이란 바로 작용에서 정지된 한 순간을 포착한 것에 불과하다. 마치 흐르는 강물을 우리 뇌리에 간직하거나 사진으로 찍어서 '이것이 저 강이다'라고 이해할 수는 있지만 기억이나 사진으로 남은 강은 더 이상 흐르지 않는다. 대상에 대한 우리의 이해는 움직이는 것을 정지시켰을 때에 성립한다. 움직인다는 것은 끊임없이 다른 것들과 상호작용한다는 것인데 그 흐름을 정지시켰을 때에 다른 것과 관계성을 상실한 단독의 존재로 이해된다는 것이다. 우리는 그러한 이해를 통해서 사물과 사물 사이를 갈라놓는다. 여기에서 나와 너, 주체와 객체라는 이분법적 사고가 생겨나며, 대립과 갈등이 발생한다. 원래 상호작용 자체가 모든 존재의 실상인데 우리는 찢어지고 떨어져나간 파편으로 모든 것을 받아들인다. 이 가운데에서 행복과 불행, 성공과 실패, 사랑과 미움 등의 대립개념이 성립하며, 한 번 생겨난 감정의 에너지 자체도 상호작용의 결과이기에 끊임없이 다른 힘을 불러들여서 반복적으로 전개된다. 그리하여 수행을 통해서 그 힘을 잃기 전까지 우리의 삶을 온통 휘어잡아 빠져나가기 어렵게 한다. 이렇게 괴로움이 반복되는 상황을 부처님께서는 '모든 것은 괴로움이다'라고 설파하셨는데, 그 이유는 모든 것이 원래부터 존재하는 것이 아닌 무상함 그 자체이기 때문이다.

이러한 사실을 알려주기 위해서 먼저 등불을 밝게 비추어서 모든 이들이 보게

| 금강등보살 |

하고 '그대들 모두가 나와 다름없이 밝게 빛나는 광명 그 자체'라는 사실을 일러주는 작용이 바로 금강등보살이다. 우리는 서로서로 존재할 수 있게끔 영향을 주고받는 상호작용 그 자체뿐이라는 것을 등불이라는 상호공양의 형식으로써 알려주는 것이다. 모든 존재는 밝게 빛나는 광명이며, 또한 모든 것을 비추는 거울이기에 금강등보살의 광명은 낱낱의 거울에 두루 닿아서 온 우주를 비춘다.

이것을 『제불경계섭진실경』에는 다음과 같이 설한다.

"나는 금강등보살이다. 나는 지금 다함없는 등불을 밝혀서 시방무량세계의 허공 가운데에 가득 채워서 시방의 설할 수 없고, 설할 수 없도록 한량없고 가이 없이 많은 모든 부처님과 보살들께 공양한다.

이렇게 생각하고 나서 금강권을 결한다. 양손을 서로 합하여 심장 앞에 가까이 하라. 이것을 금강등인이라 이름한다. 이 등인을 결하는 것은 어떤 이익이 있는가. 현재의 몸으로 여래의 청정한 다섯 가지 눈을 획득하리라."

이와 같이 금강등보살은 아미타불이 증장된 수용지혜를 대비로자나불에게 공양하는 모습으로서, 언제나 지혜의 등불로서 온갖 어두움을 깨뜨리고, 또한 방편으로써 중생에게 수여하여 무량한 광명의 구름과 바다같은 공양을 일으키는 묘용이 있다. 또한 중생에게 청정한 지혜로써 자비를 베푸는 보살이며, 중생이 그 가르침을 수용한 뒤 여래의 청정한 다섯 가지 눈을 획득하여 이제까지 보지 못했던 모든 것의 참된 모습을 보고 스스로 지혜를 밝혀 다른 이에게 자비를 베풀도록 돕는 보살이다. 금강등보살은 법성의 실상을 관조하고 자성청정을 증득하는 광명삼매에 머물기 때문이다.

이러한 공능을 상징하기 위하여 성신회의 상은 백색으로 양손에 등 그릇을 가지고 있으며, 공양회의 상은 연화 위에 등을 세워 양손으로 들고 있다. 다른 회의 존상이나 삼매야형도 모두 연꽃 위의 등으로써 표현되어 있다.

🌀 금강도향보살
❊ 맑은 향기로 만나는 보살 ❊

『법구비유경』에는 향기와 관련된 다음과 같은 이야기가 있다.

"땅에 버린 종이 있어 부처님이 이르시되 '이 종이를 주워보라'. 비구가
곧 가르침을 받들어서 종이 주워 부처님께 말씀하되 '향을 쌌던 종이입니다.
이제 비록 향 없으나 향기 여전하나이다.' 부처님이 다시 갈 때 땅에 새끼
있는지라 비구에게 말씀하되 '이 새끼를 주워보라.' 비구가 곧 새끼 주워
부처님께 말씀하되 '비린내가 많이 나니 고기 묶은 새낍니다.' 부처님이
이르시되 '대저 세간 만물들은 본래 청정한 것이나 인연으로 말미암아 죄
와 복을 일으키니 현명한 이 친근하면 도의 절로 높아지고 어두운 이 사귀
며는 재앙 죄업 일어나니 비유하면 저 종이와 새끼토막 같은지라.'
오직 향에 가까우면 자연 절로 향내나고 고기 묶어 비린내가 나는 것과
다름없어 점점 깊이 물이 들고 나쁜 습성 될지라도 모두 각각 제 스스로
깨쳐 알지 못하니라."

유유상종이라는 말처럼 세상사람들은 서로 비슷한 부류끼리 만나지만, 오래
살아온 가족들의 얼굴이 닮는 것처럼 어울리다보니 같은 부류가 되기도 한다.
누군가를 가까이 하는 것은 서로 영향을 주어서 닮아가는 일이다. 향이 종이에
게 향을 주어서 향기나는 종이가 되고, 생선은 새끼줄에게 생선내를 주어서 비
린내가 나게 한다. 즉 무엇인가는 다른 것에게 자신을 주어서 영향을 미치면서
같은 부류가 된다. 이렇게 서로서로 영향을 주는 것이 모든 존재들이 살아가는

방법이다.

　마치 매일 먹는 음식물이 나의 몸을 지탱하기도 하지만 구성요소가 되는 것과 같이 누군가를 만나는 것은 나를 만들어가는 방법이 된다. 이것이 있으므로 저것이 있는 것처럼 무엇인가와 만나지 않으면 연기를 이룰 수 없다. 세상의 모든 존재는 연기적인 존재이므로 만나서 서로 영향을 주는 것이 모든 존재의 실상이다.

　사람들이 지난 과거를 회상할 때에 누구와 만나서 어떤 이야기를 하였고, 어떤 생각을 공유하거나 감정을 교류했던 일을 떠올릴 것이다. 책을 보아도 다른 이야기를 만나게 되고, 영화를 보거나 여행을 해도 다른 무엇인가를 보고 듣고 만나는 것이 경험을 이룬다. 우리의 기억은 이렇듯 내 몸 외부의 무엇인가와 관계한 내용들로 구성되어 있다. 병원에서 수술한 환자가 아니고서는 자신의 몸 내부에 대해 큰 관심을 갖는 일도 없다. 즉 대부분의 기억에서 자신의 몸 내부의 오장육부가 어떻게 되었는지 자신의 심층의식이 어떤 변화를 일으켰는지에 대한 기억은 별로 없다. 그렇다면 나의 기억을 이루는 내용은 주로 타인이나 다른 대상과의 관계성에 치중되어 있다. '나'라고 하는 것은 나와 관계한 모든 것을 그 내용으로 삼는다는 말이다. 연기적인 존재란 관계성을 의미하기에 이러한 가정이 가능할 것이다. 오늘의 만남이 오늘의 나를 만들고 내일의 만남이 나를 만든다라고.

　그래서 『실행론』에서는 그 만남의 내용을 선지식과 선우로써 채울 것을 강조하고 있다. 관행자가 애써 만나야 할 대상은 올바른 마음을 가져서 맑은 향기를 풍기는 자이어야 한다. 그는 스스로 향기를 내면서 그와 만나는 모든 이들을 청정하게 하는 보살이다.

　이렇듯 맑은 향기로 그를 만나는 모든 이들을 청량하게 하는 보살을 금강계만다라에서는 금강도향보살이라 한다. '금강도향천녀' 또는 두루 청정하게 한다는 의미의 '보청금강'이라 하는 금강도향보살의 출생에 대해 『금강정경』은 다음과 같이 설한다.

"이때에 세존불공성취여래는 세존대비로자나여래의 공양사업에 보답하기 위해서 곧 일체여래의 도향공양삼매로부터 출생한 금강삼마지에 드신다.
　일체여래심으로부터 내자마자 곧 일체도향공양장엄을 나타내며 금강도향대명비의 형상을 출현하고 세존금강마니보봉누각의 모서리 왼쪽 월륜 가운데에 이치답게 머무른다."

즉 북방의 불공성취불이 스스로 도향공양삼매에 들어가 유출한 것으로 몸에 향을 발라 청정히 하는 도향의 삼매가 금강도향의 출생처이다. 이 도향은 계·정·혜·해탈·해탈지견의 아주 뛰어나며 번뇌가 없는 오온(五蘊)의 향으로써 중생의 몸과 마음을 씌어서 번뇌의 혼탁한 열기를 사라지게 하고 오분법신(五分法身)의 향을 이루게 한다. 또한 방편으로써 중생에게 수여하여, 모든 독의 열을 서리와 눈처럼 풀어주는 전단도향으로서 구름과 바다같은 도향의 공양을 일으키게 하는 공능이 있다.

몸에 향을 바르는 것은 정결하게 몸을 씻은 후가 아니면 안된다. 먼저 몸을 청정히 한 뒤에 그 몸에 향기가 나게 하는 것이므로, 모든 번뇌의 때를 없애고 청량하게 하는 청정의 덕으로서 대일여래에 공양함을 이 보살이 상징한다. 여기에서 청정한 몸이란 행동과 언어가 율의에 어긋나지 않고 올바른 습관을 갖는 정신적 청정을 의미한다.

『성위경』에는 비로자나불의 금강도향운해삼마지로부터 금강도향광명을 유출

| 금강도향보살 |

하여 일체중생이 몸과 입과 뜻의 업으로 짓는 율의에 어긋나는 잘못을 깨뜨리고 다섯 가지 청정한 법신을 획득하게 한다고 설한다. 여기에서 도향을 몸에 바르는 것은 신구의의 삼업으로 짓는 잘못을 제거하는 것을 나타내므로 이것은 바로 대일여래에 대한 최상의 공양이 된다. 그러므로 이 보살의 진언을 송하면 열뇌를 없애어 청량을 얻는다고 한다.

　『제불경계섭진실경』에는 다음과 같이 도향의 공양에 대해 설하고 있다.

"나는 금강도향이다. 나는 지금 가장 좋은 백단도향을 시방 한량없는 세계의 대허공 가운데에 충만하게 하는 것을, 마치 큰 구름이 세계를 두루 채우는 것과 같이 해서 시방의 모든 보살을 공양한다. 양 금강권으로 좌우의 목 내지 가슴과 배를 마찰하며 곧 이렇게 관상하라.
나는 지금 이 우두전단의 가장 좋은 도향을 가지고 시방의 모든 부처님과 보살들 내지 중생의 몸에 바른다."

이처럼 금강도향보살은 선교방편지로써 자리이타의 사업을 성취하고 무명번뇌를 제거하여 청량을 얻게 하는 것이 그의 역할이다. 그래서 『삼십칠존례』에서는 계청량이라 하는데, 이것은 청정한 계행을 통하여 시원하고 맑은 몸과 마음의 경지에 머문다는 뜻이다. 계에 철저하다면 몸과 마음이 얽매일 것이 없으므로 이것이야말로 최상의 청량이 된다. 즉 불공성취여래가 몸과 입과 뜻으로 짓는 모든 활동을 정화하고 창조의 활동을 증진시켜서 대비로자나불에게 공양하는 모습이 금강도향으로 표현된 것이다.

구체적으로 말하면 십선(十善)을 행해 십악업을 짓지 않는 것이며, 궁극적으로는 밀교 삼매야계의 정신에 투철한 것이다. 삼매야계는 『대일경』에 설하는 3구법문의 실천으로서 계의 바탕을 청정한 보리심으로 삼고 있는데, 그것은 『대일경』에서 설하듯이 희고 깨끗한 신심이 바탕이 되어 출세간적인 삼매의 수행과 관련된다. 희고 깨끗한 신심이란 바로 밀교계사상의 근본이기 때문에, 이 밀교정신을 파악하고 있으면 결코 계를 범하거나 반도덕적이 되지 않는다. 즉 청정한 보리심으로 온몸을 향기롭게 한 경지를 계청량이라 할 수 있으며, 도향을 몸에 바른다는 상징적인 표현으로 나타낸 것이다.

이와 같은 공능을 상징하기 위해서 성신회의 형상은 왼손으로 청색의 도향기를 가지고 오른손의 작은 손가락을 그릇에 담고 있다. 이 인상은 일체의 온갖 고뇌를 없애는 상이다. 공양회의 형상은 도향기를 얹은 연화를 양손으로 들고 있다. 『약출염송경』에는 금강도향의 인계를 결하면 중생들을 청량한 세계로 구소할 수 있다고 하는데, 이는 청정한 계행을 통해 중생에게 봉사하고 중생들도 몸과 마음을 청량하게 할 수 있도록 돕는 것이다. 또한 도향인을 결함으로 해서 서원바라밀을 속히 채운다고 한다.

VI

•

사섭보살

1. 사섭보살

34 금강구보살
❋ 중생을 잘 불러모으는 보살 ❋

"오는 사람 막지 않고 가는 사람 잡지 않는다."

이 말은 순리에 따르며 인연에 대해서 집착하지 않는다는 의미로 이해할 수 있으나 모든 것에 의지를 발동하지 않고 주어진대로 살겠다는 수동적 입장도 포함되어 있다. 갈 사람은 붙잡는다 해도 가게 되며, 오는 사람 막는다고 해도 오기 때문에 인연따라 물 흐르듯이 내버려두는 것이 마음 편한 일이기는 하지만 법을 전하는 수행자로써 불도를 퍼뜨리는 데에 주어진 대로만 하는 것은 아무래도 소극적이라는 비판을 면하기 어렵다. 그래서 오지 않는 사람 오게 하고 가는 사람 오래 머물도록 노력하는 데에서 붓다의 자비를 읽을 수 있다. 혼자 와서 불도를 성취하고 떠난다면 세상 사람에게는 어떠한 이로움이 있겠는가! 보리수 아래에서 바른 깨달음을 이룬 부처님께서 범천의 권청을 거절하였다면 어찌 우리가 불도를 닦을 수 있었겠는가! 자신을 떠나간 다섯 명의 수행자를 찾아나서지 않았다면 초전법륜이 어떻게 나올 수 있었겠는가!

이 모든 것이 만나는 인연 거부하지 않고 떠나는 인연 붙잡았기에 가능한 일이었다. 그래서 불교에서 인연이란 주어진대로 수용하는 것이 아니라 만들어가는 데에서 참된 인연의 의미를 볼 수 있다. 중생들에게 불도의 씨앗을 심어주는 인(因)을 통해서 언젠가 성불의 연(緣)으로 전개될 것이기 때문이다. 그래서 자비란 내버려두는 것이 아니라 끌어모으는 것이다. 즉, 모든 것을 베풀어서 정법에 따르게 하고[보시섭], 항상 따뜻한 얼굴로 부드럽게 말하며[애어섭], 몸과 말과 마음으로 선행을 하여 중생들에게 이익을 주고[이행섭], 동체대비심에 근거하여 중생들에게 가까이 다가가 함께 일하고 생활함으로써 그들을 깨달음으로 인도하는 것[동사섭], 즉 사섭의 지혜를 쓰는 것이다. 마치 갈고리로 농작물이나 물건들을 쓸어담듯이 네 가지 포섭의 지혜로 중생들을 껴안는 것이다.

금강계만다라 37존의 마무리를 담당하는 보살이 바로 사섭의 지혜를 활용하여 찾아오는 중생을 거부하지 않고 떠나려는 중생을 붙잡는 사섭보살이다.

사섭보살은 금강계만다라 월륜의 네 문에 머무르며 일체중생을 이익케하기 위해 타인을 교화하는 덕을 갖추고 있다. 이들 네 문을 지키는 보살들은 일체중생을 포섭하여 비로자나여래의 법계궁전에 이르게 하기 위하여 일체중생을 큰 갈고리를 가지고 이끌어들여[금강구], 밧줄로 묶고[금강삭], 쇠사슬로 견고하게 한 뒤[금강쇄], 방울을 흔들어서 즐겁게 하는[금강령] 네 가지 덕을 현실에 구현하는 보살들이다.

『삼십칠존례』에서는 이러한 사섭보살의 공능을 각각 사섭지 금강구보살, 선교지 금강삭보살, 견고지 금강쇄보살, 환락지 금강령보살이라 표현하고 있다. 사섭지, 선교지, 견고지, 환락지의 네 지혜를 상징하는 사섭보살은 사불의 공양을 받아 그 능력을 배가한 비로자나불이 그 활동력을 구체적으로 현실에 구현시키기 위해 사방사문에 시현한 보살이다. 사보살 각각에 보시 · 애어 · 이행 · 동사의 사섭법이 해당한다. 여기에서 금강구보살을 사섭지라 하는 것은 금강구가 사섭보살의 대표이기 때문이다. 대비로자나불이 아촉불에게 공양한 금강구보살은 아촉불의 활동인 보리심의 세계로 일체 유정을 인도하는데에 힘을 배가시켜 주는 모습이 표현된 것으로서 삼세제불과 중생을 잘 불러모아 이끌어들이는 덕을 상징한다.

금강구보살은 금강계만다라 동쪽문에 위치하며 밀호를 선원금강(善源金剛)이라 하고, 여러 경궤에서는 '금강구천', 갈고리로 두루 불러모은다는 뜻의 '구소집' 등이라 표현된다. 『금강정경』에서 금강구보살의 출생을 밝힌 부분은 다음과 같다.

"이때에 세존대비로자나여래는 다시 일체여래의 삼매인 금강구삼매로부터 출생한 살타금강의 삼마지에 드신다. 일체여래심으로부터 덕을 갖춘 지금강은 일체여래의 무수한 구소삼매금강인을 이루고 출현하고 나서 금강구보살의 몸을 출생하니, 저 금강구보살은 금강마니보봉누각의 금강문의 월륜 가운데에 머무르며 일체여래의 구소삼매를 행한다."

대일여래가 대비로 갈고리처럼 모두 불러모으려는 마음을 가지고 일체중생을 이익케 하기 위해 삼매구대사삼매, 즉 구소삼매에 머무는 것이 금강구보살의 몸으로 상징된 것이다.

이 구소삼매는 『성위경』에 다음과 같이 설해진다.

"비로자나불은 내심에서 청소금강구삼마지지를 증득한다. 자수용인 까닭에 청소금강구삼마지지로부터 금강구광명을 유출하여 널리 시방세계를 비춘다. 일체여래를 금강계도량에 불러들이고 일체중생을 악취에서 건져내며, 무주열반의 성에 머물게 한다. 돌아와서 한몸에 거두어져서 일체보살로 하여금 삼마지지를 수용케하기 위하여 보리심의 집을 지키는 금강구보살의 형상을 이루고 동쪽문의 월륜에 머문다."

중생들에게 지옥 등 악한 세상을 떠나고자 하는 마음이 있음을 잘 알고 이에 맞추어 열반의 성이라는 이상향을 제시하고 이끌어가는 것은 마치 갈고리로 모

| 금강구보살 |

든 것을 쓸어담는 것과 같다. 비젼을 제시하고 중생들의 정신적 바램을 해결해 주는 과정에서 금강구보살은 리더와 같은 역할을 담당한다. 금강구보살은 중생들의 마음이 어떻게 흘러가는지 그 흐름을 잘 알기 때문에 수행을 통해서 얻게 될 성취를 제시함에 따라 중생들은 믿고 따르게 된다.

　사람의 변화는 감동했을 때에 온다. 진리의 가르침이 마음속 깊은 울림이 되어 마음이 움직이고 그 움직이는 힘에 따라 변화가 이룩된다. 금강구보살이 중생들을 이끌 수 있는 것은 불법을 통한 확신과 깊은 감동으로 이끌기 때문이다. 마치 갈고리로 농작물이나 작은 동물들을 죄다 긁어모으는 것처럼 불법에 목마른 중생들의 미혹을 없애고 확신에 찬 마음으로 스스로를 변화시킬 수 있도록 모두를 잘 불러모음으로써 자비를 행한다.

이처럼 금강구보살은 이타를 실천하기 위하여 일체중생을 금강계도량에 불러들이고 무주열반의 성에 머물도록 하기 때문에 『금강정경』에서는 두루 구소함으로 해서 만다라를 집회하게 하는 금강구보살의 역할을 보여주고 있다. 즉 『제불경계섭진실경』에 '나는 금강구이다. 나는 모든 불과 보살들의 방편지혜인 대금강구이다' 라 하는 것이다. 금강구보살이 사용하는 대금강구란 부처님의 가르침을 상징하는 금강의 갈고리로서 일체중생을 끌어들이는 방편지혜인 포섭의 의미가 있다. 구체적으로 『삼십칠존례』에서는 '사섭지' 라 하여 사섭을 잘 활용하는 지혜를 가리킨다. 사섭은 또한 사람들간에 상호협조와 조화를 이루기 위한 방법이기도 하다. 여래가 중생구제를 위해 사용하는 네 가지 방편, 즉 보시섭·애어섭·이행섭·동사섭은 그대로 중생들이 삶 속에서 실천해야 할 자비의 활동내용이다. 더 나아가 그 사섭행의 대상에 인간과 천상뿐이 아니라 제천과 귀신까지 포함됨을 『제불경계섭진실경』의 다음 경문을 통해 알 수 있다.

> "양손에 금강권을 결하고, 좌우의 검지를 펴서 조금 구부려 서로 굽히고
> 그 두 소지의 양 끝을 서로 향하고 모든 제천과 귀신들을 세번 구소하여
> 도량에 들어가게 한다. 잠깐이라도 이 인을 결하면 수행자로 하여금 큰 힘
> 을 얻어 일체의 모든 천과 귀신 등을 부려서 온갖 사업을 성취하게 한다."

이 경문에 표현하는 금강구보살의 인계는 중생들이 윤회하는 육도 가운데 모

든 세계에 있는 중생들을 금강계의 도량에 이끌어
들여 교화하게 될 것임을 상징한다.

　이상과 같은 구소의 덕을 나타내기 위한 금강
구보살의 삼매야형은 갈고리가 붙고 끝이 셋으
로 갈라진 삼고저이다. 성신회의 상은 오른손으
로 큰 갈고리를 손에 들고, 왼손은 허리에 붙이고 있
다. 이 인상은 금강구소의 법에 상응하여 모든 훌륭한 교화의
업으로써 중생들을 잘 불러들이는 상이다. 이 보살의 진언은 널리 구소하는 공
능이 있으므로, 금강구보살의 진언을 송하면 중생을 깨달음의 성에 구소할 수
있다고 설해진다.

35 금강삭보살
❁ 금강의 밧줄로 붙잡는 보살 ❁

　밧줄이란 볏짚이나 삼 따위를 굵고 기다랗게 꼰 줄을 가리킨다. 어떠한 물체
를 매거나 얽거나, 연결하거나, 또는 끌거나, 당기거나, 매달거나 하는 등 일상
생활에서 밧줄의 용도는 매우 광범위하다. 그 용도 가운데 대표적인 것으로 매
어서 묶는다는 기능과 두 가지 이상의 물체를 연결한다는 기능을 들 수 있다.

　경전에는 종종 중생이 갖고 있는 올바르지 않은 집착을 밧줄의 얽매임에 비유
한 것을 볼 수 있다. 『구사론』 등의 불교논서에서는 인생사에서 중생들을 묶는
밧줄에 아홉 가지가 있다 하여 구결(九結)이라 한다. 첫째는 상대방에 대한 진정
한 사랑이 아니라 소유욕이 앞서는 애욕의 결박이고, 둘째는 자신의 욕망이 채

워지지 않음에 일어나는 성냄의 결박이며, 셋째는 자기만 잘났다고 생각하는 교만의 결박이고, 넷째는 어리석은 무명번뇌의 결박, 다섯째는 편견과 오만으로 가득찬 삿된 견해의 결박이다. 여섯째는 집착과 이에 따른 탐욕의 결박이고, 일곱째는 다른 이를 믿지 않는 의심의 결박이며, 여덟째는 시기하는 마음으로 남을 해치는 질투의 결박이고, 아홉째는 받기만 좋아하고 남에게 베풀지 않는 인색의 결박이다. 이와 같은 결박은 한 번 묶이면 좀처럼 헤어나오기 어렵고 점점 더 심하게 조여온다. 그리하여 밧줄에 꼭꼭 묶인 것처럼 자신을 부자유하게 하며, 수없는 생애 동안 윤회하면서 고통을 받게 한다.

매어 묶는다는 밧줄의 용도와 더불어 많이 쓰이는 용도는 두 물체를 이어주는 것이다. 밧줄은 절벽에서 위에 있는 사람이 아래에 있는 사람을 구조할 때에 사용하고, 밧줄로 만든 다리는 이쪽과 저쪽을 연결한다. 우리나라 민속놀이에서 밧줄은 정월 대보름날 윗마을과 아랫마을이 줄다리기할 때 쓰던 도구로서, 밧줄로 인해 두 마을이 서로 연결되는 것이다. 또한 죽음의 위험한 장소에서 생명의 안락한 장소로 연결시켜주는 도구이기도 하다.

『대장엄경론』에 나오는 이야기이다. 옛날 인도 어느 나라의 왕이 세상에서 가장 높은 탑을 세우려고 이 방면에 탁월한 기술을 가진 사람에게 일을 시켰다. 그는 정성을 다하여 훌륭한 탑을 완성하였으나 석탑이 준공된 날에 왕은 이 기술자를 높은 탑 꼭대기에 홀로 남겨 둔 채 사다리나 밧줄 등 탑꼭대기와 연결된 모든 것을 치워버렸다. 그것은 만약 이 기술자를 살려 두면 다른 나라에서 이 기술자를 시켜서 이보다 더 훌륭한 탑을 만들지 모른다고 생각했기 때문이었다.

머지않아 왕의 이런 생각을 눈치챈 기술자는 좁고 높은 석탑 꼭대기에서 어떻게 할 줄 모르고 다만 운명을 하늘에 맡기고 있었다. 그런데 이런 일을 전해들은 기술자의 가족들은 걱정이 되어 어떻게 해서든지 그를 구해 내려고 그날 밤에

몰래 탑 밑으로 갔다. 그리고 작은 목소리로 탑 위에 있는 그에게, "어떻게 하면 내려올 수 있을까?"하고 물었다. 그는 원래 꾀가 많은 사람이었다. 그는 입고 있는 옷을 벗어서 그것을 가늘게 찢어 끈으로 꼬아 밑으로 내려보냈다. 그리고 아래에 있는 가족들에게 일러서 우선 자기가 내려뜨린 가는 끈 끝에 다른 가는 끈을 잡아매도록 했다. 그리고 그는 딸려 올라온 긴 끈을 끌어 올렸다. 그는 그것을 꼬아서 조금 더 굵은 끈으로 만들어 밑으로 내려보냈으며, 이렇게 몇 번 되풀이 하니 나중에는 아주 굵은 밧줄이 되었다. 그는 밧줄을 탑 꼭대기에 단단히 묶은 다음 그 밧줄을 타고 아래로 내려올 수 있었다.

기술자의 지혜는 굵은 밧줄이 되어 탑 꼭대기와 지상을 연결하는 생명줄이 된 것이다. 이와 유사한 이야기는 여러 가지가 있으나, 모두 밧줄을 통하여 이곳과 저곳을 연결하고 이 사람과 저 사람을 연결하는 데에 활용한다. 연결에는 굳이 눈에 보이는 연결만 있는 것이 아니다. 누군가와의 연결을 밧줄로 비유하거니와 사람과 사람 사이를 이어주는 보이지 않는 밧줄이 있다. 연인 사이에 사랑의 밧줄이 있으면 평생을 다정한 배우자로 행복하게 지낼 것이며, 친구 사이에 우정의 밧줄이 있으면 서로 믿어 의심치 않는다. 부처님의 법을 전하는 데에서도 밧줄과 같은 강한 흡인력을 갖는다면 중생교화에 큰 도움이 될 것이다.

금강계만다라의 서른 일곱 가지 역할 가운데에 밧줄처럼 중생을 이끄는 보살이 있다. 이 보살을 금강삭보살, 즉 금강의 밧줄을 가진 보살이라 일컫는데 실제로는 비단의 밧줄로 중생들을 부드러우면서 강하게 붙잡는 보살이다. 이 보살의 지혜를 『삼십칠존례』에서는 '선교지'라 하는데, 잘 가르치고 인도하는데 뛰어난 지혜를 갖고 있기 때문이다.

금강삭보살의 밀호는 등지금강이며 금강라삭, 불공견삭관세음보살, 불공견삭보살 또는 금강삭천이라고도 한다. 여기서 견삭은 비단끈으로서 잘 이끌어들

임[羂索引]지을 의미한다. 『금강정경』에서 이 보살의 출생을 밝힌 부분은 다음
과 같다.

"이때에 세존은 다시 일체여래의 중생들을 잘 이끌어들이는 삼매로부터
출생한 금강삼마지에 들어가 곧 일체여래를 이끌어들이는 진언을 자심
으로부터 내어 송한다. 일체여래심으로부터 내자마자 구덕 지금강자는
일체여래의 중생들을 이끌어들이는 삼매의 대인을 이루고 금강삭보살의
몸을 출생하여 세존금강마니 보봉누각 보문의 월륜 가운데에 머문다."

이 보살은 대일여래가 대비의 비단으로 짜 만든 밧줄을 가지고 일체중생을 이
끌어들이기 위하여 삭인삼매에 주하여 출생시킨 보살이다. 『약출염송경』에 '금
강견삭의 인계를 결함으로 말미암아 잘 이끌어들인다' 고 하듯이, 금강삭이라는
밧줄을 가지고 사람들을 묶어 불도에 마음을 향하도록 함을 상징한다.
　　『성위경』에는 다음과 같이 그 삼마지를 설한다.

"비로자나불은 내심에서 견고하게 중생들을 이끌어들이는 방편의 밧줄
과 같은 삼마지의 지혜를 증득한다. 지수용인 까닭에 잘 이끌어들이는
방편의 견삭삼마지의 지혜로부터 금강견삭광명을 유출하고 널리 시방세
계를 비춘다. 일체여래와 성자들을 이끌여들이고 일체중생이 현실을 실
제로 착각하는 진흙탕에 빠져있는 것을 밧줄로 붙잡아 깨달음의 법계궁
전에 편안히 머물게 한다. 돌아와서 한 몸에 거두어져서 일체보살로 하
여금 삼마지지를 수용케 하기 위하여 공덕의 집을 위호하는 금강견삭보
살의 형상을 이루고 남문의 월륜에 머문다."

| 금강삭보살 |

이처럼 중생을 방편으로 이끌여 들여 이익케하는 것이 광대하므로 금강삭보
살을 『금강정경』에서는 '중생익'이라 한다. 번뇌의 진흙탕속에 빠져 있는 중생
을 밧줄로 붙잡아 올리고 잘 인도하여 교화의 이익을 주는 것이다. 사섭법 가운
데 애어의 덕에 해당되는 보살이다. 앞서 금강구보살의 보시섭에 의해 불도에
가까이 다가온 중생들에게 믿음을 갖게 하고 용기를 북돋아주는 좋은 언어, 즉
애어섭을 통해서 불도에 견고하게 결박하여 머물게 한다.

『제불경계섭진실경』에는 다음과 같이 금강삭의 관을 설한다.

"행자는 삼매로부터 일어나 서방의 금강삭보살의 관문을 관하라. 스스로 이렇게 관상하라. 나는 금강삭이다. 먼저 구소한 일체의 천과 귀신 중에서 아직 들어오지 않은 자를 도량에 들어가게 한다. 나는 대금강삭으로서 견고히 묶어서 놔주지 않는다."

위의 글은 금강삭보살이 금강의 밧줄로 일체중생을 견고히 묶는다고 하는데, 이와 같이 모든 중생들을 견고하게 묶는 이유는 공을 의미하는 금강의 밧줄로 묶음에 따라 일체 윤회의 원인이 되는 번뇌의 밧줄이 끊어지며 다시 속박되는 일이 없기 때문이다.

이 보살의 성신회의 상은 백황색으로 오른손에 밧줄을 쥐고, 왼손은 권을 지어서 허리에 붙이고 있다. 이 인상은 금강삭에 상응함으로 해서 널리 일체를 두루 이끌어들어오게 하는 상이다. 이 보살의 진언을 송하면 중생을 진리의 바른 깨달음 안에 들어오게 할 수 있다고 한다.

36 금강쇄보살
❀ 중생의 마음을 불도에 매어두는 보살 ❀

『반야심경』은 그 첫머리에 관자재보살이 깊은 반야바라밀다를 행할 때에 물질과 정신, 즉 나를 이루는 모든 것들이 텅 비어있음을 보고 모든 괴로움을 벗어남에 대해 서술하고 있다. 그 다음으로는 인간의 다섯 가지 감관으로 알아채는 모든 것들이나 대상은 실재하는 것이 아니라고 부정된다. 270자로 구성된 짧은 경전이면서 반야심경에는 무(無)자가 21번, 공(空)이 7번 등장할 만큼 계속되는 부정이 진행된다. 그러다가 경전의 후반부에서는 부정의 연속이 그치고 반전이 일어난다. 이 크게 밝은 주문이며, 위없는 주문에 대한 찬탄과 함께 진언으로 끝맺고 있다. 공한 세상의 이치를 비추어보고 생노병사에서 해탈하기 위해서는 진언을 염송하도록 일러주는 것이다. 모든 것이 공하기에 집착을 벗어놓게 하되 그 방법으로써 수행을 통해 체험할 수 있도록 마무리짓고 있다.

마무리를 수행으로 귀결짓는 스타일은 대부분의 불교 경전에서 많이 볼 수 있다. 경전의 끝을 장식하는 여러 가지 서술 가운데에 단연 많이 보이는 글귀에 신수봉행(信受奉行)이 있다. 경전에서 지금까지 서술한 내용을 잘 이해하였으면 믿고 받아서 받들어 행할 것을 강조하며 끝맺는다. 그다음은 경전의 가르침대로 행하는 무한한 수행이 우리 앞에 놓이는 것이다. 우리가 경전을 단순히 읽기만 하였다면 잠깐의 감동으로 남을 수 있을지언정 우리 삶을 변화시키지는 못한다. 우리가 믿고 받아서 받들어 행할 때에라야 그 가르침이 우리의 삶에 구현되고 그에 따른 이로움을 얻을 수 있다. 그래서 대부분의 경전은 부처님의 가르침을 잘 이해시킨 뒤에, 그 이해를 통하여 얻게 된 환희한 마음이 실천으로 전개되도록 유도한다. 경전의 구조가 대부분 믿음[信]으로 들어가 그 가르침을 잘 이해

[解]하여 환희한 마음으로 직접 실천[行]하며, 실천함에 따라 단계적인 증득[證]이 이루어지는 것으로 되어 있음은 경전 성립의 목적이 중생들로 하여금 실천을 일으키도록 권유함에 있는 것에 말미암는다. 경전의 규모가 큰 경우에는 짧은 문구가 아니라 아예 품의 제목을 「촉루품」, 「부촉품」, 「유통분」 등으로 하여 받들어 행해야 할 내용에 대한 구체적 서술뿐만 아니라 이 가르침을 널리 펴도록 권하고 있다.

그런데 경전에서 누누이 설했건만 실천의 노력이 약한 중생들이 있을 수 있다. 마음은 불도에 두면서 현실의 삶에서 정진과는 거리가 멀어진 사람들이 있다. 붙잡아두면 호시탐탐 탈출할 방법만을 모색하는 동물처럼 벗어나려고 애쓰는 이들이 있다. 이들에게 불도를 향한 흔들림 없는 마음을 갖도록 하기위해 자물쇠처럼 방편으로나마 꼭꼭 잡아맬 필요가 있다.

자물쇠란 문 따위의 여닫는 물건으로 잠그는 장치를 가리킨다. 견고하게 붙들어 매어서 문이나 금고 등을 잠그는 데 사용되는 도구로서 안에 있는 것을 굳게 보호하는 역할을 한다. 현대적인 자물쇠가 만들어지기 이전 옛날에는 쇠사슬 등으로 묶어서 동물 등이 벗어나지 못하게 하는 것을 통칭하여 쇄(鎖), 즉 자물쇠라고 불렀다.

자물쇠로 견고하게 묶인 데에서 쉽게 벗어나지 못하는 것처럼 생각을 하는 사람에게는 몸이 아닌 마음이 묶여 벗어나지 못하는 경우가 있다. 보통 어딘가에 마음이 끌려 다른 것을 생각하지 못할 때 우리는 마음을 빼앗겼다, 또는 사로잡혔다고 표현한다. 넋을 잃고 바라보거나 몰입해 들어갈 때, 다른 곳으로 관심을 돌리기는 어렵다. 불법의 깊은 뜻을 알아 환희심이 벅차 더이상 다른 어떠한 가르침도 들어오지 않을 때 우리의 마음은 불법에 사로잡혀 꽁꽁 묶인 것이다. 불법에 들어오기 전에 가졌던 수많은 속박은 『반야심경』에서 설하는 무수한 무

(無)자와 공(空)자로써 부수고 진리의 가르침에 굳게 머무르며 그 상태를 지속시키기 위하여 진언을 염송하게 되는 것이다. 또는 중생들의 마음을 끌어들이는 다양한 법문을 믿고 이해한 뒤에 신수봉행해 나가는 것이다. 다시 그 이해가 견고한 지혜가 되어 이 가르침을 널리 전하기에 이른다. 이처럼 중생으로 하여금 세속의 번뇌를 벗어나 불법에 몰입해 들어가 안주하면서 널리 이롭게 하는 행은 깊은 감동을 통해 자물쇠에 묶인 것처럼 견고한 결박으로부터 전개된다.

이렇듯 중생의 마음을 견고하게 붙들어매는 역할을 금강계만다라 37존 가운데 금강쇄보살이 담당하고 있다.

금강쇄보살은 '금강쇄천', '구쇄박'이라고도 하며 중생을 확실하게 붙잡는 공덕을 상징한다. 그래서 밀호를 견지금강이라 한다. 붙잡은 데에서 벗어나지 못한다는 뜻이다. 『금강정경』에서 금강쇄보살의 출생을 밝힌 부분은 다음과 같다.

"이때에 세존은 다시 일체여래의 삼매쇄대사의 삼매로부터 출생한 금강삼마지에 들어가, 곧 일체여래삼매를 자심으로부터 낸다.
일체여래심으로부터 내자마자 구덕 지금강자는 일체여래의 견고한 삼매의 인을 이루고 출현하고 나서, 금강쇄보살의 몸을 출생하고 세존금강마니보봉누각의 법문의 월륜 가운데에 이치답게 머무르며 일체여래께 오묘하게 결박하는 형상을 짓는다."

대일여래가 일체중생을 이익케하기 위하여 삼매쇄대사삼매, 즉 쇄박삼매에 머물러 이 보살을 유출하여 중생으로 하여금 보리심에서 벗어나지 못하도록 매어 둔 것이다. 따라서 금강쇄는 자물쇠를 가지고 사람들을 불도에 매어둠을 상징한다. 이 보살은 사섭법 가운데 이행(利行)의 덕에 상당한다.

자비의 서원으로 모든 악취문을 걸어 잠그고 중생으로 하여금 보리에서 물러서지 않도록 이로움을 주려고 하는 금강쇄보살의 삼마지를 『성위경』에는 다음과 같이 설한다.

"비로자나불은 내심에서 견고한 금강쇄계삼마지지를 증득한다. 자수용인 까닭에 견고한 금강쇄계삼마지지로부터 금강쇄계광명을 유출하여 널

| 금강쇄보살 |

리 시방세계를 비춘다. 일체여래의 성자들을 금강계도량에 들어가게 하고 나서 대비서원의 결박에 머물며, 내지 모든 중생들이 갖고 있는 외도의 온갖 견해를 부수고, 위없는 보리에서 물러서지 않는 견고하고 두려움 없는 큰 성에 머물게 한다. 돌아와서 한 몸에 거두어져서 일체보살로 하여금 삼마지지를 수용케하기 위하여 금강쇄계보살의 형상을 이루고 지혜의 집을 지키며 서쪽문의 월륜에 머문다."

이처럼 금강쇄보살은 대비로써 중생을 보리도량에 견고하게 결박해서 달아나지 못하게 하는 것이, 나라연이 견고한 힘이 있는 것과 같기 때문에 『금강정경』에서는 '잘 붙잡는 자'라 하고 『삼십칠존례』에서는 '견고하게 하는 지혜'라 한다.

『제불경계섭진실경』에는 이 보살의 관상과 인계를 다음과 같이 설한다.

"다시 다음에 행자는 이 삼매로부터 일어나 정북방의 금강쇄보살의 관문을 관해야 한다. 스스로 이렇게 생각한다.
나는 금강쇄이다. 이렇게 생각하고 금강쇄인을 결하자마자 행자로서 훌륭히 가르침의 법을 베풀게된다. 손에 인을 결하는데 먼저 좌우의 엄지, 검지로 서로 구부리는 것을 마치 쇠로 만든 자물쇠처럼 하고, 좌우의 나머지 손가락 모두로 주먹을 쥐라. 이것은 금강쇄인이다."

이와 같이 스스로 금강쇄보살임을 자각함에 의해 이미 들어온 중생을 깨달음의 성, 정진해 나아가는 불도수행에 단단히 매어둘 수 있다. 『약출염송경』에서도 금강구쇄계를 결함으로 말미암아 묶어서 중생들을 진리에 머물게 한다고 그

258

인계의 공능을 설한다. 또한 자물쇠모양의 금강구쇄인을 결함으로써 본존으로 하여금 견고하게 머물게 할 수 있다고 한다.

성신회의 모습은 옅은 황색으로서 왼손으로 권을 하고 허리에 붙이고, 오른손으로는 굵은 쇠사슬을 쥐고 있다. 이 인상은 금강쇄의 법에 상응하는 까닭에 곧 일체의 묶음을 감당하는 상이다. 공양회의 삼매야형은 견고한 결박을 의미하는 연꽃 위의 사슬이다. 이 보살의 진언을 송하면 이미 들어온 중생을 깨달음의 성에 붙들어매어 번뇌장과 소지장을 단멸함을 나타낸다.

37 금강령보살
❀ 중생과 함께 불도로 나아가는 보살 ❀

세상에서 가장 악한 자가 어떠한 자인가에 대해서는 여러 가지 견해가 있겠지만 불교에서는 가장 악한 자를 일천제라 하고 있다. 일천제(一闡提)는 선근이 끊겨져서 구원받을 가망이 없는 자로서 '선근을 끊어버린 자', 또는 '믿음을 갖추지 못한 자'라고 풀이할 수 있다. 원래의 뜻은 '욕구를 계속하는 사람'이나 세속적 쾌락만을 추구하고 또 불교의 가르침을 훼방하여 구원받을 가능성이 없는 자라고 한다. 즉 성불하는 인(因)을 갖지 못한 이로서 스스로도 성불하지 못할 뿐 아니라, 누군가가 성불하는 길로 가는 것을 막아서며 함께 나아가지 못하게 방해하는 자이다.

그런데 『입능가경』 2권에는 일천제를 두 가지로 분류한다. 본래 해탈의 인(因)이 없는 단선근을 가진 단선천제(斷善闡提)와, 보살이 일체중생을 제도하고자 고의로 열반의 깨달음에 들어가지 않는 대비천제(大悲闡提)의 둘이다. 대비천제는 보살천제라고도 한다. 예를 들면 지옥중생이 모두 성불하기까지 스스로의 성불을 유보한 지장보살이 대비천제이다. 그러나 앞의 단선천제와 다른 점은 타인의 성불을 방해하는 것이 아니라 모두 함께 갈 수 있도록 스스로 성불의 인을 유보한 것일 뿐이다.

단선천제의 경우 불종자를 끊는다는 것으로 최고의 악이지만, 대비천제는 불종자를 잇는다는 것으로 최고선이라 할 수 있다. 두 경우에 성불에서 멀어진 것은 같기에 다 천제라고 하지만, 함께 가지 않는 단선천제와 모두와 함께 나아가려는 보살천제는 그 방향이 다르다.

금강계만다라 37존에서 맨 마지막 위치에 있는 금강령은 중생들에게 환희심이 일어나도록 방울을 흔들어서 중생의 마음에 불종자를 일깨워 불도로 나아가도록 옆에서 함께 거들어주는 보살이다.

사섭보살에서 제일 먼저 금강구보살이 갈고리를 사용하여 중생들을 깨달음의 성에 불러모으고, 금강삭보살이 불러들인 중생들을 잘 인도하여 이익을 주며, 금강쇄보살에 의해 중생을 깨달음의 성에서 물러나지 않게 하면 마지막으로 금강령보살이 깨달음의 성에 머무는 중생들에게 보리심의 종자가 싹이 터서 자라나게끔 돕는 일이다. 종자(種子)란 씨앗이라는 의미로 무엇인가가 생겨날 가능성을 가리킨다. 초목의 종자가 갖가지 싹을 틔우는 것처럼 보리심의 씨앗이 성불의 원인이라고 생각되므로 이것을 종자라 하는 것이다. 종자가 싹이 트면 부처의 나무가 자라난다. 그 자라남을 위한 만남은 기쁨이며 함께 가는 길은 더욱 큰 기쁨이다. 금강령보살의 방울은 함께 가는 기쁨의 심정을 드러내어 묘사하고 있다.

함께 가는 기쁨을 『승만경』의 성(城)에 들어가는 비유를 통해서 볼 수 있다.

"선남자여, 마치 어떤 성의 가로 세로 넓이가 각각 1유순이고, 많은 문이 있으며 그 길이 험하고 캄캄하고 어두워서 아주 겁이 나지만, 일단 성에 들어간 사람은 많은 안락을 받는다고 하자. 어떤 사람이 오직 외아들만 있어서 사랑하는 마음이 매우 깊었는데, 저 성이 그렇게 즐겁다는 말을 멀리서 듣자, 즉시 외아들을 버리고 성으로 가서 들어가려고 하였다. 이 사람이 방편으로 험한 길을 지나서 저 성문에 이르러, 한 발은 문 안에 들여놓고 한 발은 아직 들여놓지 않은 때에 문득 그 아들이 생각났다.

'나는 오직 외아들만 있는데 올 때에 왜 끝까지 같이 오지 않았을까? 누가 기르고 보호하여 뭇 고통을 여의게 할까?'

그리고는 즉시 안락한 성을 버리고 아들의 처소로 돌아가는 것과 같다. 선남자여, 보살마하살도 그와 같이 중생을 가엾이 여기기 때문에 오신통을 닦아 익혀서 거의 번뇌를 다하면서도 증득을 취하지 않는다. 왜냐하면 중생을 가엾이 여기기 때문에, 신통을 버리고 범부의 세계로 향한다. 선남자여, 성은 대반열반을 비유하며 험난한 길은 여러 마구니의 업을 비유하고, 성문에 도달한 것은 오신통을 비유한다. 한 발을 들여놓음은 지혜를 비유하며, 다른 발을 들여놓지 않음은 모든 보살이 해탈을 아직 증득하지 않음을 비유하며 외아들은 일체중생을 비유한다. 이런 보살은 즉시 대비심을 일으켜 일체 모든 중생을 구하기 위하여 중생의 세계로 돌아가 열반을 취하지 않는다. 또 모든 중생을 교화하기 위하여 세간에 나아가 범부의 경지를 나타내 보인다."

그래서 보살은 보살천제가 되어 모든 이와 함께 하고자 한다. 이러한 보살행은 사섭법에서 동사(同事)의 덕에 상당한다. 금강령보살이 상징하는 사섭법 가운데 동사섭이란 불종자를 갖고 있는 중생이 그 불종자를 키울 수 있도록 외아들처럼 끝까지 버리지 않고 함께 하는 것이다. 모든 중생과 더불어 함께 나아가는 것이 보살의 궁극이다. 그래서 37존의 마지막 마무리는 중생과 동반자가 되어 함께가는 금강령보살로 귀결짓고 있다.

금강령은 밀교 법구의 하나로서 금령(金鈴)이라고도 한다. 제존을 경각시키고 또는 기쁘게 하기 위하여 수법 중에 흔드는 방울로 금강저의 한 끝에 매어 있다. 수법(修法)할 때 중생을 독려하여 정진하게 하고 여러 부처를 권청하며 일깨우고 환희하게 하기 위하여 울리는 악기이다. 종 모양의 방울 부분과 손잡이로 이루어지며, 손잡이 끝의 양식에 따라 독고령·삼고령·오고령·보주령·탑령이라 일컫는다.

금강령은 달리 금강편입이라 하는데 중생들을 널리 불러들이는 보살이라는 뜻이며, 밀호는 '해탈금강, 환희금강'이다. 『금강정경』에 의하면 금강령보살은 일체여래의 편입대사삼매로부터 출생하였다. 대일여래가 유정을 경각시키고 불도에 귀명하여 들어오도록 하게 하기 위하여 금강령의 삼마지에 주하여 이 보살을 유출한 것이다. 그것은 일체중생에게 환희를 시여하기 위한 것이다. 그래서 『염송결호법보통제부』에 일체여래의 모든 일을 불러모은다고 하는 것처럼 금강령은 방울을 가지고 사람들에게 깨달음의 세계로 향하는 마음을 일으키게 한다. 본문에서 편입이라 한 것은 금강령을 흔들어 나오는 묘한 소리가 두루 일체의 몸과 마음에 들어가는 까닭이다.

『성위경』에는 다음과 같이 금강령의 삼마지를 설한다.

"비로자나불은 내심에서 반야바라밀금강령삼마지지를 증득한다. 자수용인 까닭에 반야바라밀금강령삼마지지로부터 금강령광명을 유출하여 널리 시방세계를 비춘다. 일체여래의 바다처럼 모인 성중과 금강계도량에 머무는 자를 환희케하고, 일체중생의 이승의 갖가지 견해를 부수어 반야바라밀의 궁전에 안치한다. 돌아와서 한 몸에 거두어져서 일체보살로 하여금 삼마지지를 수용케하기 위하여 금강령보살형을 이루고 정진호를 지키며 북문의 월륜에 머문다."

| 금강령보살 |

여기에서 금강령은 흔들면 소리가 나는 법구로서 반야바라밀에 입각함에서 오는 기쁨의 소리를 나타낸다. 일체중생에게 금강령을 들려줌은 곧 반야바라밀의 법문을 들려줌과 같다. 중생은 금강령의 소리를 듣고 보살과 함께 불도에 나아가게 되는 것이다. 『인왕반야다라니석』에서는 금강령이란 반야바라밀의 뜻을 나타낸다. 방울을 흔들어 우매한 중생을 깨우치는데 한 번 방울소리를 들으면 반야바라밀을 깨쳐 알게되므로 최일체마원보살, 즉 모든 마구니의 원한을 부수는 보살이라 한다. 이 까닭에 이 보살은 손에 금강령을 지닌다고 한다. 이와 같은 금강령의 묘용을 『삼십칠존례』에서는 '환락지' 라 한다.

『제불경계섭진실경』에는 다음과 같이 그 관과 인계를 설한다.

"행자는 이 삼매로부터 일어나 정동방의 금강령보살의 관문을 관하라. 스스로 이렇게 생각해야 한다. 나는 금강령이다. 금강령인을 결하면 곧 모든 불과 보살들이 애념하실 것이다. 그리고 금강령인을 결하는데 좌우의 손가락을 사용하여 오른쪽으로 왼쪽을 누루고 다 각각 서로 교차하는 것을 마치 요령의 모습과 같게 한다."

이처럼 금강령보살은 모든 불과 보살들이 애념케하는 역할을 수행하는데, 그 구체적 내용을 인계에서 볼 수 있다. 인상은 금강령으로 두루 경각함으로 말미암아 일체를 편입하여 환희케 하는 것으로 '금강환희인' 이라고도 한다. 여기에는 중생뿐만 아니라 모든 성현들도 포함된다. 이 보살의 진언을 송하면 중생을 부처의 도시에 머물게 하며 일깨워서 감동시키는 공덕이 있다고 한다. 『약출염송경』에는 금강령의 인계를 결하면 환희를 일으킨다고 하여 실상에 안주하고, 부처의 법문을 듣고서 법열에 잠기며 또한 일체의 중생들에게도 환희를 생하게 하는 금강령보살의 공덕을 찬탄하고 있다.

성신회에서는 삼매야형으로 금강령을 들고 있으며 형상은 몸 전체가 청색이고 왼손은 권을 쥐고 허리 앞에 두며 오른손은 엄지와 검지를 펴고 나머지는 구부려서 가슴 앞에 두고 있다. 미세회에서는 양손에 금강령을 들고 있다. 이 존은 중생들을 끌어들여 환희하게 하는 작용을 상징한다. 마치 어부가 물고기를 잡을 때에 방울을 흔들어서 기쁘게 하는 것과 같다고 한다.

금강계만다라
삼십칠존 이야기

2020년 3월 18일 인쇄
2020년 3월 25일 발행

저은자 김 영 덕
발 행 위덕대학교 밀교문화연구원
발행처 도서출판 해조음
등 록 2002. 3. 15. 제 2-3500호
　　　서울시 중구 필동3가 39-17 리엔리하우스 203호
　　　전화 (02)2279-2343
　　　전송 (02)2279-2406
　　　메일 haejoum@naver.com

값 18,000 원

ISBN 978-89-91107-08-3　03220